KB125062

촘스키,
절망의 시대에 희망을 말하다

촘스키, 절망의 시대에 희망을 말하다

—트럼프 시대의 세계—

2017년 12월 28일 초판 1쇄 발행

지은이 노엄 촘스키, C. J. 폴리크로니우
옮긴이 임래영, 황선영
펴낸이 박동성
주 간 박지선
표지 디자인 김선애
홍보 마케팅 유인철
펴낸 곳 **사일런스북** 16311 경기도 수원시 장안구 송정로 76번길 36
전화 070-4823-8399 팩스 031-248-8399
www.silencebook.co.kr

출판등록 제2016-000084호 (2016.12.16)
ISBN 979-11-961697-2-5 03300 값 14,000원

「이 도서의 국립중앙도서관 출판예정도서목록(CIP)은 서지정보유통지원시스템 홈페이지(http://seoji.nl.go.kr)와 국가자료공동목록시스템(http://www.nl.go.kr/kolisnet)에서 이용하실 수 있습니다.(CIP제어번호: CIP2017031419)」

촘스키,

절망의 시대에 희망을 말하다

—트럼프 시대의 세계—

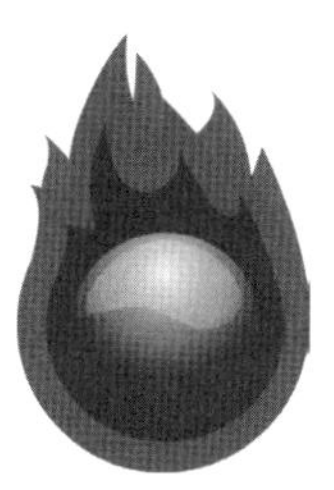

인터뷰:
C. J. 폴리크로니우

목차

촘스키,
절망의 시대에 희망을 말하다

—트럼프 시대의 세계—

들어가는 말

이 책은 자본주의 세계화의 결과와 다른 여러 주제에 대해 사회 참여 지식인, 노엄 촘스키와의 대담을 담은 것이다. 이 대담은 지난 2013년 후반에서 2017년 초반까지 4년의 기간 동안 진행되었으며, 미국의 비영리조직 《트루스아웃(Truthout)*》에서 출간된 바 있다.

노엄 촘스키는 세계에서 가장 잘 알려진 참여 지식인으로, 미국의 공격적인 행위들을 끊임없이 폭로하고 베트남 전쟁에서 지금에 이르기까지 세계 곳곳의 약하고 억압된 이들의 권리를 옹호해 왔다. 뿐만 아니라, (여전히 대다수의 미국인들은 그를 알지 못하나) 지난 반세기 이상의 기간 동안 "미국의 도덕적 양심"으로 불리어 왔다. 촘스키의 분석은 언제나 반론의 여지가 없는 사실에 근거하며, 자유, 민주주의, 인권과 인간의 품위라는 도덕적인 가치에 바탕을 두고 있다.

진보주의자들조차도 계급투쟁에 등을 돌렸으며, 경제적 불평등이 전례 없이 심화되고 권위주의와 사회적 다윈주의(social Darwinism)가 확산되는 이 어두운 시대에 촘스키는 독특한 희망과 낙관의 불빛을 제공한다.

지금까지 꽤 오랜 기간 동안 선진 서구 사회의 정치적, 사회경제적 전 영역에는 자본주의 세계화와 신자유주의 정책이 가진 모

* [역주] 2001년 9월 설립된 미국의 비영리, 진보 성향의 독립 매체이다.

순을 드러내는 지표들이 있어 왔다. 그러한 정책이 성장과 번영, 정의와 사회 평화뿐만 아니라 민주주의, 환경과 인간 문명 전반에 걸쳐 파괴적인 결과를 가져올 수 있다는 점을 보여주는 지표들이었다.

그럼에도 촘스키에 따르면 우리는 절망을 선택할 수 없다. 최근 세계의 상황이 아무리 끔찍해 보일지라도, 인간은 지금보다 어두운 시기에도 억압과 착취에 저항하여 의미 있는 결과를 만들어냈다. 미국 트럼프 대통령의 "반혁명"은 독재를 향해 가는 지도자에게 대항하는 수많은 사회적 힘들이 발생하는 계기가 되었다. 이에 따라 지금은 세계의 다른 어떤 선진 산업국가에서보다 미국이라는 세계의 초강대국에서 시민의 저항 운동이 발생할 가능성이 높아 보인다.

이러한 맥락에서 이 책에 수록된 대담은 커다란 의미를 지닌다. 이 대담은 마야 쉔워(Maya Schenwar), 알라나 유란 프라이스(Alana Yu-lan Price)와 레슬리 대처(Leslie Thatcher)가 의뢰를 받아 편집한 것으로, 원래 《트루스아웃》에서 독자적인 기사로 출간할 계획이었다. 우리는 정치적인 어둠에 끈질기게 맞서 싸워 결국 역사의 흐름을 더 나은 방향으로 바꾸는 인간의 능력에 대한 믿음을 견지하며, 이 책이 독자들에게 노엄 촘스키의 견해와 생각을 소개하는 계기가 되길 희망한다.

– C. J. 폴리크로니우(C. J. Polychroniou), 2017. 3.

제1부

미국 사회의 붕괴,
전환기의 세계

C. J. 폴리크로니우: 촘스키 선생님, 일전에 도널드 트럼프(Donald Trump)의 부상이 주로 미국 사회의 붕괴에서 기인한다고 말씀하셨는데요, 정확하게 이 말씀의 의미가 무엇입니까?

노엄 촘스키: 지난 약 35년간의 국가와 기업 중심의 정책은 경제 침체와 하락, 그리고 불평등의 급격한 심화라는 직접적인 결과를 초래했습니다. 이는 국민 대다수에게 파괴적인 영향을 미쳤으며, 두려움을 양산하고 고립감과 무력감을 심어주었습니다. 즉 자신들이 이해할 수도 없고 영향을 미칠 수도 없는 어떤 강력한 힘의 희생자라는 패배의식이었습니다. 이러한 붕괴는 경제 원칙에 따라 일어난 것이 아닙니다. 이것은 정부 정책의 결과로 발생한 것으로, 부유하고 힘 있는 계층이 노동자들과 가난한 계층에 대해 시작한 계급 전쟁의 일종입니다. 미국뿐만이 아니라 유럽과 다른 신자유주의 국가에서도 이러한 현상을 발견할 수 있습니다. 미국 사회의 붕괴를 느끼고 경험하던 사람들, 이들은 아마 전쟁 상황을 제외하고는 볼 수 없던 높은 사망률을 직접 목격한 사람들일 텐데요, 트럼프는 깊은 분노와 두려움, 좌절과 절망을 느끼고 있

던 이 계층의 사람들에게 매력적으로 다가갔던 것입니다.

계급 전쟁은 지금도 여전히 잔혹하고 일방적입니다. 지난 30여 년간 미국 정부는 공화당 또는 민주당을 막론하고 신자유주의 기조의 정책을 펼쳐왔습니다. 이러한 정책은 하층 계급에 대한 착취를 심화시켰고 미국 사회 내의 가진 자와 가지지 못한 자 사이의 격차를 극대화했습니다. 뿐만 아니라 지난번 금융 위기의 발생과 중도적 민주당 정부에도 불구하고 신자유주의의 계급 정치는 퇴보할 기미가 보이지 않습니다. 이에 대한 선생님의 생각을 듣고 싶습니다.

지금의 미국을 이끌고 있는 비즈니스 계층의 경우 계급에 대한 의식이 매우 높습니다. 그들을 가치와 믿음만 뒤바뀐 천박한 마르크스주의자라고 해도 무리가 아닙니다. 미국의 가장 강력한 노동조합의 수장이 비즈니스 계층이 끊임없이 저지르는 "일방적인 계급전쟁"을 알아채고 비난하기 시작한 것이 불과 30년 전입니다.* 그 전쟁은 앞서 언급하신 결과들을 초래했지요. 그렇지만 지금 신자유주의 정책은 붕괴되고 있습니다. 가장 힘 있고 특권을 누리고 있는 이들에게도 피해를 주기 시작했기 때문이지요. 앞으로 신자유주의 정책은 지속될 수 없을 겁니다.

부유하고 힘 있는 이들이 자신들에 적용하는 정책과 약하고 힘없는 자들에 강요하는 정책이 서로 정확히 반대되는 걸 보면 무

* [역주] 더글라스 프레이저(Douglas Fraser), 1978. 7. 17. 국가노사관계위원회(National Committee of Labor-Management Group) 사임 연설문. 프레이저는 1977~1983년 전미자동차노동조합의 회장이었다.

척 놀랍습니다. 인도네시아에 심각한 금융 위기가 찾아왔을 때에도 마찬가지였습니다. 당시 미국 재무성은 국제통화기금(IMF)을 통해 서구 국가에 진 부채를 상환하고, 이자율을 높여 경제의 순환을 늦추며, (서구 국가들이 그 자산을 사들일 수 있도록) 기업 민영화 정책을 펴는 등의 신자유주의적인 정책을 취하라고 인도네시아에 요구했습니다. 그리고 자국에는 부채는 신경 쓰지 말고 이자율은 0%까지 낮추며, ('국영화'라는 단어를 직접 사용하지는 않지만) 부채를 국영화하여 공적 자금을 금융 기관의 주머니에 털어 넣어주는 정책을 시행했습니다. 사람들이 이렇게 뚜렷이 대조되는 차이를 알아차리지 못했다는 점, 그리고 이것이 제1세계와 3세계의 구분을 강화했던 지난 수세기 동안의 경제사와 일치한다는 사실도 참으로 놀랍습니다.

이러한 계급 정치는 아직까지 커다란 공격을 받은 적이 없습니다. 오바마(Obama) 행정부는 노동조합에 가해지는 공격을 종결시키거나 전환시킬 최소한의 조치도 취하지 않았는데요, 심지어는 여러 흥미로운 방법으로 그러한 공격에 대해 간접적인 지지를 보내기도 했습니다. 오바마 대통령이 (미국식으로는 "중산층"으로 불리는) 노동자 계층에 연대감을 드러내기 위해 했던 첫 번째 순방을 떠올려볼 필요가 있는데요, 일리노이(Illinois) 주에 위치한 캐터필러(Caterpillar)*의 공장이었지요. 교회와 인권운동 단체들은 대통령이 그곳에 가는 것을 반대했습니다. 캐터필러가 이스라엘 점령지에서 팔레스타인 마을을 파괴하는 기계를 공급하고

* [역주] 세계적인 규모의 중장비 생산 기업

있었기 때문입니다. 하지만 오바마는 이들의 탄원을 무릅쓰고 그곳을 방문했어요. 캐터필러가 레이건 대통령 때의 반(反) 노동 정책을 바탕으로 대체 인력을 고용함으로써 강력한 노조를 붕괴시킨 최초의 기업이라는 사실은 아예 고려조차 되지 않은 것 같습니다. 이는 국제 노동법을 아주 심각하게 위반한 조처였어요. 미국은 노동자의 권리를 무시하고 민주주의를 저해함으로써 인종 격리 정책을 폈던 남아프리카 공화국과 함께 세계에서 소외되었습니다. 남아프리카 공화국이 인종 격리 정책을 폐지했으니 지금은 미국 하나만 남았겠네요. 오바마 대통령의 선택이 과연 우연이었을까, 하는 생각이 듭니다.

보통 미국에서는 이슈가 대선 결과를 좌우하지는 않는다고 하는데요, 유명 정치 전략가들 사이에서 널리 퍼진 통념입니다. 표심을 얻기 위해서는 여론의 동향을 잘 알고 있어야 한다고 말하긴 하지만요. 그리고 우리는 언론이 이라크 전쟁 때처럼 중요한 사안에 대해 방대한 양의 허위 사실을 전하거나, 노동 문제 같은 경우에는 아예 아무런 정보도 제공하지 않는다는 것을 잘 알고 있습니다. 반면 미국 대중이 국가가 마주하고 있는 사회적, 경제적 그리고 외교적인 주요 사안에 대해 관심이 많다는 증거도 있습니다. 미네소타 대학이 몇 년 전 발표한 연구 자료에 따르면, 미국인들은 국가가 당면하고 있는 가장 중요한 문제로 의료보험을 꼽았습니다. 또한 미국인 대다수가 노동조합을 지지한다는 것과, "대테러 전쟁(war against terror)"이 처참한 실패작이라고 생각한다

는 것도 잘 알려진 사실이고요. 이러한 점을 고려해볼 때, 현대 미국 사회의 언론, 정치와 대중의 관계에 대해 어떻게 생각하시는지 궁금합니다.

미국의 선거 운동이 이슈의 영향은 최소화하고 후보자의 성격, 수사(修辭)적 스타일, 몸짓과 같은 것에 초점을 두어 만들어진다는 사실은 잘 알려져 있습니다. 그럴 만한 이유가 있어요. 당의 지도부는 여론 조사 결과를 보고 여러 가지 주요 사안들에 있어서 국민들이 어떤 것을 지지하는지 확인합니다. 그렇지만 어찌되었든 기업 정당 아닙니까. 대다수의 유권자들이 반대한다는 것을 알아도, 선거 자금을 가장 많이 확보한 쪽이 승리를 거머쥐는 이 기업 중심의 선거 시스템에서 각 정당이 내릴 수 있는 선택은 제한되어 있습니다.

이를 비유로 설명해보겠습니다. 소비자는 서로 다른 두 대의 자동차 중 하나를 구매하기보다 편리한 대중교통 서비스를 선호할 수 있습니다. 하지만 문제는 기업도 시장도 그것을 제공하지 않는다는 것입니다. 또한 TV 광고에는 제품에 대한 정보가 빠져 있습니다. 그저 환상과 꾸며낸 이미지를 보여줄 뿐입니다. 이렇듯 광고회사들은 소비자에게 제대로 된 정보를 제공하지 않음으로써 비합리적인 선택을 유도하여 시장의 합리적인 운영을 방해합니다. 그리고 이들 광고회사는 같은 방식으로 민주주의를 저해합니다. 레이건(Reagan) 대통령 이후로 광고 산업의 주도적인 인물들이 대선 후보들을 상품처럼 마케팅하는 것을 즐기고 있는데요, 광고업계의 리더들도 이 사실을 잘 알고 있습니다. 그리고 이것은 지금까지는 대성공이었습니다. 이들은 이런 홍보 방법을 앞으로 기업 경영진을 위한 사업 모델로서 제공하여 마케팅 산업에도 적용할 수 있을 거라 예측하고 있습니다.

미네소타 대학 조사 결과에서 의료보험이 가장 중요한 이슈로 꼽혔다고 하셨지요. 놀라울 것 없는 결과입니다. 지금까지 시행된 수십 년간의 여론 조사 결과를 보면, 대중이 가장 관심 있어 하는 사안 중 하나로 의료보험이 꼽힙니다. 미국 의료보험 시스템의 처참한 상황을 생각해보면 그리 놀랄 만한 일도 아니에요. 비슷한 경제수준의 국가들에 비해 1인당 비용은 두 배나 들면서 결과는 최악이죠. 또한 대다수의 국민이 노인층을 위해 제공되는 메디케어(Medicare) 시스템보다 "단일 보험(single payer)*"이라고 불리는 국영 방식의 시스템을 선호한다는 것을 알 수 있는데요, 이 시스템이 민영 시스템이나 오바마 대통령이 제안한 것보다 훨씬 더 효율적이기 때문입니다. 하지만 이러한 선택지를 언급한다고 하더라도, 보통은 "정치적으로 불가능하다"거나 "정치적인 지지가 부족하다"는 이유로 시행되지 않습니다. 이는 다시 말해 보험회사나 제약회사 그리고 현재의 시스템에서 이득을 얻는 다른 주체들이 이에 반대한다는 의미입니다. 하지만 우리는 2008년 대선에서 미국 민주주의가 작동하는 방식에 대해 흥미로운 점을 발견할 수 있었는데요, 바로 2004년 때와는 달리 민주당 대선 주자들, 즉 존 에드워즈(John Edwards), 후에는 힐러리 클린턴(Hillary

* [역주] 소득, 직업, 건강상태 등에 관계없이 같은 금액을 주(州)에 내고 의료보험 서비스를 제공받는 제도. 자신이 어떤 보험 상품을 선택하는지에 따라 다른 금액을 내는 사적 보험과는 다르다.

Clinton)과 오바마가 미국 대중이 수십 년 동안 원했던 것을 제안하기 시작했다는 것입니다. 왜일까요? 대중의 태도가 변해서가 아닙니다. 대중의 태도가 변한 건 없었어요. 이유는 값비싸고 비효율적인 민영 의료보험과 제약회사들에 주어지는 법적인 여러 특혜들로 제조업계가 어려움을 겪고 있었기 때문입니다. 더 큰 자본을 가진 산업 분야가 어떤 정책을 지지하면 그 정책은 "정치적으로 가능"하며 "정치적인 지지를 받고 있는" 것이 됩니다. 이러한 사실을 제대로 알고 있는 일반 국민은 거의 없습니다.

나라 안팎의 다른 이슈에서도 상황은 마찬가지입니다.

부유층과 기업이 2008년 경제 위기 이전 수준의 수익을 회복한 건 오래됐지만, 미국 경제는 여전히 수많은 문제에 직면해 있습니다. 대표적으로 현재 많은 경제학자들과 분석가들은 정부 부채를 미국 경제의 가장 심각한 문제로 꼽습니다. 또한 주류 분석가들에 따르면 지금 미국의 부채는 통제 불능 상태라, 대규모 경기 부양책으로 성장을 이루려고 한다면 상황은 더 심각해질 뿐이라고 합니다. 앞으로 또 다른 경제 위기가 발생한다면 급증하는 부채가 미국 경제에 그리고 해외 투자자들의 신뢰도에 어떤 영향을 미칠 거라고 생각하십니까?

그건 아무도 알지 못합니다. 과거에, 특히 2차 세계대전 이후에는 부채 문제가 훨씬 심각했어요. 하지만 전시(戰時)의 계획 경제와 유사한 환경에서 비약적인 경제 성장을 이룬 결과 부채 문제를 극복할 수 있었습니다. 그래서 정부가 경기 부양책을 통해 안정적인 경제 성장을 이끌어내는 데 성공한다면 부채를 통제할 수 있다고 보는 거죠. 인플레이션과 같은 다른 수단도 있습니다. 그렇지만 그 외의 나머지는 어떤 결과를 가져올지 확실하지 않아요. 중국, 일본과 산유국과 같은 주요 투자자들이 더 큰 수익을 따라 투자처를 바꿀 수 있기 때문입니다. 그렇지만 상황이 그렇게 전개될 가능성은 별로 없습니다. 미국 경제가 제대로 유지되는 것이 그들이 수출하는 데에도 유리하기 때문이죠. 앞으로 상황이 어떻게 전개될지 정확하게 예측할 수는 없지만, 전 세계가 불확실한 상황에 놓여 있는 것은 확실합니다.

선생님께서는 여느 다른 학자들과는 달리 미국이 2008년의 경제 위기 이후에도 군사적인 측면뿐만 아니라 경제적, 정치적인 측면에서도 여전히 초강대국의 지위를 유지하고 있다고 생각하시는 것 같습니다. 저도 같은 생각인데요, 세계의 다른 경제 대국들이 미국의 패권에 도전할 준비가 전혀 되어 있지 않을 뿐만 아니라 오히려 미국이 세계 경제를 구원하기를 기다리고 있기 때문입니다. 미국의 자본주의가 유럽연합(EU)이나 아시아의 신흥 경제국들에 비해 어떤 경쟁우위를 가지고 있다고 보십니까?

2007~2008년의 금융 위기는 미국에서 시작된 측면이 많습니다. 그러나 미국의 주요 경쟁국인 유럽과 일본이 더 심각한 어려움을 겪었는데요, 경제 위기 속에서 안전한 투자처를 찾고 있던 투자자들은 여전히 미국을 선택했습니다. 미국이 가진 이점이 상당하기 때문입니다. 먼저 방대한 자원을 가지고 있어요. 그리고 단일

정부를 이루고 있다는 점도 중요합니다. 1860년대 남북전쟁이 발생하기 전까지 "미합중국(United States)"이라는 단어는 복수로 쓰였습니다. (유럽에서는 여전히 그렇게 쓰이고 있지요). 그렇지만 남북전쟁 끝난 뒤 이 단어는 표준 영어에서 단수로 쓰이기 시작했습니다. 국가 권력에 의해 워싱턴에서 고안된 정책과 예산이 전국에 적용되었지요. 이건 유럽에서는 어려운 일이에요. 세계 경제 위기가 발생하고 두어 해가 지나서 유럽연합 집행위원회(European Commission) 태스크포스는 "유럽은 시스템적 위험을 감시하고, 지역별로 짜깁기식 금융 감독으로 인한 재정기관들 간의 틈새와 불일치를 조정하기 위해 새로운 기관을 설립해야 한다."는 내용의 보고서를 발표했습니다. 그러나 전 프랑스 중앙 은행장이 이끌었던 태스크포스는 "유럽에 단일한 감시기관을 도입하는 제안조차 해보지 못한 채" 그 활동이 중단되었지요. 미국이라면 원하기만 하면 언제든지 이와 같은 일을 실시할 수 있지만, 유럽의 경우 그건 '거의 불가능한 임무'입니다. 《파이낸셜 타임스(the Financial Times)》를 포함한 [여러] 분석가들은 이것이 정치적으로 실행 불가능하며, "많은 회원국들이 해당 영역에 권력을 이양하는 것을 꺼려하기 때문에 실현이 요원하다"고 설명합니다. 단일 국가에는 이것 외에도 여러 이점이 있습니다.

모두들 잘 알고 있다시피 유럽과 미국의 이러한 차이는 역사적인 뿌리를 가지고 있습니다. 유럽은 수세기의 국가 간 갈등을 거쳐 민족국가 체제를 갖추게 되었습니다. 그리고 2차 대전을 거치면서 전쟁이라는 자신들의 전통적인 스포츠를 그만두어야 한다는 것을 깨닫게 되었는데요, 다음 번 시합이 마지막일 것이 분명했기 때문입니다. 저는 민주주의가 이것과 무슨 관련이 있는지 잘 모르겠지만, 정치학자들은 이를 "민주적 평화*"라고 부릅니다. 반면 정착형 식민국가인 미국은 아메리카의 원주민들을 정복했고, 살아남은 자들은 보호구역에서 살게 했습니다. 그리고 멕시코의 절반을 정복하고 영토를 더 확장해 나갔지요. 내적 다양성이 유럽연합보다 훨씬 더 감소했습니다. 그리고 남북전쟁을 통해 중앙 권력을 공고히 해나갔으며, 다른 여러 분야에서도 통일성을 확대해 나갔습니다. 다른 분야라고 하면 언어와 문화 양식의 통합을 비롯해, 이 사회를 교외화(suburbanization)†해나가기 위한 거대 국가기업의 사회공학적 프로젝트, R&D를 통한 선진 사업에 대한 중앙정부의 전폭적 지원, 그들로부터의 대규모 물품 조달 등 여러 수단이 포함되어 있지요.

아시아에서 새롭게 부상하는 국가들은 서구는 알지 못하는 엄청난 내적인 문제를 안고 있습니다. 우리는 중국보다는 인도에 대해 더 많은 것을 알고 있는데요, 인도가 훨씬 더 개방된 사회이기 때문이지요. 인도는 인간개발지수(Human Development Index)에서 130위를 기록했습니다(이는 부분적인 신자유주의 개혁을 실행하기 전과 별다른 차이를 보이지 않는 수치입니다). 반면 중국은 90위를 했는데, 아마 중국에 대해 더 많은 정보가 있었

---

* [역주] democratic peace: 민주주의 국가 사이에는 전쟁을 일으키지 않는다는 이론으로, 미국 외교 정책의 하나인 민주주의 확산 정책의 이론적 기반이다.

† [역주] 중심도시의 여러 기능이 중심도시 주변 지역에 원심적으로 확대되면서 전개되는 여러 현상과 그 과정

다면 순위는 더 내려갔을 겁니다. 18세기에 중국과 인도는 세계의 상업적, 산업적 중심이었고, 정교한 시장 시스템과 발전한 보건 위생을 갖추고 있었습니다. 그러나 서구의 제국주의적 침략과, 부유층에 대한 국가의 개입, 가난한 사람들에 대한 자유 시장 경제의 강제적 도입을 골자로 하는 경제 정책을 실행한 결과 이 두 국가는 비참한 처지에 놓이게 되었습니다. 남방 개도국(the global South) 중 식민 지배를 받지 않은 일본이 큰 경제적 발전을 이루었다는 사실에 주목할 필요가 있습니다. 이 연관성은 결코 우연이 아닙니다.

미국이 여전히 IMF의 정책에 큰 영향을 미치고 있습니까?

정확하게는 알 수 없습니다. 하지만 원칙적으로 IMF 경제학자들은 정치적인 영향력에서 독립되어 있어야 하며, 아마 어느 정도는 그러할 것이라고 생각합니다. 그리스의 경우와 그리고 일반적인 긴축 정책과 관련하여 경제학자들은 브뤼셀 프로그램(Brussels Program)을 강력히 비판하는 보고서를 제출한 적이 있는데요, 정치인들은 이를 무시하고 있는 것으로 보입니다.

미국 외교 정책을 살펴보면, "테러와의 전쟁"은 결코 끝나지 않을 사업처럼 보입니다. 마치 머리 하나를 잘라내면 두 개의 새로운 머리가 자라나는 괴물 히드라 같습니다. 광범위한 무력 개입으로 (다에시 또는 ISIL이라고 알려지기도 한) ISIS 같은 테러리스트 조직을 제거할 수 있다고 생각하십니까?

대통령이 된 직후 오바마 대통령은 무력 개입을 확장하여 아프가니스탄과 파키스탄에서 전쟁을 격화시켰습니다. 공약대로 말이지요. 《포린 어페어스(Foreign Affairs)》지 등을 통해 주류 정치학자들이 제시했던 좀 더 평화적인 방법도 있었지만 진지하게 고려되지는 않았어요. 아프간 대통령 하미드 카르자이(Hamid Karzai)는 오바마 대통령에게 서신을 보내 민간인들에 대한 폭격을 중지해줄 것을 요청했으나 아무런 답변을 받지 못했습니다. 또한 카르자이 대통령은 UN 대표단에 외국, 즉 미국 군대가 단계적으로 철수해줄 것과 그 철수시기를 정할 것을 원한다고 알려왔습니다. 그리고 그 즉시 그는 미국 정부의 눈 밖에 났고, 미국 언론들은 그에게 "신뢰하지 못할", "부패한" 등의 수식어를 붙였지요. 그가 카불(Kabul)의 "우리 편"으로 환영받던 때와 사실 그다지 달라진 점은 없었는데 말입니다. 그 후 오바마는 군대를 더 파견하여 아프간-파키스탄 국경 지역, 즉 듀랜드 라인(Durand line)의 양 측에 대한 폭격을 강화했습니다. 이 라인은 영국이 세운 인위적인 국경으로, 파슈툰(Pashtun) 지역을 둘로 나눕니다. 아프간 사람들은 이를 결코 인정하지 않아요. 아프가니스탄 정부는 이 국경을 무효화하려는 압력을 행사하기도 했습니다.

오히려 테러를 조장하는 것, 이것이 바로 테러와의 전쟁의 핵심입니다. 이라크 침공이 그랬던 것처럼, 그리고 무력에 의지하는 것이 보통 그렇듯 말입니다. 무력으로 성공을 거둘 수도 있습니다. 미국이라는 국가의 존재가 그것을 증명합니다. 체첸(Chechenya)과 러시아의 경우에서도 확인할 수 있고요. 그렇지만 레이건 대통령과 동료들에 의해 만들어져 그 후임자들에 의해 길러진 테러리스트 괴물의 촉수를 모두 제거하고 성공을 거두려면 그 무력의 규모가 어마어마해야 합니다. ISIS는 가장 최근에 발생한 집단이며 알카에다보다 훨씬 더 잔혹합니다. 영토를 요구하고 있다는 점에서도 차이가 있고요. 육군을 대량으로 투입하면 제거할 수 있겠지만 비슷한 다른 집단이 발생하는 것은 막을 수가 없습니다. 폭력은 폭력을 낳을 뿐입니다.

지난 수십 년 동안 미국과 중국의 관계는 여러 다른 양상을 보여왔는데요, 오늘날 미-중 관계가 처한 상황을 제대로 파악하기가 어렵습니다. 미국과 중국의 관계가 앞으로 좋아질 것이라고 보십니까? 아니면 악화될 것이라고 보십니까?

미국은 중국과 애증의 관계에 놓여 있습니다. 중국의 낮은 임금, 열악한 노동 조건과 환경보호에 제약이 적다는 점은 미국과 다른 서구 산업국가들에 있어서는 엄청난 기회이지요. 거대 소매 업계도 마찬가지입니다. 값싼 상품을 만들어낼 수 있어요. 그리고 지금 미국에게는 경제를 유지하기 위해 중국과 일본 등의 다른 국가들이 필요합니다. 그렇지만 동시에 중국은 미국에 골칫거리이기도 합니다. 미국을 두려워하지 않아요. 미국이 유럽 국가들에 주먹을 휘두르며 이란과 경제 관계를 끊으라고 하면 유럽 국가들은 대부분 이에 따릅니다. 그런데 중국은 별로 신경을 쓰질 않습니다. 미국으로선 그게 무서운 거고요. 이러한 상황은 지금까지 오랫동안 지속되어 왔고 앞으로도 계속될 것입니다.

중국이 곧 미국의 세계적 이익에 위협이 될 수 있는 자리까지 부상할 것이라고 생각하십니까?

중국은 여러 강대국 중에서 지금까지 무력 사용과 군사력 확장을 가장 자제하고 있는 국가에 속합니다. 미국의 전략 분석가인 존 스타인브루너(John Steinbrunner)와 낸시 갤러거(Nancy Gallagher)는 몇 년 전 《미국 과학예술 아카데미저널(American Academy of Arts and Sciences)》에 기고를 통해 중국에게 조언한 적이 있을 정도이지요. "최후의 파멸"로 이어질 미국의 공격적인 군국주의에 맞서 평화를 사랑하는 국가들 사이에 연맹을 형성하라고 말이죠. 그런 점에서 미중 관계에 엄청난 변화가 일어날 징후는 거의 없다고 봅니다. 그렇지만 중국은 미국의 요구에 따르지 않고 세계의 에너지와 자원에 대한 접근을 확대하고 있습니다. 그게 바로 미국에게는 위협인 거고요.

인도와 파키스탄의 관계는 미국의 대외 정책에 커다란 과제임이 틀림없습니다. 미국이 이 상황을 어느 정도 통제할 수 있다고 보십니까?

제한적인 범위에서 그렇습니다. 상황이 무척이나 불안정해요. 카슈미르(Kashmir)에는 폭력 사태가 끊이지 않습니다. 인도와 파키스탄 정부를 배후에 둔 테러가 계속 발생하지요. 이뿐만이 아니라는 것을 최근 뭄바이(Mumbai) 폭격 사태에서 확인할 수 있습니다. 두 국가 사이의 긴장을 줄일 수 있는 방법이 있기는 합니다. 이란에서 파키스탄을 거쳐 인도로 이어지는 파이프라인을 통해 인도에 에너지 자원을 공급하는 것입니다. 미국이 핵확산금지조약(Non-Proliferation Treaty, NPT)을 약화시키면서까지 인도의 핵기술 접근을 허용했던 것은 아마 이 선택지가 실현되는 것을 막고 미국의 대이란 정책에 인도를 끌어들이려는 의도가 아니었을까 싶습니다. 파이프라인은 아프가니스탄과도 관련된 문제일 수 있는데요, 투르크메니스탄에서 시작하여 아프가니스탄과 파키스탄을 거쳐 인도까지 이어지는 파이프라인(TAPI, Turkmenistan-Afghanistan-Pakistan-India)에 대한 논의가 오래전부터 있어 왔습니다. 이것이 표면적 이슈는 아니지만 전체적인 상황의 배후에 깔려 있을 가능성이 있어요. 19세기의 "거대 게임(great game)"이 아직도 살아남아 진행되고 있는 것입니다.

이스라엘 로비 단체가 중동에 대한 미국의 외교 정책에 엄청난 영향을 끼치고 있다는 느낌을 받고 있습니다. 이스라엘의 로비가 미국이라는 초강대국의 대외 정책을 좌지우지할 만큼 강력합니까?

중동과 국제 이슈 전문가인 제 친구 질베르 아슈카르(Gilbert Achcar)는 그러한 생각을 "몽환(phantasmagoric)"이라고 말하는데요, 적절한 묘사라고 생각합니다. 어떤 사람들은 이스라엘이 로비를 통해 미국의 첨단기술 산업을 압박하여 이스라엘에 대한 투자를 확대하게 하고, 미국 정부에 압력을 가해 훗날의 군사 작전을 위해 군수 물자를 미리 배치하고 군사 및 정보 관계를 강화하도록 했다고 합니다. 그렇지만 그것은 사실이 아닙니다.

로비가 목표로 하는 것이 미국의 경제적, 전략적 이익에 부합한다면, 보통 그 사안은 실행됩니다. 예를 들면 팔레스타인 탄압 같은 것 말이죠. 이는 국가적, 기업적으로 미국과 큰 이해관계가 없는 사안이었습니다. 그러나 많은 경우에는 로비가 목표로 하는 것과 미국의 이익이 충돌하기도 하는데요, 그런 경우 로비 단체들이 뒤로 물러섭니다. 미국 같은 진짜 권력과 맞서는 건 어리석은 일임을 잘 알기 때문이지요.

선생님의 분석에 전적으로 동의합니다. 그렇지만 이스라엘의 로비가 충분히 영향력이 크다는 사실에는 선생님도 공감하실 거라 생각합니다. 이스라엘 로비가 경제적, 정치적으로 어떤 영향력을 가졌는지에 관계없이, 이스라엘에 대한 비난은 여전히 미국에서 히스테릭한 반응을 불러일으킵니다. 선생님 역시 오랜 기간 우파 시오니스트(Zionist)*들의 비난을 받아오시지 않았습니까. 이스라엘의 로비가 미국 여론에 눈에 보이지 않는 영향력을 미치는 이유는 무엇입니까?

네, 이스라엘이 미국에서 영향력이 있다는 것은 맞는 말이지만, 최근 몇 년 간은 그 효력이 훨씬 작아졌습니다. 그리고 정확히 이야기하면 그 영향을 여론에 대한 영향력이라고 말할 수는 없습니다. 숫자상으로 보면 지금까지 이스라엘의 움직임에 가장 큰 지지를 보냈던 세력은 기독교 근본주의자들이었고 이들은 로비와는 무관하기 때문입니다. 영국과 미국의 시오니즘은 성경의 예언

* [역주] 시오니즘(Zionism)은 유대인의 민족주의 운동으로, 유대인의 조상이 살았던 팔레스타인에 민족국가를 세우는 것을 목표로 한다.

을 섭리적으로 해석하며, 이 해석을 바탕으로 시오니즘 운동을 전개해 나갔습니다. 이들은 대부분 2국가 해법*을 지지하는데요, 미국이 지금까지 일관되게 그 실현을 막아왔다는 사실은 전혀 모르는 것 같습니다. 유대 지식인을 포함한 식자들은 1967년 전쟁에서 이스라엘이 엄청난 승리를 거두기 전까지는 이스라엘에 대해 거의 관심을 두지 않았습니다. 그러나 그 승리를 계기로 미국과 이스라엘 사이에 동맹이 형성되면서 미국의 식자층이 이스라엘과 밀월관계로 들어간 겁니다. 이스라엘의 군사적 솜씨가 미-이스라엘 간 동맹으로 이어지면서 거부할 수 없는 유혹으로 다가온 것이죠. 힘의 숭배와 인도적 구실을 한데 엮어 미국의 지지를 미화하고자 했습니다. 미국의 범죄행위를 비판하는 사람에 대해서는 가혹하게 반응했습니다. 제가 몇 년 동안 겪었던 살해 위협이나 저널을 통한 공격을 낱낱이 따져보면 이스라엘을 주된 요소라고 하기에는 무리가 있습니다. 이러한 현상은 비단 미국에만 국한된 것도 아니고요. 많이 다를 거라는 환상에도 불구하고, 서유럽 국가들의 상황도 큰 차이가 없습니다. 물론 서유럽 지역이 미국의 행동에 대한 비판에 더 개방적이긴 하지만요. 보통 국가들은 다른 국가들이 범죄를 저지르는 것을 반깁니다. 자국이 매우 도덕적인 나라라는 걸 부각할 수 있는 기회이기 때문입니다.

터키의 에르도안(Erdoğan)대통령은 중동과 중앙아시아에서 신오토만주의(neo-Ottoman strategy)를 주창하고 있습니다. 터키

---

* [역주] two-state settlement: 이스라엘과 팔레스타인의 분쟁을 해결하기 위해 제시되는 방법 중 하나로, 이스라엘과 팔레스타인이 각각 국가를 수립한다는 내용이다.

가 펼치고 있는 이 거대한 정책에 대해 미국은 어떤 입장을 취하고 있습니까?

터키는 미국의 중요한 동맹국 중 하나입니다. 클린턴 대통령 때에는 이스라엘과 이집트 다음으로 미국의 무기 지원을 가장 많이 받는 국가 중 하나였습니다. 클린턴은 터키에 엄청난 양의 무기를 제공해 쿠르드족에 대한 학살, 파괴와 테러를 저지르는 걸 지원했습니다. 또한 터키는 1958년 이래로 이스라엘과 동맹 관계를 유지해 왔는데요, 이는 비아랍 국가와 맺은 보편적 동맹의 일부로 미국의 지원을 받아 성립되었습니다. 미국의 경우 "극단적 민족주의"에 대항해 현재의 독재자를 지원함으로써 세계의 주요 에너지 자원에 대한 통제권을 유지하고자 하는 의도도 있었고요. 미국과 터키의 관계는 때론 경색되기도 했는데요, 미국이 이라크 침공을 준비할 때 터키 정부가 국민 95%의 반대 의견에 따라 참전을 거부했던 것이 가장 대표적인 예입니다. 미국 정부는 이에 격분해서 당시 국방부 부장관이었던 폴 월포위츠(Paul Wolfowitz)를 보냈어요. 그리고 터키 정부에 잘못된 결정을 바꾸고 미국에 사과하고, 미국을 돕는 것이 자국의 임무임을 자각할 것을 명령했습니다. 이 사건에도 불구하고 월포위츠의 평판은 떨어지지 않았습니다. 진보 언론들도 그를 부시 행정부 "최고의 이상주의자"로 평가하며 민주주의를 확산하는 데 헌신하는 인물로 묘사했어요. 현재 미국과 터키의 동맹은 유지되고 있지만 그 관계는 자못 경색되어 있습니다. 터키는 현재 이란과 중앙아시아 국가들과 통상적인 관계를 맺고 있으며 앞으로 이를 더 발전시켜

나갈 시도를 할 수도 있습니다. 그렇게 된다면 다시 미국과의 관계는 긴장이 고조되겠지만 아직까지 그럴 가능성은 높아 보이지 않습니다.

서유럽 쪽을 살펴보면, 미국은 클린턴 대통령 이후로 NATO*를 동쪽으로 확장할 계획을 가지고 있는데요, 이 계획이 아직도 유효합니까?

개인적으로는 클린턴 대통령이 했던 가장 큰 실수 중 하나가 바로 NATO를 동쪽으로 확장하기로 결정한 것이었다고 생각합니다. 이는 당시 소련 고르바초프(Gorbachev) 대통령에게 했던 확약을 깨는 것이었습니다. 고르바초프는 통일 독일이 NATO에 가입하는 것을 수락함으로써 서구 국가들에 엄청난 양보를 한 적이 있어요. NATO의 확장은 사실 러시아에 대한 엄청난 도발인데, 부시 대통령이 이를 실행으로 옮겼고 당연히 러시아는 미국의 이러한 공격적 군사주의에 강력하게 반발했죠. 그렇지만 미국의 레드라인은 이미 러시아 국경에 바짝 다가서게 되었습니다.

유럽연합(EU)에 대해서는 어떻게 생각하십니까? 현재 유럽연합은 여전히 신자유주의의 선도자입니까? 선생님은 유럽연합이 언젠가 세계무대에서 건설적이고 영향력 있는 행위자로 부상할 수 있을 거라고 보십니까?

네, 가능하다고 봅니다. 그렇지만 그건 유럽인들이 내려야 할 선

---

* [역주] North Atlantic Treaty Organization: 북대서양조약기구

택이에요. 프랑스의 드골(De Gaulle) 같은 몇몇 인물이 독자 노선을 취했던 것을 제외하고 지금까지 대부분의 지도자들은 워싱턴의 행보를 따르는 수동적인 태도를 취해 왔습니다.

아비규환:
"테러와의 전쟁"

C. J. 폴리크로니우: 먼저 최근 "테러와의 전쟁"의 전개 양상에 대해 어떻게 생각하시는지 듣고 싶습니다. 이 정책은 레이건 대통령 때 처음 만들어졌고, 이를 조지 부시 대통령이 이슬람을 막기 위한 "십자군" 정책으로 바꾸었는데요, 이로 인해 무고한 생명이 죽고 국제법과 세계 평화가 심각하게 저해되는 등 헤아릴 수 없는 손실이 발생했습니다. 또한 다른 국가들까지 미국과는 다른 정책 사안과 이해를 가지고 테러와의 전쟁에 뛰어듦에 따라 이 전쟁은 새롭고, 어쩌면 더 위험할 수도 있는 국면에 들어간 것처럼 보입니다. 먼저, 제가 말씀드린 이 설명에 동의하십니까? 동의하신다면 이 세계적인 대테러 전쟁이 지속될 경우 특히 서구 사회에 어떤 정치적, 사회적, 경제적 결과가 발생할 것이라고 보십니까?

노엄 촘스키: 레이건과 부시가 벌인 전쟁은 서로 꽤나 다른 양상을 보이는데요, 한 가지 중요한 측면에서만 공통점이 있습니다. 레이건이 벌인 전쟁은 아주 빠르게 살인적인 테러리스트 전쟁으로 변화했고, 이것이 바로 그 전쟁이 "사라지게 된" 이유일 겁니

다. 레이건의 테러리스트 전쟁은 중앙아메리카, 남아프리카와 중동에 끔찍한 결과를 가져왔습니다. 그중 가장 직접적인 목표였던 중앙아메리카는 최근의 난민 위기에서 보는 것처럼 아직까지도 회복이 되지 않았습니다. 20년 뒤 2001년 조지 부시 대통령이 재천명한 두 번째 국면 역시 마찬가지였습니다. 미국이 자행하는 테러는 해당 지역을 직접 공격하여 광범위한 지역을 황폐화시켰으며, 이후 오바마 대통령의 세계적인 암살(드론)정책과 같이 새로운 양상으로 전개되기 시작했습니다. 이는 테러리즘의 역사에 새로운 획을 그었고, 어쩌면 테러리스트를 죽이는 속도보다 충직한 테러리스트들이 새로이 만들어지는 속도가 더 빠를 수도 있는 상황을 초래했습니다.

부시 전 대통령은 알카에다(al-Qaeda)를 목표물로 삼았습니다. 아프가니스탄, 이라크, 리비아와 그 너머를 잇달아 수차례 공격함으로써 미국은 아프가니스탄의 조그만 지역에 국한되어 있던 이슬람 테러리즘을 서아프리카에서 레반트 지역, 그리고 다시 동남아시아 지역에 이르기까지, 사실상 전 세계로 확산시키는 데에 성공했어요. 역사적으로 손꼽힐 만한 정책적 승리였습니다. 한편 알카에다는 훨씬 더 잔인하고 파괴적인 집단에 의해 쫓겨났는데요, 바로 ISIS*였습니다. ISIS는 그 엄청난 잔악함으로 알카에다를 뛰어넘었지만, 그에 버금가는 집단들도 여럿 활동하고 있습니다. 군사 전문가인 앤드루 콕번(Andrew Cockburn)은 자신의 주요 저서 《킬 체인(Kill Chain)》에서 그 역학을 다루고 있는데요,

* [역주] The Islamic State of Iraq and Syria: 이슬람국가(Islamic State), IS라고도 불린다.

콕번은 현상의 뿌리와 원인을 해결하지 않은 채 그 지도자를 죽인다면 더 젊고 유능하며 더 잔인한 다른 사람이 그 자리를 대신하게 된다고 주장합니다.

그 결과, 미국은 세계적으로 세계 평화를 가장 심각하게 위협하는 국가라는 오명을 안게 되었습니다. 미국에는 비할 바가 못되지만 2위를 한 파키스탄의 경우 인도의 반대표가 큰 몫을 했을 거고요. 아마 앞으로 이런 식의 테러와의 전쟁이 계속 이어지게 되면 자극을 받은 이슬람 세계와 거대한 전쟁이 벌어질 것입니다. 또한 서구 사회는 내적인 억압과 시민권의 퇴보, 그리고 엄청난 경제적 비용 아래에서 허덕여야 할 것입니다. 오사마 빈 라덴(Osama bin Laden)과 오늘날 ISIS가 바라는 광란의 꿈들을 실현하게 되는 것이지요.

미국의 테러와의 전쟁을 둘러싼 정책적 논의를 살펴보면, 공공연한 작전과 은밀한 작전 사이의 구분이 완전히 사라져버렸습니다. 또한 테러리스트 그룹을 색출하고 그들의 지원국 또는 지원 주체를 확인하는 것이 완전히 임의적일 뿐만 아니라, 그 과정에서 지목된 '범인들'을 보다 보면 이 전쟁이 테러리즘에 대항한 진짜 전쟁인지 아니면 실상 세계 정복 정책을 정당화하기 위한 눈속임인지 의문을 가지게 됩니다. 알카에다와 ISIS가 살인적인 테러리스트 집단이라는 점에는 의문의 여지가 없습니다. 그렇지만 미국의 정책 입안자들과 주류 언론은 미국의 동맹국, 다시 말해 사우디아라비아와 카타르, 그리고 터키를 위시한 NATO의 회원국들이

적극적으로 ISIS를 지지해 왔다는 점을 눈감아주거나 대충 넘어가려는 모습을 보였습니다. 이 문제에 대해 어떻게 생각하십니까?

그건 레이건과 부시 대통령이 실행했던 테러와의 전쟁에서도 같은 상황이었습니다. 레이건 대통령의 경우 이를 중앙아메리카에 개입하는 구실로 이용했습니다. 암살된 엘살바도르의 대주교 오스카 로메로(Oscar Romero)를 계승한 주교 리베라 이 다마스(Rivera y Damas)에 따르면 이는 "무방비의 민간인에 대한 학살과 멸절 전쟁"이었지요. 과테말라에서는 더 심각했고 온두라스에서는 무척이나 끔찍했어요. 레이건의 테러리스트 부대로부터 자국을 지켜낼 수 있는 군사력을 가지고 있었던 건 니카라과뿐이었습니다. 다른 국가들의 경우에는 군인들이 테러리스트였고요.

남아프리카 지역에서 테러와의 전쟁은 남아프리카 공화국이 자국과 주변 지역에서 범죄를 저지르는 데에 명분을 제공했고 엄청난 피해가 발생했습니다. 그렇지만 어찌되었든 우리는 세계에서 "가장 악독한 테러리스트 집단"인 넬슨 만델라(Nelson Mandela)의 아프리카 민족회의(African National Congress)*로부터 세계를 지켜야 하지 않았습니까. 만델라 선생은 2008년까지 미국의 테러리스트 목록에 올라 있었습니다. 이뿐만이 아닙니다. 중동에서 테러와의 전쟁은 이스라엘의 살인적인 레바논 침략과 다른 여러 사건들을 옹호하는 명분으로 이용되었습니다. 부시에

---

* [역주] 남아프리카 공화국의 사회민주주의 정당. 인종격리정책인 아파르트헤이트에 저항하기 위해 창설되었으며, 인종격리정책이 폐지된 후 남아프리카 공화국의 집권 정당으로 기능하고 있다.

게는 이라크를 침공하는 명분을 제공했고요. 이런 예는 수없이 많습니다.

시리아에서 일어나고 있는 상황은 이루 다 말할 수 없습니다. ISIS에 대항하는 주력 육군은 쿠르드족으로 이루어져 있는데요, 이들은 미국 테러리스트 목록에 올라 있습니다. 이 소수민족은 시리아와 이라크 두 국가에서 모두 우리의 NATO 동맹국인 터키의 주된 공격 대상이 되고 있습니다. 한편 알 누스라 전선(al-Nusra Front)은 알카에다의 시리아 지부로, 시리아에서 영역쟁탈을 위한 전투를 벌이고 있다는 점을 제외하고는 ISIS와 크게 다른 점이 없는 집단입니다. 터키는 여러 방면으로 이 테러 집단을 지원합니다. 미국 국방부가 수십 명의 훈련된 정예 부대를 보내 이를 공격할 때 터키가 이미 이를 귀띔하여 미국 부대가 전멸한 적이 있을 정도입니다. 미국의 동맹국인 사우디아라비아와 카타르 역시 알 누스라와 그 가까운 동맹 집단인 아흐라 알 샴(Ahrar al-Sham)을 지원하고 있습니다. CIA가 이들에게 최신 무기를 제공하고 있다는 정황도 있고요. 이들은 CIA가 제공한 TOW 대전차 무기를 사용하여 시리아 정부군인 아사드(Assad)군에 엄청난 피해를 입힌 것으로 알려져 있습니다. 이로 인해 시리아 정부군을 지지하는 러시아는 여기에 개입해야 한다는 압박을 받고 있고요. 또한 터키는 여전히 지하드전사들(Jihadis)이 국경을 넘어 ISIS에 가담하는 것을 용인하고 있는 것으로 보입니다.

지난 몇 년간 사우디아라비아도 극단적 지하드 운동에 대한 강력한 지원자로 나섰는데요, 자금을 지원할 뿐만 아니라 코란을 가르치는 학교, 모스크를 세우고 성직자를 길러 급진적 이슬람의 와하비즘(Wahhabism)*을 확산하고 있습니다. 중동 지역 특파원 패트릭 콕번(Patrick Cockburn)은 수니파 이슬람의 "와하브화(Wahhabization)"가 이 시대가 마주할 수 있는 가장 위험한 상황 중 하나라고 말합니다. 사우디아라비아와 아랍에미리트는 거대한 선진 군사력을 보유하고 있지만 ISIS에 대한 전쟁에는 거의 관여한 적이 없습니다. 이들은 예멘에서는 전쟁을 벌이고 있는데요, 그러면서 인도주의에 반하는 참사를 일으키고 "테러와의 전쟁"의 타깃으로 자라날 미래의 테러리스트들을 양산해내고 있습니다. 지역이 파괴되고 무수한 사람들이 죽어가는 건 말할 필요도 없고요.

시리아의 유일한 희망은 ISIS를 제외한 다른 당사자들 간에 협상이 타결되는 것입니다. 이 "당사자들"에는 바샤르 알 아사드(Bashar al-Assad) 시리아 대통령과 같은 지독한 사람들이 포함되는데요, 이 인물이 스스로 목숨을 끊을 것 같아 보이지는 않으니 시리아의 생명줄을 끊지 않으려면 협상에 끼워주어야 하겠습니다. 최근에 이러한 협상의 움직임이 오스트리아 빈에서 조금씩 이루어지고 있습니다. 이 문제를 해결하기 위해 다양한 노력이 있을 수 있으나, 외교적인 해결책을 강구하려는 노력이 빠져서는 안 됩니다.

세계적인 테러와의 전쟁에서 터키는 현대 외교 역사상 가장 위선

---

* [역주] 18세기 중엽 일어난 이슬람교 복고 운동으로, 엄격한 율법을 강조하는 이슬람 근본주의의 하나이다.

적인 모습을 보였습니다. 블라디미르 푸틴(Vladimir Putin) 러시아 대통령은 자국의 제트 전투기가 추락한 사건에 대해 터키를 "테러리스트의 공범국"이라 칭하며 불편한 심기를 여과 없이 드러냈습니다. 미국과 그 서구 동맹 국가들은 몇몇 걸프 국가들이 ISIS와 같은 테러 조직을 지원하는 것을 묵인하고 있는데요, 그 이유는 바로 석유입니다. 그렇다면 이들이 이슬람 근본주의 테러를 지원하는 터키를 묵인하고 있는 이유는 무엇입니까?

터키는 NATO의 회원이며 미국의 중요한 동맹국입니다. 그 지정학적인 중요성 때문이지요. 미국은 1990년대에 터키가 자국 내의 쿠르드족에 대해 엄청난 학살을 자행할 당시 터키에 상당한 양의 무기를 제공했습니다. 이때 터키는 이스라엘과 이집트를 제외하고 가장 많은 무기를 제공받았습니다. 하지만 미국과 터키의 관계는 때로 경색되기도 했습니다. 2003년에 터키 정부가 국민 95%의 의견을 수용해 이라크 전쟁에 불참하기로 결정한 것이 대표적입니다. 이때 터키는 "민주주의"의 의미를 제대로 이해하지 못했다고 여러 국가들로부터 비난을 받았습니다. 그러나 이러한 몇몇 경우를 제외하고 양국 간의 관계는 대체로 긴밀하게 유지되어 왔습니다. 최근 미국과 터키는 대(對) ISIS 전쟁에 관하여 합의를 도출했습니다. 이 합의로 미국은 시리아와 가까운 곳에 위치한 터키의 군사 기지를 사용할 수 있게 되었으며 터키는 ISIS를 공격할 것을 미국에 약속했습니다. 실제로는 ISIS 대신 쿠르드족을 공격했지만요.

많은 사람들이 공감하는 견해는 아니지만, 러시아는 미국과 달리 무력을 사용하는 범위가 제한되어 있는 것 같습니다. 선생님께서 이 견해에 동의하신다는 것을 가정하고 그 이유를 묻고 싶습니다.

러시아가 더 약하기 때문입니다. 러시아는 미국처럼 세계에 800여 개의 군사 기지를 가지고 있지 않아요. 그래서 미국처럼 이곳저곳에 개입할 수도 없고, 오바마처럼 세계 곳곳에서의 암살 정책 같은 걸 실행할 수도 없습니다. 냉전 때도 마찬가지였어요. 국경 주변에서는 군사력을 사용할 수는 있었지만 예컨대 인도차이나전쟁과 같은 전쟁들을 일으키는 건 불가능했습니다.

이슬람 테러리스트들이 프랑스를 목표물로 삼길 좋아하는 것 같습니다. 그 이유가 무엇이라고 생각하십니까?

사실 프랑스보다 아프리카에서 더 많은 사람이 죽었습니다. 세계 테러리스트 집단 중에서 보코 하람(Boko Haram)이 ISIS 보다 더 끔찍한 것으로 나타났어요.[1] 유럽에서는 프랑스가 주요 공격 대상인데요, 과거 알제리 전쟁을 살펴보면 그 이유를 알 수 있습니다.

ISIS가 저지르는 테러리즘은 하마스(Hamas)나 헤즈볼라(Hezbollah) 같은 다른 테러 조직의 비난을 받고 있습니다. ISIS와 다른 테러리스트 집단이 가지는 차이점은 무엇이며, ISIS가 진짜로 원하는 것은 무엇입니까?

"테러리스트 집단"이라는 말에 대해서는 주의를 기울일 필요가 있습니다. 나치(Nazi)에 반대하는 사람들도 테러를 이용했습니다. 조지 워싱턴(George Washington)의 군대도 마찬가지였고요. 수많은 사람이 그가 일으키는 공포 앞에서 도망을 쳤습니다. 아메리카 토착민들에게는 조지 워싱턴은 "마을을 파괴하는 사람"이었고요. 독립운동을 하면서 테러를 사용하지 않은 경우는 거의 없습니다. 헤즈볼라와 하마스는 이스라엘의 팔레스타인에 대한 공격과 점령에 대응해 조직된 집단입니다. 그렇지만 ISIS는 많이 다릅니다. 영토를 차지하여 이슬람 국가를 설립하고 통치하기를 원합니다.

2015년 11월의 파리 테러 이후 오바마 대통령은 프랑스의 올랑드(Hollande) 대통령과 공동기자회견에서 "ISIS를 파괴해버려야 한다."고 천명했습니다. 선생님께서는 이것이 가능하다고 생각하십니까? 가능하다면 어떻게 가능하며, 가능하지 않다면 그 이유는 무엇입니까?

물론 서구 국가들은 ISIS가 통제하고 있는 지역 내의 사람들을 모두 죽일 수 있습니다. 하지만 설사 그렇게 된다고 하더라도 ISIS를 완전히 파괴할 수는 없습니다. 오히려 앞에서 이야기한 것과 같은 역학에 따라 더 잔학한 집단이 들어설 가능성이 높아요. ISIS의 목표는 모든 무슬림들을 "성전의 용사"로 만들어 전쟁으로 몰고 가는 것입니다. 우리는 그 같은 상황을 현실화하는 데 일조할 수도 있고, 아니면 이 문제의 뿌리를 파악하여 지역 내의 세력들이 ISIS를 극복할 수 있도록 알맞은 조건을 제공할 수도 있습니다.

지금까지 이 지역에 외국이 개입하는 것은 불행의 씨앗만을 남겼습니다. 앞으로도 그러할 가능성이 높아요. 따라서 ISIS 문제를 해결할 방법에 대해 다른 제안들이 있었는데요, 대표적으로 윌리엄 포크(William Polk)가 제안했던 것이 있습니다.[2] 그는 중동 문제에 정통한 훌륭한 학자이면서 미국 정부의 최고위급 정책 입안에서도 풍부한 경험을 갖추고 있습니다. 그의 제안은 스콧 아트란(Scott Atran) 등 ISIS에 대해 가장 철저한 연구를 진행하고 있는 사람들이 지지하는 제안이기도 합니다. 하지만 안타깝게도 이 제안이 실현될 가능성은 희박합니다.

드와이트 아이젠하워(Dwight Eisenhower) 전 대통령은 고별 연설에서 군산 복합체의 위험에 대해 경고를 했습니다. 이 연설에서 볼 수 있듯이 미국의 정치경제학에서 전쟁은 거의 필수적 요소입니다. 미국이 맹목적인 군사적 애국주의에서 벗어날 수 있는 방법에는 무엇이 있을까요?

미국 경제의 몇몇 부문이 "맹목적인 군사적 애국주의"에서 이득을 취하고 있는 것은 사실입니다만, 그것이 미국이 전쟁을 벌이는 주된 원인이라고 생각하지는 않습니다. 지정학적, 국제 경제적인 이유들이 더 중요한 작용을 하기 때문입니다. 2차 대전이 끝난 직후 한 비즈니스 언론에서는 전쟁의 경제적인 이득에 대한 글을 실은 적이 있습니다. 이들은 미국이 대공황에서 빠져나올 수 있었던 것은 엄청난 정부 지출 때문이며, 정부 지출이 삭감될 경우 경제가 다시 침체될 것이라는 주장을 했습니다. 마찬가지로 2차 대전이 끝나고 《비즈니스 위크(Business Week)》는 사회적인 지출이 군사적 지출만큼이나 경제에 "마중물" 역할을 할 수 있다는 내용의 글을 실었습니다. 그러나 동시에 기업가들에게는 "복지의 마중물과 군사적인 마중물 사이에는 사회적, 경제적으로 엄청난 차이가 존재한다."고 지적했습니다. 후자의 경우에는 "사실상 경제의 구조를 바꾸지 않는다."는 것이었지요. 그러나 복지 및 공공 사업 지출에 대해서는 그것이 "경제 구조를 변화시킨다. 새로운 통로를 만들어내고 새로운 기관이 생겨나며, 소득을 분배하는 효과도 있다."고 설명했습니다. 복지 지출에는 이 외의 다른 효과들도 많습니다. 군사적인 지출에는 대중이 거의 관련되지 않는 반면, 사회적인 지출에는 대중이 포함되며, 경제적 민주화의 효과도 있습니다. 이러한 것들이 바로 군사적인 지출이 더 선호되는 이유이지요.

미국의 정치 문화와 군사주의의 연관성에 대한 논의를 조금 더 발전시켜보고 싶습니다. 초강대국으로서 미국의 우월성이 하락하는 상황에서, 미래의 대통령이 전쟁광이 될 가능성이 얼마나 된다고 보십니까?

미국은 2차 세계대전 후 전성기를 맞이했습니다. 그러나 곧바로 하락이 시작되었습니다. 처음에는 "중국의 상실*"로, 나중에는 다

* [역주] 1949년 미국이 지원하던 국민당이 중국 본토를 공산당에 빼앗기고 대만으로 물러간 사건을 의미한다.

른 산업국가들의 부흥과 탈식민화라는 고통스러운 과정으로, 그리고 좀 더 최근에는 힘의 분화라는 형태로 나타났습니다. 이러한 상황에 대응하는 방식은 여러 가지입니다. 먼저 부시처럼 승리주의와 공격성으로 맞서는 방법이 있습니다. 오바마처럼 육군 사용을 자제하는 유형도 있고요. 이외에 다른 유형이 나타날 가능성도 많습니다. 그렇지만 이러한 결정에 대중의 의견은 거의 반영되고 있지 않은 듯합니다.

마지막 질문입니다. 테러와의 전쟁을 끝내는 것이 순진하고 잘못된 판단이라는 견해에 대해서는 어떻게 생각하십니까?
간단합니다. 왜 그것을 계속해야 하나요? 그리고 더 중요하게는, 미국이 테러와의 전쟁이라는 미명 아래에 사실상 테러리즘을 주도하고 있는 상황을 그대로 두어야 한다고 생각하는 이유는 무엇입니까?

혼돈의 제국

C. J. 폴리크로니우: 21세기에 미국은 아프가니스탄, 이라크, 리비아, 시리아 등에 무력으로 개입했습니다. 하지만 이는 처참한 실패였다는 평가를 받습니다. 이에 따라 정부의 정책 결정자들은 무력 개입의 조건을 놓고 논의를 벌였지만 그 조건에는 어떠한 변화도 없었습니다. 그 이유는 무엇입니까?

노엄 촘스키: 부분적으로는 "손에 있는 것이 망치뿐이면 모든 것이 못으로 보인다."는 옛말이 들어맞는 경우입니다. 미국의 비교우위는 군사력입니다. 그래서 한 가지 형태의 개입이 실패할 경우 새로운 기술과 무기 등을 적용하여 정책과 세부실행계획을 바꾸죠. 그렇지만 분명 다른 대안도 있습니다. 해당 국가의 민주화를 돕는 것입니다. 말장난이 아니라 실제적인 도움을 말하는 겁니다. 그러나 이런 대안들의 예상되는 결과에 대해서 미국은 기껍지가 않은 듯합니다. 민주주의의 확산과 관련한 유수의 학자이자 레이건 행정부의 관료였던 토마스 캐로더스(Thomas Carothers)에 따르면 미국이 지지하는 "민주주의 육성"이란 미국의 의사를 해당 국가에 전달하는 "탑-다운 방식"의 민주주의입

니다. 그러기 위해선 해당 국가에서 기존에 미국과 긴밀한 관계를 맺고 있던 지도자들이 새로운 체제에서도 권력을 유지해야 합니다. 캐로더스는 민주주의의 과정을 강력하게 지지하지만, 불행히도 현실적 인식이 더 강한 인물입니다.

어떤 사람들은 오바마 대통령이 벌인 전쟁과 그 전임자인 조지 부시 대통령이 벌인 전쟁이 방식과 본질에 있어서 큰 차이가 있다고 이야기합니다. 이것이 근거 있는 주장이라고 생각하십니까?
부시는 "충격과 공포"의 무력에 의존했습니다. 희생자들에게는 끔찍한 경험을, 미국에는 큰 패배를 가져왔지요. 오바마는 국제 테러리즘의 역사에 새로운 획을 그은 두 가지 전술을 도입했는데요, 바로 드론을 이용한 전 세계에 걸친 암살 작전과 특수부대의 투입입니다. 지금은 세계 곳곳에서 이 방법이 사용되고 있습니다. 이 주제를 전문적으로 다루는 저널리스트 닉 터스(Nick Turse)가 최근 발표한 바에 따르면, "2015년 미국의 특수부대가 147개국에 배치되었고 이것은 전례 없는 신기록이다."고 합니다.[1]

"혼돈의 제국(Empire of Chaos)" 정책은 중동과 다른 지역에서 불안정성을 증가시키고 있습니다. 이른바 "블랙홀들의 창조(creation of black holes)"가 정책의 주요 목표인 것 같습니다. 하지만 미국은 스스로 성난 바다에서 방향을 잃고 항해를 하고 있는 양상입니다. 사실 파괴의 임무가 완성된 후에 무엇을 해야 할

지조차 모릅니다. 초강대국으로서 미국의 글로벌 헤게모니가 쇠락하고 있는 것이 이러한 현상에 어느 정도 일조하고 있다고 보십니까?

혼돈과 불안정성이 증가하고 있는 것은 사실이지만, 그것을 목표로 하고 있다고는 생각하지 않습니다. 혼란과 불안정은 미국이 주로 사용하는 도구인 군사력이라는 거대한 해머를 이라크, 리비아, 아프가니스탄과 같은 시스템이 취약한 지역에 내리침으로써 발생한 결과입니다. 또한 미국의 패권적 힘이 지속적으로 하락하는 것은 1945년 이후로 계속 있어온 현상인데요, 지금도 그러한 추세를 확인할 수 있습니다. 그 예로 에드워드 스노든(Edward Snowden)* 사건을 생각해봅시다. 유럽의 열강들은 그 누구도 미국의 분노를 무릅쓰고 선뜻 나서지 않았습니다. 반면 라틴아메리카의 네 국가가 그에게 망명을 허용했다고 보도되었습니다. 워싱턴의 채찍을 더 이상 두려워하지 않는다는 거죠. 미국의 힘이 눈에 띄게 축소하고 있다는 것을 확인할 수 있는 대목입니다.

그럼에도 저는 중동에서 발생하고 있는 혼란이 이러한 이유 때문이라고 보는 건 무리라고 생각합니다. 미국이 이라크를 침공하여 나타난 결과 중 하나가 바로 분파 간의 갈등을 촉발하는 것이었고, 분파 갈등은 지금 이라크를 갈기갈기 쪼개고 있는 것이 사실입니다. 또한 유럽은 리비아에 폭격을 개시하여 참사를 일으켰습니다. 그리고 이 참사는 결국 더 많은 무기 유입과 이슬람 전사 지하디들의 범죄 활동을 부추기며 더 멀리 확산되었습니다. 그리

---

* [역주] 중앙정보국과 미국 국가안보국에서 일했던 미국의 컴퓨터 기술자로, 2013년 《가디언(the Guardian)》지를 통해 국가안보국의 다양한 기밀문서를 공개했다.

고 이제는 외국에서도 폭력이 난무하기에 이른 겁니다. 내적인 요인들도 물론 많습니다. 중동 특파원 패트릭 콕번은 세계가 직면할 수 있는 가장 위험한 상황 중 하나가 바로 수니 이슬람의 "와하브화"라고 말하는데요, 옳은 말입니다. 지금 당장은 시리아 내전과 같은 중동 지역의 문제가 사실상 해결이 불가능해 보입니다. 관련 당사자들 간의 협상을 통한 점진적 접근만이 이 상황을 타개할 유일한 희망인 것 같습니다.

러시아도 시리아에 파괴의 빗물을 퍼붓고 있습니다. 러시아가 이렇게 하는 목적은 무엇이고, 그것이 해당 지역에서의 미국의 이익에 위협이 되는지 궁금합니다.

러시아의 목적은 분명합니다. 시리아의 아사드(Assad) 정권을 유지하는 것입니다. 이것이 터키, 사우디아라비아와 카타르, 그리고 미국도 부분적으로 지원하고 있는 이슬람 무장 단체에 대해 문자 그대로 "파괴의 빗물을 퍼붓는" 것으로 나타나고 있습니다. 《워싱턴 포스트(Washington Post)》에 실린 최근의 한 기사는 CIA가 이슬람 무장 단체에 TOW 대전차 미사일을 포함한 첨단 무기를 제공한 것이 시리아 지역의 세력 균형을 변화시켰고, 이것이 러시아를 끌어들이는 원인이 되었다고 말합니다. "미국의 이익"이라는 관점에 대해서는 신중할 필요가 있습니다. 미국과 미국 국민의 이익이 서로 다른 경우가 많기 때문입니다. 미국의 공식적 목표는 아사드 정권을 제거하는 것이기 때문에 러시아 정부의 입장은 미국에 위협으로 작용합니다. 이러한 강대국의 대치 상황은 자칫하면 시리아에 재앙을 초래할 수 있으며, 단순한 재앙을 넘어 그보다 심각한 상황으로 치달을 가능성도 있습니다.

미국이 ISIS라는 괴물을 만들어냈습니까?

저명한 중동 문제 분석가 그레이엄 풀러(Graham Fuller)의 인터뷰 내용이 최근 신문에 머리기사로 실렸는데요, "전 CIA 요원에 따르면 미국이 IS의 설립을 도왔다."는 것이었습니다. 자세한 내용은 다음과 같습니다.

> 나는 미국이 이 조직의 핵심적인 설립자 중 하나라고 생각한다. 미국이 ISIS의 설립을 직접 계획했다는 것이 아니라, 중동에 대한 무력 개입과 이라크 전쟁이 ISIS 탄생의 기초 원인으로 작용했다는 것이다. 여러분은 이 조직의 시작점이 미국의 이라크 침공에 항거로부터 출발했던 것을 기억할 것이다. 그 당시 이슬람주의자가 아닌 수니파까지도 그 항거를 지지했는데 미국의 이라크 점령을 반대했기 때문이었다. 오늘날까지도, [현재는 IS(이슬람국가)로 불리는] ISIS가 바그다드에서 시아파 정부의 집권으로 소외된 수니파의 지지를 받고 있다고 생각한다.

미국의 이라크 침공으로 발생한 직접적인 결과 중 하나가 시리아에 시아파 정부가 수립된 것인데요, 이는 이라크 전쟁에서 이란의 승리이자 미국의 두드러진 패배로 해석됩니다. 정리하자면, 중동 지역에 대한 미국의 공격이 ISIS 탄생의 하나의 원인으로 작용한 것은 사실이나, 미국이 ISIS라는 잔학한 괴물의 수립을 직접 계획했다는 것은 음모론에 불과하며 타당성이 없습니다.

이슬람국가와 같이 잔학하고 야만적인 집단이 유럽의 젊은 이슬람교도에게 매력적으로 다가가는 것은 어떤 이유입니까?

이 현상에 대해서는 스콧 아트란을 비롯해 여러 학자들이 연구 결과를 제시했습니다. 유럽이라는 공간에서 억압과 모욕을 당하며 살아가고 있는 젊은 이슬람교도들이 존엄성을 가지고 자아실현을 할 수 있는 삶의 목표를 찾는 과정에서 발생한 현상이라는 것입니다. 여기서의 목표는 수세기 동안 지속되어 온 서구 제국주의의 속박과 파괴적 행위에 대항하여 유토피아적 이슬람 국가를 세우는 것이고요. 젊은이들이기 때문에 같은 축구 팀 멤버 등등의 동료들에게서 받는 압박감도 중요한 요소로 작용했을 것입니다. 뿐만 아니라 중동에서 발생하는 갈등이 분파적인 색채를 가지고 있다는 점도 또 다른 중요한 요인입니다. 단지 “이슬람을 수호하는 것”에서 한 걸음 나아가 “이단 시아파”를 막는다는 것입니다. 매우 위험하고 좋지 않은 상황이지요.

지배를 위한 투쟁: ISIS, NATO와 러시아

C. J. 폴리크로니우: ISIS는 미국이 중동을 침략하고 이라크를 점령한 결과로 부상했는데요, 오늘날 우리가 목격하고 있는 가장 잔인하고 위험한 테러리스트 집단입니다. 또한 미국이 시리아, 리비아, 이라크와 아프가니스탄에서 만들어낸 '혼란의 블랙홀들'을 넘어 ISIS의 촉수들이 뻗어나가고 있는 것 같습니다. 지금 ISIS는 유럽 내부까지 그 팔을 뻗치고 있고, 독일의 수상 앙겔라 메르켈(Angela Merkel)도 최근 이 사실을 인정한 적이 있습니다. 사실 ISIS는 2016년 6월 초 이후로, 앞서 언급한 국가의 여러 도시에서 48시간마다 한 번꼴로 테러를 일으키고 있는 것으로 추산됩니다. 최근 독일과 프랑스 같은 국가들이 ISIS의 목표물이 된 이유는 무엇입니까?

노엄 촘스키: ISIS가 자신들이 어떤 테러를 주도했다고 이야기하는 것을 그대로 받아들여서는 안 됩니다. 최근 발생한 테러 중 가장 끔찍했던 니스(Nice) 테러를 생각해봅시다. 급진적 이슬람에 대해 연구하는 가장 치밀하고 통찰력 있는 분석가인 아크바르 아메드(Akbar Ahmed)가 이 사건을 다룬 적이 있는데요, 아메드는

모하마드 라후에유 부렐(Mohamed Lahouaiej Bouhlel)이 이 사건의 명백한 용의자라고 이야기합니다. 그러면서 동시에 부렐이 "헌신적인 무슬림은 아니다. 전과 기록이 있고 술을 마신다. 돼지고기를 먹으며 마약을 한다. 단식, 기도를 하지도, 모스크에 규칙적으로 나가지도 않으며, 어떻게 보더라도 종교적인 모습은 없다. 아내에게 가혹하게 굴어 아내가 떠났는데, 이는 종교에 헌신적인 이들이 하는 행동은 아니다."고 말합니다. 늘 그렇듯이 ISIS는 뒤늦게 그 테러가 자신들의 소행이라고 밝혔습니다. 그 "공로"을 차지하기 위해서입니다. 그렇지만 아메드는 ISIS의 이 주장이 거짓일 가능성이 높다고 말하며, 다음과 같은 결론을 내립니다.

> ISIS는 일반적으로는 이 (테러가담) 무슬림들에 영향을 끼칠 수 있겠지만 그들의 적대감은 자신들이 유럽, 특히 프랑스에서 불청객 이민자 취급을 받는 상황에서 기인한다. 프랑스에 대한 적대감이 특히 심한 것은, 그곳에서 태어나고 자랐음에도 불구하고 프랑스인 대우를 받지 못하기 때문이다. 유럽에 살고 있는 무슬림 중에는 교육과 주거에서 열악한 상황에 놓인 무직 청년이 매우 많다. 또한 이 사회는 몇몇 예외적인 경우를 제외하고는 통합되어 있지 않은데, 이러한 사회적 환경에서 라후에유 부렐과 같은 청년이 등장하는 것이다. 같은 범죄 패턴이 파리와 브뤼셀을 포함하여 유럽에서 발생한 다른 테러에서도 발견된다.

스콧 아트란과 그 연구팀을 포함한 여러 분석가들 역시 ISIS에 새롭게 가담하는 이들에 대해 폭넓은 조사를 시행했던 적이 있습니다. 아메드의 연구 결과는 이들이 내놓은 결과와도 일맥상통합니다. 개인적으로는 아메드의 분석과 처방을 진지하게 받아들일 필요가 있다고 생각합니다. "무슬림 사회에 교육 및 고용 기회, 청년들을 위한 프로그램을 제공하고 이들을 더욱 폭넓게 수용, 이해하여 사회의 다양성을 높일 필요가 있다. 정부는 이들 사회에 언어, 문화와 종교적 프로그램을 제공하기 위해 할 수 있는 일이 많고, 그렇게 함으로써 (아랍권의) 외국으로부터 이맘들(imams)* 이 해당 지역 사회에 지도력을 행사하는 폐단을 막을 수 있다."는 것입니다. 이러한 제안은 다른 유력 분석가들의 제안과 맥락을 같이 합니다.

아트란은 "프랑스 인구의 7~8% 가량만이 무슬림인데 비해, 프랑스 감옥 수감자 중 무슬림의 비율은 60~70%에 이른다."고 말합니다. 지금 유럽 사회가 무슬림과 관련하여 당면하고 있는 상황을 잘 드러내주는 지표이지요. 또한 최근의 국가 연구 위원회 보고를 참고하는 것도 필요한데요, 이 보고는 "정치적인 맥락을 고려해볼 때, 테러리즘과 그것을 지지하는 사람들은 극단적인 정치적 억압에 의해 그 힘이 더욱 강력해지며, 반체제와 온건한 그룹의 사람들을 시민 사회와 정치적 과정으로 올바로 통합한다면 그 힘을 약화할 수 있다."고 설명합니다.

"폭력으로 되갚자."라고 말하는 건 쉽습니다. 경찰력으로 억압하고 상원의원 테드 크루즈(Ted Cruz)의 주장처럼 융단폭격을 가하는 것은 정확히 알카에다와 ISIS가 바라는 바이며, 지금까지 일어났던 것처럼 문제를 악화시킬 수 있습니다.

---

* [역주] imam: 아랍어로 '지도자' 또는 '모범이 되어야 할 것'을 의미하는 말이다. 일반적으로는 공동체를 지도하는 통솔자를 의미한다.

지난번 프랑스 항만 도시인 니스에서 발생한 테러에서는 84명의 시민이 살해당했습니다. ISIS가 무고한 시민을 목표물로 삼는 것은 어떠한 이유에서입니까?

앞서 말했듯이, 우리는 ISIS가 어떤 사건을 주도했다거나 연관되어 있다는 주장에 대해 신중을 기할 필요가 있습니다. 그들이 그러한 재앙에 연관이 되어 있을 경우 전략은 뻔합니다. 스콧 아트란, 윌리엄 포크와 같이 ISIS와 폭력 사태에 대해 철저하고 전문적인 연구를 해온 이들은 ISIS의 말을 곧잘 인용하는 경향이 있습니다. 이들은 때로 ISIS가 사용하는 핵심 전략을 담은 "전술서"를 인용하기도 합니다. 이것은 10년 전 알카에다의 메소포타미아 지부가 작성한 것으로 ISIS가 차용했습니다. 아트란은 논문에서 이들에 관한 몇 가지 원칙을 제시합니다.

> [기본 전략 1] 약한 목표물을 공격한다. "적을 성가시게 하는 공격을 다양화하고 확대한다. 이슬람 세계와, 가능하다면 그 밖의 십자군-시온주의 적이 있는 모든 곳에 이를 시행한다. 그럼으로써 동맹국 적들의 노력을 분산시키고 그럼으로써 최대한 적들의 힘을 고갈시킨다."
> [기본 전략 2] 잠재적인 희생자들이 방어를 해제했을 때를 노려 공격한다. 이를 통해 일반 대중에게 미칠 두려움을 극대화하고 경제를 고갈시킨다. "십자군의 영향력 하에 있는 여행자 숙소가 공격을 당할 경우 세계 모든 지역의 모든 여행자 숙소에 안전을 위한 추가 병력이 필요하게 될 것이다. 여기에는 평소 병력의 몇 곱절이 소요되기 때문에 지출이 크게 증가하게 될 것이다."

이러한 전략은 테러리즘을 확산하고 적은 지출로도 "십자군"에 커다란 비용을 부담시키는 데에 상당히 성공적이었습니다.

프랑스를 여행하는 사람들을 보호하기 위해서 해변을 포함한 휴양지에 무장군인들이 배치되었다는 보도가 있었습니다. 지난 몇 년 간 유럽에는 전쟁으로 피폐해진 곳에서 수백만의 난민이 들어왔습니다. 이러한 조치가 유럽의 난민 위기와 얼마나 큰 관련이 있다고 보십니까?

제대로 판단하기 어렵습니다. 프랑스에서 발생한 테러는 최근의 난민 사태에서 기인한 것이 아닙니다. 그보다는 라후에유 부렐의 케이스와 좀더 유사한 것 같아요. 사람들은 난민들에 대해 실제로 드러난 증거보다 훨씬 더 큰 두려움을 가지고 있습니다. 이러한 상황은 미국에서도 마찬가지인데요, 사람들은 멕시코가 범죄자들과 강간범들을 미국으로 들여보내고 있다는 트럼프의 말장난에 두려움을 느낍니다. 《워싱턴 포스트》의 미셸 예희 리(Michelle Ye Hee Lee) 기자가 몇몇 통계 자료에 근거해 "이민 1세대가 본토박이보다 범죄를 저지르는 경향이 적다."고 보도했음에도 말입니다.

브렉시트(Brexit)가 외국인 혐오 때문에, 그리고 이민자들의 대량 유입을 막기 위해 추진되었다는 주장에 대해서는 어떻게 생각하십니까?

그러한 인상을 주는 보도들이 많이 있었던 건 사실이지만, 확고한 데이터를 발견하지 못했습니다. 영국으로 밀려드는 이민자들의 물결은 유럽연합으로부터이지, 분쟁 지역으로부터 도망친 사람들이 아니라는 것에 주목해야 합니다. 또한 영국이 난민을 만들어내는 데에 결코 작지 않은 역할을 하고 있다는 점도 분명히 기억해야 합니다. 이라크에 대한 침략도 한 가지 사례입니다. 역사를 깊이 있게 들여다보면 다른 예시들도 찾아볼 수 있습니다. 미국과 영국이 저지른 범죄의 부담은 레바논과 같이 해당 사건들에 아무런 책임도 없는 국가들이 지고 있습니다. 현재 레바논에 거주하는 난민은 약 40%로 추산됩니다.

미국과 서구 강대국들이 정말로 ISIS에 대한 전쟁에 참여하고 있습니까? 관찰자 입장에서 이는 의심스러울 따름인데요, 특히 ISIS의 영향력이 증가하고 있으며 유럽 내에서 ISIS가 일으키는 테러에 가담할 병사모집능력이 커지고 있는 것을 보면 더욱 그렇습니다.

지금 중동에는 그러한 상황에 대한 추측이 난무합니다. 그렇지만 저는 그런 추측에 신빙성이 있다고 생각하지 않습니다. 미국은 강력한 국가이지만 전능하지는 않습니다. 세계에서 일어나는 모든 일이 CIA나 어떤 끔찍한 서구의 계획에서 기인한다고 생각하는 경향이 있습니다. 물론 그들을 비난할 근거가 많은 것은 사실이며 미국은 정말로 강력한 국가임에 틀림없습니다. 그렇지만 사람들이 믿는 것과 실제가 다른 경우도 많습니다.

터키가 지역 내에서 담당하고 있는 정치적 역할에 지정학적인 전환이 일어나고 있는 것 같습니다. 이러한 변동이 2016년 7월에 미수에 그친 쿠데타의 원인일 수도 있는 것 같습니다. 그러한 전

환이 터키에서 발생하고 있다는 점을 인지하셨는지요?

터키의 전 총리인 다부토을루(Davutoğlu)의 지역정책인 "제로 프라블럼 정책(Zero Problems Policy)"으로부터 전환이 있었던 것은 확실합니다. 이 정책의 이름만 봐도 문제가 많았다는 반증이지요. 지역의 강대국이 되고자 하는 터키의 목표는 신오토만주의 정책으로 표현이 되는데요, 이는 지금도 꾸준히 진행되고 있는 것 같습니다. 에르도안 정부가 권위주의 통치를 강화하고 극단적으로 억압적인 수단을 사용함에 따라 서구와의 관계는 더욱 경색되고 있습니다. 그리고 이는 터키로 하여금 다른 국가들, 특히 러시아와 동맹을 강화하도록 했습니다. 쿠데타 이후 에르도안 총리가 첫 번째로 방문한 곳이 모스크바였습니다. 그의 표현대로라면 "모스크바-앙카라 선린의 축(Moscow-Ankara friendship axis)"을 회복하기 위해서였지요. "회복"이라는 것은 2015년 11월 터키가 러시아 제트 비행기를 격추시키기 전으로 돌아가자는 뜻입니다. 이 제트 비행기는 시리아에 폭격 미션을 수행하기 위해 가던 중 몇 초 동안 터키의 국경을 넘었다고 알려졌습니다. 매우 안타깝지만 에르도안이 남동쪽의 쿠르드족에 가하는 폭력적이고 사악한 행동에 대해 서구 국가들은 반대를 하지 않고 있습니다. 옵저버들의 표현을 빌자면 1990년대의 끔찍한 상황으로 치닫고 있다고 하는데도 말입니다. 쿠데타로 말하자면, 그 정확한 배경은 아직까지 알려지지 않았습니다.

에르도안 대통령에 대한 실패한 쿠데타는 터키의 권위주의 정부

를 강화했습니다. 에르도안은 수천 명의 사람들을 체포하고 쿠데타 이후 언론, 학교와 대학을 폐쇄했어요. 아마도 쿠데타의 여파는 군대의 역할을 강화하는 것으로 이어질 수도 있습니다. 군대를 대통령 자신의 직접 휘하에 두어 군대가 정치적인 사안에 개입하도록 하는 것이지요. 에르도안 자신이 이미 추진하기 시작했습니다. 미국과 유럽 국가들이 터키 내의 인권과 민주주의에 대해 우려하고 있는 가운데, 에르도안은 러시아 푸틴 대통령과 긴밀한 관계를 맺으려 하고 있습니다. 이러한 상황이 터키와 미국, 그리고 유럽 국가들과의 관계에 어떤 영향을 미칠 거라고 생각하십니까?

(터키 민주주의에 대한) "우려가 있다고 한다."는 표현이 적절합니다. 1990년대에 터키 정부는 쿠르드족을 대상으로 끔찍한 학살을 자행했습니다. 수만 명이 죽임을 당했고 수천 개의 마을이 파괴되었으며, 수십만 또는 수백만의 사람들이 집에서 쫓겨나야 했습니다. 상상할 수 있는 모든 잔인한 만행이 가해진 것이었죠. 여기에 사용된 무기 중 80%가 워싱턴이 제공한 것이며, 학살이 더 심하게 진행됨에 따라 무기의 공급도 증가했습니다. 학살이 정점에 다다른 1997년 한 해 동안, 클린턴은 2차 세계대전 이후부터 대(對)반란 작전이 시작되기 전까지를 통틀어 터키에 공급된 무기의 양보다 더 많은 무기를 제공했습니다. 사실상 언론은 이것을 무시했고요. 《뉴욕타임스(New York Times)》는 앙카라에 지국을 가지고 있었지만 거의 아무런 내용도 보도하지 않았습니다. 물론 이 사실은 터키 전역, 그리고 이에 관심을 가지고 있던 곳들

에 잘 알려져 있습니다. 학살이 다시 최고조로 치닫고 있는 지금 이때에 서구 국가들은 다른 곳으로 눈을 돌리려고 하고 있습니다.

그럼에도 불구하고 에르도안 정권과 서구 국가들의 관계는 더욱 경색되고 있으며, 에르도안의 지지자들 사이에서는 서구에 대한 분노가 급증하고 있습니다. 서구 국가들이 취하고 있는 태도 때문인데요, 서구 국가들이 쿠데타에 대해서는 밋밋하게 비판적이면서도 (쿠데타를 당한 에르도안) 정권에 대한 우호적 태도는 불충분하다는 거죠. 또한 권위주의 확대와 세찬 탄압에 대해서는 온건한 비판은 하되 정권에 너무나 우호적이라는 겁니다. 사실상 쿠데타를 시작한 것은 미국이라는 믿음이 널리 퍼져 있지요.

또한 미국은 다른 이유로도 비난을 받고 있는데요, 바로 에르도안으로부터 쿠데타를 주도했다는 비난을 받고 있는 귈렌(Gulen)*을 인도하기 전에 그 증거를 요구했기 때문입니다. 이런 비난은 모순된 건 아니에요. 탈레반(Taliban)이 증거가 없이는 오사마 빈 라덴(Osama bin Laden)을 넘기지 않겠다고 한 것에 대해 미국이 아프가니스탄을 폭격했던 일을 기억할 것입니다. 이 사례 말고도 테러리스트 집단 아이티 진보전선(FRAPH)의 지도자인 엠마누엘 "토토" 콘스탄트(Emmanuel Constant)가 90년대에 군부 독재의 통치 아래에 있던 아이티에서 광란의 활동을 펼쳤던 것을 떠올려보십시오. 군사 정부가 해군의 침략으로 전복되었을

* [역주] 펫훌라흐 귈렌(Fethullah Gulen)은 터키의 저명한 교육자이자 사상가이다. 현재 미국에서 망명 생활을 하고 있으며, 터키 정부는 그가 2016년 쿠데타를 일으켰다고 주장하며 그를 찾고 있다.

때 엠마누엘 콘스탄트는 뉴욕으로 도망쳐 안락한 삶을 살았습니다. 아이티는 그를 인도받고자 했으며 증거도 충분한 것 이상으로 가지고 있었습니다. 그렇지만 클린턴이 거절을 했어요. 클린턴이 살인 군사 정부와 어떤 관계를 맺고 있다는 걸 콘스탄트가 알고 있었기 때문이라 추측합니다.

터키와 EU 사이에 최근의 이민자송환협약(migration deal)이 결렬되고 있는 것 같습니다. 에르도안이 "유럽의 지도자들이 솔직한 태도로 임하지 않고 있다."고 공식적으로 말하기까지 한 것을 보면 더욱 그렇습니다. 이러한 상황이 터키와 유럽연합의 관계에 어떤 결과를 미칠 것이며, 이 협상이 결렬될 경우 난민들에게는 어떤 영향이 있을 거라 생각하십니까?

기본적으로 유럽은 난민들이 유럽에 발을 들이지 못하게 할 것을 요청하면서 터키에 뇌물을 줬습니다. 이들 불쌍한 난민들은 범죄로부터 도망을 치는 이들입니다. 서구 국가들은 그에 대해 조금도 책임을 지지 않으려는 것이지요. 오바마가 중앙아메리카의 난민들이 미국 국경을 넘지 못하게 하는 데에 멕시코를 끌어들이려 했던 것과 유사합니다. 그 난민들은 미국의 정책으로 인한 희생자들이었습니다. 도덕적으로는 끔찍한 일이었지만 지중해에 빠져 죽게 하는 것보다는 낫다고 봐야겠죠. 유럽-터키 간의 관계 악화로 인해 난민들의 고통이 더 커진 상황입니다.

NATO는 여전히 미국이 지배하고 있는 군사 동맹이며, 최근 동

유럽에서 그 영향력을 확장하고 있습니다. 또한 유럽과 러시아 사이에 단절을 만들어 러시아의 부활을 막고 있습니다. 미국이 러시아와 군사적인 갈등을 염두에 두고 있는지 혹은 그러한 움직임이 냉전 후의 세계 질서에서 군산복합체를 유지하기 위한 동기에서 비롯된 것인지 궁금합니다.

NATO가 미국이 지배하고 있는 군사 동맹이라는 사실에는 의문의 여지가 없습니다. 소련이 붕괴했을 때 러시아의 미하일 고르바초프는 대륙 전체에 적용되는 안보 체제를 도입할 것을 제안했지만, 미국은 이를 거절했지요. NATO를 유지하고 확장해야 한다고 고집하면서요. 고르바초프는 통일된 독일이 NATO에 가입하는 것에 동의했습니다. 이는 역사의 관점에서 보면 놀라운 양보였습니다. 하지만 그 대가로 요구한 것이 있는데, 바로 NATO를 "동으로는 1센티미터도 확장하지 말 것"이었습니다. 동쪽은 사실상 동독으로의 확장을 의미한 거죠. 당시 미국의 대통령이었던 부시 1세와 국무장관이었던 제임스 베이커(James Baker)가 이에 동의를 했지만, 서면이 아닌 구두 상의 합의였기 때문에 훗날 미국은 이 약속에 구속력이 없다고 주장하기 시작했습니다.

지난 봄 하버드-MIT에서 발간하는 《인터내셔널 시큐리티(International Security)》의 조슈아 R. 이츠코비츠 쉬프린슨(Joshua R. Itzkowitz Shifrinson)이 실행한 연구 조사 결과에서는 이것이 의도적인 기만이었다고 이야기하며, 학자들은 이를 놓고 토론을 벌였습니다. NATO는 훗날 동독으로, 러시아 국경까지 확장을 했습니다. 조지 케넌(George Kennan)과 다른 저명한 평론가들은 이 계획에 대해 거센 비난을 퍼부었는데, 이러한 움직임이 러시아에 위협을 가해 새로운 냉전으로 이어질 수 있기 때문이었습니다. 이 위협은 2008년과 2013년 NATO가 우크라이나를 회원국으로 받아들이려 했을 때 더욱 심각해졌습니다. 서구의 국제정치 분석가들에 의하면 이는 존 미어샤이머(John Mearsheimer) 등이 《포린 어페어스》에서 논의한 것과 같이, 러시아의 전략적 이해의 핵심을 위협하는 것이었습니다.

그러나 저는 NATO의 그러한 움직임이 러시아의 부활을 막거나 군산업 복합체를 유지하는 것을 목표로 한다고 생각하지 않습니다. 미국이 군사적인 갈등을 원하지 않는다는 것도 분명한 사실이고요. 갈등이 발생하면 당사자 양측뿐만 아니라 세계를 파멸로 몰아갈 것입니다. 저는 NATO의 확장을 강대국들이 세계에 대한 지배력을 강화하고자 하는 노력으로 봅니다. 그렇지만 케넌과 다른 학자들이 경고했듯이, 그러한 조치가 우연으로라도 전쟁이 발발할 가능성을 높이는 건 사실입니다.

선생님은 오늘날 미국과 러시아 사이에 핵전쟁이 정말로 발생할 수 있다고 생각하십니까?

네, 그렇다고 생각합니다. 사실 그 가능성은 점차 증가하고 있어요. 그리고 이렇게 생각하는 사람이 저만은 아닙니다. 《원자 과학자 회보(Bulletin of Atomic Scientists)》의 둠스데이 클락(Doomsday Clock)을 세운 전문가들과, 이 문제에 대해 해박한 지식과 경험을 가지고 있는 전 국방장관 윌리엄 페리(William

Perry)도 같은 견해를 가지고 있습니다. 이밖에도 많은 식견 있는 전문가들이 같은 주장을 합니다. 마지막이 될 수도 있는 이 핵 관련 사건들에 관한 기록은 매우 충격적이며 매우 위험한 모험주의이기도 합니다. 우리가 핵무기의 시대에 살아남아 있다는 것은 거의 기적이며, 이러한 상황에서 자칫 위험을 초래할 수 있는 모험을 하는 것은 아주 무책임한 일입니다. 사실 헨리 키신저(Henry Kissinger), 조지 슐츠(George Shultz) 등 가장 보수적인 분석가들의 주장처럼 핵무기는 지구상에서 사라져야 할 존재입니다.

통합이냐 와해냐: 유럽의 위기

C. J. 폴리크로니우: 선생님, 유럽이 당면한 이슈들에 관한 인터뷰에 응해주셔서 감사합니다. 우선 유럽에 난민 위기가 발생한 원인이 무엇이라고 생각하시는지 궁금합니다.

노엄 촘스키: 난민 위기는 오래 전부터 심화되어 온 문제입니다. 이 문제가 지금 유럽을 강타하고 있는 것은 중동에서 아프리카까지 모든 한계가 무너졌기 때문입니다. 서구가 가한 두 번의 치명타가 매우 강력했는데요, 첫 번째는 이미 이십여 년 전 있었던 공격으로 황폐화된 이라크를 미국과 영국이 다시 한 번 공격한 것입니다. 여기에 민간 학살 수준의 제재 조치가 더해졌고요. 이들은 살육과 파괴를 일삼았을 뿐만 아니라 이라크를 무자비하게 점령하여 지금 이라크를 분열시키고 있는 종파적 갈등을 촉발했습니다. 이 공격으로 인해 수백만의 사람들이 집을 잃고 주변 국가들로 이동하게 되었습니다. 강대국들이 저지른 범죄의 잔해를 이라크 주변의 가난한 국가들이 치우게 된 것이죠.

미국의 이라크 침략의 결과 중 하나가 바로 ISIS 또는 다에시

(Daesh)*라고 불리는 괴물이 발생한 것인데요, ISIS는 시리아 내전에도 큰 영향을 끼치고 있습니다. 그리고 시리아 주변국들이 난민들을 받아들이고 있는데요, 터키만 해도 이백만 명이 넘는 시리아 난민들을 수용했어요. 동시에 터키는 극단주의의 알 누스라 전선(al-Nusra Front)과 다른 급진적 이슬람 조직을 지원하고, ISIS에 대항하는 주력 지상군인 쿠르드족을 공격함으로써 난민이 발생하는 데 또 다른 기여를 하고 있습니다. ISIS는 터키의 이러한 노골적인 지지로 많은 도움을 받았고요. 하지만 난민은 이제 이 지역이 수용할 수 있는 범위를 벗어났습니다.

두 번째 거대 해머의 치명타는 리비아를 파괴했습니다. 현재 리비아는 전쟁 집단 간 격전의 카오스 속에 빠져 있습니다. 뿐만 아니라 리비아는 ISIS의 근거지이자, 서아프리카에서 중동으로 이동하는 지하드 전사들과 무기의 원천이며, 아프리카로 들어가는 난민들의 통로입니다. 이는 좀 더 긴 역사적 관점에서 돌아볼 필요가 있습니다. 수세기 동안 아프리카는 유럽으로 인해 끔찍한 고초를 겪어 왔습니다. 부드러운 표현으로는, 유럽이 자신들의 발전을 위해 아프리카를 착취했던 것이고요. 이것은 2차 대전 후 미국의 전략가였던 조지 케넌의 조언을 받아들인 결과였습니다.

역사는 이미 기괴함의 경지를 넘어서고 있습니다. 우리는 이런 역사에 이미 익숙해져버렸죠. 벨기에 하나만 보더라도 지금 난민 위기로 허덕이고 있어요. 과거 벨기에는 다른 유럽의 경쟁국들보다 한 수 높은 잔인함으로 콩고(Congo)를 "착취해서" 자신의 국

* [역주] 이슬람국가(IS)의 아랍식 명칭으로 일부 아랍권 국가나 서방의 주요 정계나 언론에서 IS를 거부하는 명칭으로 사용됨

고를 채웠습니다. 콩고는 1960년에 마침내 독립을 이루었는데요, 벨기에의 손아귀에서 벗어난 이후에 부강하고 진보한 국가가 되어 아프리카 전체의 발전에도 기여하는 국가로 변모했습니다. 아프리카에서 가장 유망한 인물 중 하나였던 파트리스 루뭄바(Patrice Lumumba)가 통치했던 시기에 콩고의 미래는 밝았어요. 하지만 그런 인물이 무사하기는 쉽지 않습니다. 루뭄바는 CIA의 암살 표적이 되었지만 벨기에가 한 발 빨랐지요. 루뭄바는 토막이 난 채로 죽었고, 그 시체는 황산으로 분해되었습니다. 루뭄바가 죽고 나자 미국과 동맹국들은 무자비한 도적놈 모부투(Mobutu)를 지원했습니다. 미국이 총애하는 르완다도 콩고의 불행에 한몫을 했는데요, 그 결과 지금 콩고의 동부는 세계에서 학살로 손꼽히는 지역이 되었고, 무장 집단들은 전쟁을 벌이며 휴대폰 등의 첨단 기기에 필요한 광물을 서구 다국적 기업에 제공하고 있습니다. 이러한 현상이 아프리카 전역에서 일반적으로 발생하고 있고요, 여기에 셀 수 없이 많은 범죄가 더해지면서 상황은 더욱 심각해지고 있습니다. 유럽에는 이것이 난민 위기라는 형태로 영향이 미친 것이고요.

유럽의 심장부로 흘러들어가는 (난민들도 포함되어 있는 건 사실이지만 대부분은 이민자들인) 이민자들의 물결이 일종의 자연 재해라고 생각하십니까? 아니면 이것이 순수하게 정치적인 요인으로 발생했다고 생각하십니까?

자연 재해의 요소도 있습니다. 얼마 전 심각한 가뭄이 시리아를 덮쳐 사회의 근간을 흔들어 놓았던 적이 있는데요, 지구 온난화의 영향이었다고 추측됩니다. 엄밀히 말하면 자연 발생적이라고 할 수 없지만요. 또한 다르푸르* 사태는 부분적으로 사막화로 인해 유목민들이 정착지로 이동한 데에서 기인합니다. "인류세(Anthropocene)†"라는 것은 산업화로 대표되는 인간의 활동이 자신의 적절한 생존의 전망을 파괴하는 새로운 지질학적 시기를 의미하는데요, 중앙아프리카의 기아 역시 부분적으로는 인류세에 진행되고 있는 환경 파괴에 그 원인이 있습니다.

유럽연합은 난민 위기에 대처하느라 대단히 어려운 시기를 겪고 있습니다. 회원국들이 난민들을 받아들이는 것을 꺼려하고, 받아들인다고 해도 아주 적은 수만을 수용하고 있습니다. 이러한 현상이 유럽연합의 통치구조와 유럽 사회의 가치에 대해 시사하는 바는 무엇입니까?

유럽연합의 통치구조는 가난한 국가에 가혹한 긴축 정책을 강요하고 부유한 국가의 은행들의 배를 채우는 데에는 아주 효율적으로 작동합니다. 그렇지만 보통 서구 국가들이 저지른 범죄로 발생한 참사를 다루는 데에는 완전히 망가진 상태입니다. 그리고 참사의 결과를 처리하는 부담은 스웨덴, 독일과 같이 일시적으로라도 그 문제를 해결하고자 하는 국가들에 돌아갔지요. 대부분

---

* [역수] Darfur: 수단에 위치한 지역으로 아랍계 유목민과 푸르족 토착민 사이에 분쟁이 끊이지 않는 곳

† [역주] Anthropocene: 지구의 역사에서 인류가 지구 환경에 큰 영향을 준 시기를 구분한 지질시대의 이름으로 신생대 마지막 시기에 해당하는 홀로세(Holocene)를 잇는다고 함. 인류로 인한 지구온난화 및 생태계 침범을 특징으로 하는 현재의 지질학적 시기.

다른 국가들은 그저 자신들의 국경은 폐쇄하고 터키로 하여금 난민들을 수용하라고 요구하고 있습니다. 이는 미국이 멕시코에 대해 보이는 태도와 유사하죠. 미국도 자신이 중앙아메리카에서 벌인 일로 난민이 발생하자 멕시코에 압력을 가해 유입을 막으려고 하고 있습니다. 심지어는 이를 "불법 이민"을 막는 인도적인 정책으로 묘사하기도 했고요.

그렇다면 이러한 상황을 지배하고 있는 가치는 무엇일까요? 사실 그것에 대해 평가를 하기도, "가치"라고 부르기도 어렵습니다. 세계에서 가장 안전한 국가라고 하는 미국에서 글을 쓸 때는 특히 그렇습니다. 소모적 논쟁만 있을 뿐입니다. 시리아인의 입국을 전면 금지해야 할 것인지에 대해 입씨름을 하고 있지요. 의사로 변장한 테러리스트가 들어올 수도 있다는 거고, 극단적인 인사들은 무슬림들을 아예 미국 영토 내로 들이지 말아야 한다고 주장하기도 합니다. 이미 남쪽 국경에 설치된 거대한 장벽이 난파선으로부터 도망친 이민자들을 철통같이 막고 있는데도 말이지요.

다수의 이민자들과 난민을 수용하는 것이 그저 불가능한 일이라는 유럽 국가들의 주장에 대해서는 어떻게 생각하십니까?

독일이 가장 많은 이민자와 난민을 수용했는데요, 독일은 팔천만이 넘는 인구를 가진 부자 나라입니다. 이민자 백만 명을 수용했습니다. 이를 여러 국가 내적인 문제를 안고 있는 빈국인 레바논과 비교해봅시다. 독일과 비교하면 훨씬 열악한 환경에 놓여있음에도 불구하고 레바논은 더 많은 난민을 수용했습니다. 레바논의 인구 중 약 25%는 시리아인이며 이에 더하여 옛 팔레스타인에서 쫓겨난 사람들의 자손들도 있습니다. 뿐만 아니라 경제적인 측면에서 독일은 난민을 필요로 하기도 합니다. 세계적 현상이지만 여성의 높아진 교육수준으로 인해 출산율이 감소하고 있는 상황에서 자국의 인구를 유지해야 할 필요성이 있기 때문입니다. 국제인권감시기구(Human Rights Watch)의 수장인 케네스 로스(Kenneth Roth)는 "이 '인간의 물결'을 받아들일 수조의 크기를 고려해본다면, 그것을 물결보다는 물방울로 묘사하는 편이 낫다. 유럽연합의 발달한 경제와 부의 크기를 볼 때, 외부인을 받아들일 자원이 부족하다는 주장에는 근거가 부족하다."고 말했습니다. 특히 자국 경제의 건전성을 위해 이민자들이 필요한 국가에서는 말입니다. 저는 이 말이 현재의 상황을 매우 적절하게 평가하고 있다고 생각합니다.

난민들은 유럽에 들어가고 싶어 하지만 결코 성공하지는 못합니다. 많은 사람들이 지중해를 건너다가 그리스와 이탈리아 해변에 변사체로 떠오르지요. 사실 유엔 난민기구(UNHCR)에 따르면 2015년 여름에만 지중해를 건너 유럽에 들어가려고 하다가 죽은 사람이 2,500명에 이릅니다. 매년 수천 명의 난민이 터키의 이민 브로커들을 통해 터키 남서쪽 해변에서 지중해로 뛰어듭니다. 그렇지만 유럽은 이 끔찍한 상황을 보면서도 터키 정부에 아무런 압박도 가하고 있지 않습니다. 그 이유는 무엇입니까?

앞서도 언급했듯이 유럽 국가들은 터키에 압력을 가해 난민과 그들의 고통이 자신들에게 영향을 미치지 않게끔 합니다. 미국과 멕시코의 관계와 유사하지요. 자신들에게만 영향이 없다면 유럽은 난민들의 운명에 큰 관심이 없습니다.

최근 수백 명의 학자들이 터키의 쿠르드족 탄압에 반대하며 탄원서를 제출했습니다. 선생님께서도 그 중 한 명이셨는데요, 터키 정부는 선생님을 테러리스트라고 비난했습니다. 이에 선생님께서는 에르도안 대통령이 테러리즘에 대해 이중 잣대를 가지고 있다고 비판하셨습니다. 이 사건은 세계적인 사안으로 불거졌는데요, 이 사안에 대해 달리 하실 말씀이 있으십니까?

꽤나 직설적인 사건인데요, 터키의 학자들이 자국 정부가 쿠르드족에 대해 가하는 끔찍한 탄압에 항의하며 탄원서를 제출했습니다. 저는 거기에 서명했던 몇몇 외국 학자 중 한 명이었습니다. 이스탄불(Istanbul)에서 살인적인 테러 공격이 발생한 직후 에르도안 대통령은 탄원서에 서명한 사람들에 비판을 쏟아냈는데요, 우리 편이 아니라면 테러리스트라는, 부시 대통령식의 선언이었습니다. 에르도안은 거기에서 특히 저를 지명해 연이어 욕설을 내뱉었습니다. 터키 언론과 친구들로부터 응답 요청이 왔으므로 저는 다음과 같이 간략하게 회답했습니다. "터키는 ISIS를 비난해 왔지만, 사실 에르도안 씨는 여러 방법으로 이 조직을 지원해 왔습니다. 그러면서 동시에 ISIS와 별반 다를 것 없는 알 누스라 전선도 지원해 왔습니다. 그래 놓고 이제 와서는 쿠르드족에 대한 자신의 범죄행위를 비난하는 사람들에게 장광설을 펼치고 있군요. 쿠르드족은 시리아와 이라크 두 국가 모두에서 활동하며 현재 ISIS에 대항하는 주력 지상군을 구성하고 있는 사람들입니다. 이런 상황에 대해 더 논평해봐야 무슨 소용이 있겠습니까?"

이 탄원서에 서명을 했던 터키의 학자들은 구금되어 정부로부터 핍박을 받았고, 몇몇은 물리적인 폭행을 당하기도 했습니다. 그 와중에 정부의 억압은 더욱 심해졌어요. 1990년대에 겪어야 했던 어두운 역사가 무색해질 정도였습니다. 그렇지만 과거에 그랬던 것과 마찬가지로 터키의 학자들과 다른 터키인들은 국가가 행하는 범죄에 대해 격렬하게 저항하며 엄청난 용기를 보여주었습니다. 이들은 자신들의 영예로운 행동에 뒤따를 수 있는 처벌의 위험을 무릅쓰고 행동을 했습니다. 이러한 용기는 세계의 다른 어느 곳에서도 찾아보기 힘듭니다. 다행히 국제적으로 이들에 대한 지지가 높아지고 있습니다. 비록 그들이 마땅히 받아야 할 정도에는 못 미치지만요.

선생님께서는 저희에게 보낸 편지에서 에르도안 대통령을 "몽상적 독재자(the dictator of his dreams)"라고 칭하셨습니다. 이 말씀의 의미가 무엇입니까?

지난 몇 년 동안 에르도안은 앞서 여러 해 동안 터키에서 진행되어 오던 민주주의와 자유를 향한 걸음에 역행하는 조치를 취해왔습니다. 자신의 권력을 공고화하기 위한 것이지요. 그는 극단적으로 권위적인 통치를 펴가며 독재를 향해 나아갈 것이라는 신호를 보내고 있습니다.

그리스의 경제 위기는 수그러들 기미가 보이지 않습니다. 채권국들은 유럽의 어떤 민주 정부도 실행할 수 없는 개혁 조건을 그리스에 추가적으로 요구하고 있습니다. 하지만 그들이 요구하는 내용을 보면 구체성이 결여되어 있어서, 그리스 사람들에게 잔혹한 학대행위를 하는 것으로밖에는 보이지 않습니다. 선생님께서는 이 점에 대해 어떻게 생각하십니까?

채권국들의 이익을 위해 도입된 여러 가지 조치들은 그리스를 심각한 어려움에 빠뜨렸습니다. 조치의 공식적인 목표는 부채 부담을 줄이는 것이었지만, 실제로는 오히려 부채를 증가시키는 결과를 가져왔습니다. 경제가 악화되면서 자연히 GDP도 감소했고, 국가 지출을 급격히 줄였음에도 불구하고 GDP 대비 부채 비율은 상승했습니다. 상황이 이랬기 때문에 그리스는 채무 면제를 받았습니다. 하지만 이는 이론적인 면제였을 뿐, 실제로 그리스는 유럽의 지원금이 북부 경제 강국의 은행들로 흘러들어가는 통로로 활용되었을 뿐입니다. 은행들은 고위험의 대출을 실행했고 이것이 실패하자 유럽의 담세자들의 부담으로 부실채권의 곤경에서 탈출하고자 하는 것이지요. 이는 신자유주의 시대 금융 기관들의 낯익은 수법 중 하나이죠.

그리스 정부는 자국민들에게 자신들의 운명에 관한 의견을 묻겠다고 제안했는데요, 유럽의 엘리트들은 그리스 지도부의 경솔함에 혀를 내둘렀습니다. 이러한 상황에서 감히 민주주의적 가치를 따지겠다는 거냐는 거죠. 그리스에서 민주주의가 나왔다는 사실은 잊은 모양입니다. 유럽의 지도자들은 자신들이 취할 수 있는 것은 취하면서 그리스를 더욱 옥죄었고, 이미 피폐해진 그리스는 거의 폐허로 변해버렸습니다.

이러한 사디즘의 표적은 그리스 국민들을 특정한 것이라기보다는 그 누구든 자신들의 금융 기관 및 투자자들에 버금가는 권리를 감히 누리려는 이들을 겨냥한 것이었습니다. 일반적으로 침체기의 경제에 긴축 정책을 적용하는 것은 아무런 경제적인 효과도 가져오지 못합니다. IMF의 경제학자들은 이 사실을 알고 있으나, 정치적인 인물들은 그렇지 못한 것 같습니다. 이들의 행각은 유럽이 고안해내어 현대 문명에 커다란 기여를 한 사회민주주의를 철폐하고자 시도하는 일종의 계급전쟁이라고밖에는 달리 생각하기가 어렵습니다.

그리스의 시리자(Syriza) 정부는 선거 공약을 어기고 결국은 새로운 긴급구제 협약을 맺었습니다. 이에 따라 그리스는 국민들의 의사에 반하여 긴축 정책을 유지하게 되었습니다. 선생님은 이에 대해 어떠한 견해를 가지고 계십니까?

저는 시리자 정부가 내린 선택이나 시리자 정부가 택할 수 있었던 대안을 평가할 만큼 그 상황에 대해 잘 알고 있지 않습니다. 유럽 민중 세력의 도움을 받는 게 가능했을 거라고 생각하는데요, 그랬다면 좀 더 자국에 유리한 선택을 할 수 있었을 것이라 생각합니다.

전 그리스 재무장관 야니스 바루파키스(Yanis Varoufakis)는 “단순하지만 급진적인 아이디어, 즉 유럽을 민주화한다.”는 목적을 실행하기 위해 새로운 당을 만들 준비를 하고 있습니다. 저는 이 점에 대해 두 가지가 궁금합니다. 먼저, 여러 유럽 사회에서 사회민주주의가 과거의 일인 것처럼 퇴색하고 있는 이유는 무엇입니까? 그리고 두 번째로, 한 사람이 자본주의를 ‘민주화’할 수 있는 범위가 얼마나 된다고 생각하십니까?

지난 신자유주의의 시기에 사회민주주의는 유럽뿐만 아니라 다른 지역에서도 위기에 처했습니다. 신자유주의는 극소수의 엘리트들에만 이익을 주면서 일반 대중에는 해로운 결과를 초래했습니다. 얼마 전 옥스팜(Oxfam)*은 한 연구를 통해 신자유주의의 모순에 대해 설명했는데요, 세계 인구 중 가장 부유한 1%가 세계 전체 부의 절반 이상을 차지할 날이 멀지 않았다는 것입니다. 한편 세계에서 가장 부유한 국가이며 다른 국가들과는 비교가 안 되는 여러 이점을 가지고 있는 미국에서는 수백만의 아이들이 하루 생활비가 고작 2달러인 가정에서 살고 있습니다. 그렇지만 그 쥐꼬리만한 돈마저도 소위 보수 세력이라는 자들에 의해 위협을 받고 있습니다.

현존하는 다양한 형태의 국가 자본주의 하에서 얼마나 많은 개혁이 이루어질 수 있는지에 대해서는 여러 가지 의견이 가능할 것입니다. 하지만 지금보다 훨씬 많은 사회개혁이 가능하다는

* [역주] 옥스팜 인터내셔널은 14개 기구의 연합체로서 100여 개국에서 3,000여 개의 제휴 협력사와 함께 구호활동을 펼치고 있는 단체이다. 빈곤 해결과 불공정 무역에 대항하는 대표적인 기구이다.

점, 그리고 최대의 노력을 기울여 가능한 한계까지 그 개혁을 이루어내야 한다는 점에는 의심의 여지가 없습니다. 하지만 중심부 권력이 사회 발전을 가로막고자 한다는 사실을 깨달은 인구 대다수 민중의 헌신으로부터 일어나지 않는 사회개혁은 더 두려운 상황을 낳게 될지도 모릅니다.

오스트리아, 스웨덴, 덴마크와 네덜란드를 포함한 유럽연합의 여러 국가들은 난민 위기가 발생함에 따라 솅겐 조약* 이행을 중지했습니다. 선생님께서는 이것이 단일 화폐를 포함하여, 유럽연합의 통합 프로젝트의 와해를 의미할 수도 있다고 생각하십니까?

저는 단일 화폐와 유럽연합 통합 프로젝트 사이에는 차이가 있다고 생각합니다. 단일 화폐는 그 도입의 상황이 적절하지 않았던 반면 유럽연합의 통합 프로젝트는 엄청난 진전이 있었습니다. 수백 년 동안 유럽이 서로에 대해 끔찍할 정도의 학살을 저질러 왔다는 점을 기억할 필요가 있습니다. 국가 간의 적대감을 극복하고 국경을 낮춘 것은 엄청난 성취예요. 인도적인 방식으로 충분히 해결해낼 수 있는 위협으로 인해 솅겐 조약이 무너진다면 그것은 큰 수치입니다. 작금의 위협은 오히려 유럽 사회의 경제적 문화적 건전성에 공헌할 수 있는 기회가 될 수도 있습니다.

---

* [역주] Schengen Agreement: 유럽 각국이 공통의 출입국 관리 정책을 사용하여 국경 간 장벽을 최소화해 통행에 가해지는 제약을 없앤다는 내용의 조약이다.

부르키니 금지, 신무신론, 국가 숭배: 정치와 종교

C. J. 폴리크로니우: 인간 역사의 과정에서 종교는 세계의 가난하고 억압된 사람들의 고통을 완화하는 역할을 했습니다. "종교는 인민의 아편이다."라는 마르크스(Marx)의 말이 이것을 의미한 것은 아닐까 하는 생각을 합니다. 그렇지만 동시에 신의 이름으로 말할 수 없는 잔학 행위가 발생했으며, 많은 경우 종교 기관이 이 전통을 수호하는 역할을 해 왔습니다. 인류에 있어서 종교의 역할이 무엇이라고 생각하십니까?

노엄 촘스키: 종교의 역할을 그림으로 표현하면 꽤나 흉하면서도 익숙한 그림이 그려집니다. 그렇지만 예외도 몇 가지 있습니다. 한 가지는 제2차 바티칸 공의회인데요, 이는 1962년 교황 요한 23세에 의해 개회되었습니다. 이 공의회는 복음에 담긴 평화주의 메시지를 복원하는 큰 발걸음을 내딛었습니다. 이 메시지들은 4세기에 콘스탄티누스 황제가 기독교를 로마 제국의 공식 종교로 선포하면서 버려졌던 것들입니다. 기독교가 공식 종교가 된 사건은 기독교 역사학자 한스 큉(Hans Küng)이 설명했듯이 당시 박해받는 이들의 교회를 박해하는 이들의 교회로 바꾼 것이었습니

다. 2차 바티칸 공의회의 메시지는 가난한 이들과 극심한 억압을 받는 이들을 돕고 그들의 권리를 옹호해 온 주교, 사제와 신도들에 의해 라틴아메리카 전역에 퍼져나갔습니다. 이는 훗날 "해방신학(Liberation Theology)"이라고 불리게 되었고요.

물론 복음주의 기독교를 포함하여 초기의 많은 프로테스탄트 교파들은 그 이전의 사상에 뿌리를 두고 있습니다. 그렇지만 제가 알고 있는 바로는 이들 역시도 1980년대 인권 운동에서 핵심적 역할을 했습니다. 수없이 많은 사람들이 정부가 저지르는 끔찍한 범죄에 항거했을 뿐 아니라 고통받는 자들 편에 동참하여 그들을 극심한 탄압으로부터 살아남을 수 있도록 도왔습니다.

미국은 교회에 대해 가상의 전쟁을 시작했는데요, 이 전쟁은 1980년대 중앙아메리카에서 가장 심각하게 일어났습니다. 한 예로 엘살바도르를 들어봅시다. 엘살바도르의 1980년대는 다음의 두 가지 중요한 사건으로 특징지을 수 있습니다. 하나는 1980년 "목소리 없는 자들의 목소리"였던 대주교 오스카 로메로가 암살당한 것이고, 다른 하나는 라틴아메리카를 이끈 지성인이었던 6명의 예수회 사제가 1989년 살해된 것입니다. 로메로는 암살되기 며칠 전 카터 대통령에게 보낸 설득력 있는 편지에서 살인적인 군사 정권에 대한 원조를 중단할 것을 요청했었습니다. 엘살바도르의 군사 정권이 "기본적인 인권을 수호하기 위해 국민들이 조직한 단체를 파괴하는 데"에 미국의 원조 물자를 사용했기 때문이었습니다. 또한 미국의 점령지에서 엘살바도르의 보안 군대가 버젓이 "파괴 행위"를 자행했습니다. 많은 종교 지도자들이 순교

하였고 이들과 함께 가난한 소작농, 인권 운동가 등 일반 시민들도 수천 명이 희생되었습니다. "기본적인 인권을 수호하고자 한" 사람들이었죠.

미국 군대는 복음의 가르침인 "가난한 자들을 위한 우선적 선택"을 주장하는 이 위험한 이단자들을 처치한 것을 자랑스럽게 여깁니다. 지금은 '안보협력을 위한 서반구 연구소'로 명칭이 바뀐 아메리카 군사학교는 살인적인 군인들을 길러내는 걸로 유명했는데요, 일전에 "미군의 도움으로 해방신학을 파괴할 수 있었다."고 공공연하게 발표한 적이 있습니다.

종교가 실제로 영적인 요소를 가지고 있다고 생각하십니까? 혹은 종교에 유용한 측면이 있다고 보십니까?

개인적으로는 아니라고 봅니다. 저는 비합리적인 믿음은 위험한 결과를 초래할 수 있다고 생각해서 피하려고 하는 편입니다. 그렇지만 종교가 그것을 믿는 이들에게는 큰 의미를 지니며 많은 영향을 준다는 것은 알고 있습니다.

9/11 테러의 영향으로 "신무신론(新無神論)*"이 부상했다고 보는 의견이 있습니다. 신무신론에 대해 어떻게 생각하십니까? 이러한 움직임이 목표로 하는 대상은 누구이며, 이것이 진보주의자와 좌파 세력의 단결을 이끌어낼 만한 뚜렷한 정치적인 의제를

* [역주] "종교는 쉽게 용인되어서는 안 되며, 종교가 그 영향을 끼치는 곳에서는 반드시 반박되고, 비판되고, 합리적인 논쟁의 대상이 되어야 한다."는 관점을 가진 무신론자 작가들이 주창한 운동으로, 리처드 도킨스(Richard Dawkins), 대니얼 데닛(Daniel Dennett), 샘 해리스(Sam Harris) 등이 여기에 포함된다.

가지고 있습니까?

그들이 목표로 삼는 청중이 누구인지는 명확하지 않습니다. 그런 정치적 의제가 있는지도 불분명하고요. 사람들로 하여금 근거 없고 비합리적인 믿음에 대해 의문을 갖게끔 하는 것은 필요하다고 생각합니다. 그러한 믿음은 위험할 수 있기 때문이지요. 이러한 노력이 때로 긍정적인 효과를 가져올 수 있는 것은 사실이나, 여러 가지 의문점도 발생합니다.

한 예로 조지 W. 부시 대통령을 생각해봅시다. 부시는 자신의 근본주의 기독교 신앙으로 이 세기 가장 끔찍했던 범죄인 이라크 침략을 정당화하려고 했습니다. 그가 신무신론이 의도한 청중의 일부일까요, 아니면 그의 주변에 있는 복음주의 기독교인들 그 청중이겠습니까? 아니면 팔레스타인의 아말렉 민족(Amalek)*에 대해 동물까지도 모두 죽임으로써, 완전한 말살의 심판을 내려야 한다고 주장하는 이스라엘의 랍비들이 그 말을 듣겠습니까? 아니면 지난 75년 간 미국의 가장 소중한 동맹국이었으면서도 급진적 이슬람의 가르침인 와하브화를 주장하는 사우디아라비아의 이슬람 근본주의자들이 그 말을 들을까요? 신무신론이 목표로 하는 청중이 이들 같은 집단이라면 그 노력은 결코 의미 있는 결실을 맺지 못할 것입니다. 혹여 그러한 집단이 아니라면 어떤 집단이 그 청중이 될 수 있을 거라 보십니까? 규칙적으로 종교적인 예식에 참석하고 그 기념일을 지키는 사람들, 자신이 속한 사회의 연대와 결속을 지키고자 하며 현대의 원자화된 세계의 가치관

* [역주] 성경의 구약에 등장하는 에서(Esau)와 그 손사 아말렉의 후손이며, 이스라엘과는 언제나 적대적인 관계에 있었다.

이 아닌 전통적인 가치를 유지하고자 하는 사람들일까요? 아니면 죽은 아이를 천국에서 볼 수 있을 거라 믿으며 종교를 통해 위안을 받는 어머니가 그 가르침에 귀를 기울일까요? 아마 어떤 사람도 그러한 여인에게 형이상학적인 설교를 하려고 하지 않을 것입니다. 분명 신무신론의 청중은 존재하겠지만, 그 청중이 어떤 이들로 구성되어 있는지, 그 경계선은 어디인지에 대해서는 의문이 존재합니다.

좀 더 나아가 진지하게 말 하건데, 저는 신무신론이 국가 숭배라는 해로운 세속 종교를 표적으로 해야 한다고 생각합니다. 이 국가 숭배는 종종 예외주의*나 숭고한 의도라는 수사 속에 몸을 숨긴 채 세계에서 일어나는 범죄의 근원으로 작용하고 있습니다. 그 사례들을 일일이 다 열거할 필요도 없겠지요.

결론적으로 말하면, 저는 신무신론에 대해 유보적인 입장이지만, 거짓되고 때로는 매우 위험할 수 있는 믿음을 극복하려는 노력은 필요하다고 생각합니다.

미국이 사실 종교적으로 매우 근본주의적인 국가라는 주장이 있습니다. 국민의 대부분이 종교적인 열성에 빠져 있는 것 같은 이 상황에서, 이 나라가 진정한 진보적인 변화를 이뤄낼 수 있다고 보십니까?

미국은 그 기원부터 매우 근본주의적인 국가였습니다. 신앙 부흥

---

* [역주] 19세기 프랑스 사상가 알렉시 드 토크빌(Alexis de Tocqueville)이 《미국의 민주주의》라는 저서에서 미국과 러시아는 미래에 세계의 운명을 떠안을 예외적 위치에 있다고 주장한데서 유래됐다. 즉, 미국 예외주의는 미국은 다른 나라들과 다른 '특별한' 국가로, 자유 · 인권 · 민주주의 증진의 소명을 가졌다고 하는 사상이다.

운동(Great Awakenings)이 지속돼 왔고, 종교적인 열성이 사람들 사이에 울려 퍼져 왔습니다. 오늘날 미국은 산업 사회에 들어선 상황에서도 종교적 열성이 돋보이는 국가입니다. 그럼에도 불구하고 미국에는 처음부터 매우 진보적인 변화가 있어 왔는데요, 그렇다고 이것이 전통적인 종교적 믿음과 갈등을 빚은 것은 아니었습니다.

예를 들면 도로시 데이(Dorothy Day)*같은 인물이나 가톨릭 노동자 운동(the Catholic Worker movement)이 있습니다. 종교는 대규모 시민권 운동 당시 흑인 사회에 막강한 역할을 했고요. 잔인한 매질과 잔학행위가 발생한 이후 미국 남부 교회들에서 시위자들이 모여 연대를 강화하고 찬송가를 부르며 다음 날을 위한 힘을 기를 수 있었다는 점은 사회뿐 아니라 개인에게도 무척 큰 감동과 위안을 주었습니다. 물론 이는 결코 일반적인 사례는 아니었으며, 근본주의적인 종교의 행태가 사회 정책에 미친 영향은 치명적이라 말할 수는 없더라도 대체로 해로운 측면이 많았습니다.

언제나 그렇듯이 간단한 답은 없습니다. 익숙해진 반복적 답만이 있을 뿐이지요. 동정적인 염려, 그리고 건설적이고 가치 있는 것을 도출해 내서 해로운 성향을 극복하고자 하는 노력이 필요하겠고, 세속적 휴머니즘의 힘을 계속 발전시키고자 하는 노력과 더불어, 우리 모두가 직면하고 있는 급박한 문제들에 맞서기 위해 절실히 요구되는 실천을 철저하고 지속적으로 해 나가는 자세

---

* [역주] 미국의 가톨릭 평화주의자, 작가이자 사회운동가이다.

가 필요합니다.

미국에서 이루어지는 정치 연설은 대부분 "신이 당신을 축복하길, 그리고 신이 미국을 축복하기를."이라는 말로 끝이 납니다. 이러한 언어적 표현이 정치, 문화와 사회적인 현상에 영향을 미칩니까?

물론 그러한 표현이 정치와 문화 등에 영향을 줄 수 있겠지만, 저는 많은 경우 그 인과관계가 반대 방향으로 작용한다고 생각합니다. "우리는 선하다" 또는 "그들은 악하다"는 정치 선전은 자기 자신에 대한 칭송과 상대에 대한 비방으로 이어져 이 세상에 대한 인식변화에 반드시 영향을 주게 됩니다.

이를 보여주는 예시는 많지만, 전 UN 주재 미국 대사인 사만다 파워(Samantha Power)가 《뉴욕 리뷰 오브 북스(New York Review of Books)》에 기고한 2016년 8월 18일자 기사에서 그 전형을 확인할 수 있습니다. 파워는 자신의 견해를 덧붙이지 않은 채 "미국의 비극적인 결함"에 대한 헨리 키신저의 펵이나 "지혜로운" 사색을 전하고 있습니다. 즉, "[미국은] 우리의 원칙이 보편적인 원칙이라 믿고 국경 너머 세계로 인권 존중의 가치를 확장하려고 노력한다. [···] '미국만큼 자국에 도덕적인 의무를 부과한 국가는 없다. 그리고 어떠한 국가도 미국만큼 완전함을 전제로 하는 도덕적 가치와, 그것이 적용되는 구체적인 상황에 내재한 불완전성으로 발생하는 차이로 인해 고뇌하지 않았다.'"

현대사를 조금이라도 알고 있는 사람이라면 위의 짧은 사색이 얼토당토않으며 낯 뜨거울 뿐이라는 것을 알 겁니다. 좀 더 정확하게 말하면 공포죠. 이 말은 라디오 토크쇼에 나온 말도 아니고 진보 좌파 성향을 가진 유수의 저널에 실린 글입니다. 자기 자신과 세계에 대해 이러한 애국주의적 망상에 휩싸인 사람은 인류에 엄청난 위협이 될 수 있습니다.

수사(修辭)는 정치적인 캠페인에서 널리 사용되고 있으며 동시에 특정한 정치적 맥락에서 남용되고 있기도 합니다. 정치적인 수사에 대해서 개인적으로 정립된 의견이 있으십니까?
수사에 관한 이론을 내놓지는 않았지만, 설득을 자제해야 한다는 원칙은 언제나 기억하려고 합니다. 설득하기보다는 자신의 견해를 가능한 한 명확하게 제시하고, 다른 사람들이 자신의 지적 능력을 이용하여 어떤 일이 진행되고 있는지, 무엇이 옳고 그른지에 대해 스스로 판단을 내릴 수 있도록 해야 한다고 생각합니다. 저는 특히 정치적인 글을 쓸 때 그렇게 하려고 하는데요, 제 견해를 명확하게 밝혀 독자들이 그것을 바탕으로 스스로 판단을 내릴 수 있게 하는 것입니다. 중립적인 객관성이라는 것은 사실 가능하지 않으며 때로는 기만적이기도 합니다. 우리는 더 복잡하고 논쟁적인 질문, 특히 인간의 의미에 관한 질문에 대해서는 자기 자신만의 뚜렷한 관점을 가지고 접근할 수밖에 없습니다. 이런 주제를 다룰 때에는 자신의 관점을 명확하게 제시해 청중이 그 의견에 담긴 우리의 선택과 역사적 사건에 대한 해석을 올바로 파악할 수 있도록 해야 합니다.

저 자신의 수사적인 활동을 모니터링해 본 바로는 제가 수사를 즐겨하는 편은 아닌데요, 저는 사람들이 자기 스스로의 생각 없이 저와 같은 결론에 도달하도록 유도하는 노력은 삼가려고 노력합니다. 좋은 선생은 단지 지식을 전하는 사람이라기보다는 학생들로 하여금 질문할 능력을 갖추고 자신만의 생각을 창조하도록 도울 수 있는 사람입니다.

지난 몇 년간 지식이 사회적으로 형성되는 것이라는 사고방식이 유행했는데요, 지식을 단순히 연구와 분석을 필요로 하는 주제에 대한 합의의 결과라고 생각하는 사람들은 이것이 현실 자체에도 적용된다고 말합니다. 선생님께서는 지식과 실제에 관한 이 상대적인 관점에 동의하십니까?

저는 그것이 대개 사실에서 거리가 멀다고 생각합니다. 그 안에 일부 진실이 있긴 하지만요. 지식을 추구하는 것이 이전에 가지고 있던 개념에 따라 이루어진다는 것과, 항상은 아니지만 많은 경우 공동의 활동이라는 사실에는 의문의 여지가 없습니다. 이것은 자연과학의 연구와 같이 정리된 지식 체계의 경우에는 특히 사실입니다. 예를 들어 대학원생 한 명이 제 사무실에 들어와 이러저러한 이유로 어제 강의의 내용이 틀렸다고 말한다면, 우리는 토론을 할 것이며 서로 동의를 하거나 그렇지 않을 수도 있을 것입니다. 그리고 그 과정에서 또 다른 의문점이 발생할 수도 있어요. 이것은 정상적인 과정이며, 그 과정의 결과로 어떤 형태의 지식이나 이해가 발생합니다. 이러한 상호작용은 그 특성상 사회적으로 정해져 있습니다.

과학적 지식이 어떻게 획득되고 발전되는지와 같은 영역에는 우리가 이해할 수 없는 부분이 많습니다. 대신 우리 인간의 이해의 영역을 집중해서 더 깊게 들여다보면 지식과 이해의 시스템을 포함한 인지 체계의 발달이 상당 부분 생물학적 특성에 의해 이루어진다는 점을 알 수 있습니다. 언어에 대한 지식의 경우 이에 대한 명백한 증거와 풍부한 연구결과가 있습니다. 제가 개인적으로 언어 연구에 흥미를 가지는 이유가 바로 언어가 다른 학문보다 이러한 의문을 상당히 명확하게 연구해낼 수 있는 분야이기 때문입니다. 또한 언어는 인간의 본성과 기능에 내생적으로 존재하고 있는 영역이며 부차적인 영역이 아닙니다. 이러한 점을 통해 저는 생물학적 특성이 지식 체계의 형성에 지배적인 효과를 가진다는 것을 매우 확실하게 확인할 수 있었습니다.

다른 예로 도덕률의 내적 구조와 같은 주제가 있는데요, 여러 흥미로운 연구가 진행되고 있음에도 불구하고 우리는 이에 대해 잘 알지 못합니다. 다만, 이 문제의 특징상 정성(定性)적 분석을 통해 언어학적 지식 체계에 관한 결론과 유사한 결론에 다다르게 됩니다. 즉 생물학적인 특성이 도덕률 체계에도 커다란 영향을 미친다는 거죠. 질문하신 과학적 물음으로 다시 돌아가 보면, 과학적 물음이 어떻게 진행되고 발견이 이루어지는지에 대해서는 거의 알려진 바가 없습니다. 따라서 우리는 그에 대해 사색을 하고 역사적인 사례를 검토해보는 방법밖에는 취할 수가 없습니다. 하지만 저는 과학적 지식을 습득하는 과정 역시 정성적인 특성을 가진다는 점에서 다시금 생물학적 특성이 매우 지배적인 영향을 끼친다는 사실을 시사하고 있다고 생각합니다. 이 추론은 기본적으로는 플라톤의 추론을 따른 것인데 나는 이것이 유효하다고 생각합니다. 이 문제를 때로는 "플라톤의 문제"라고도 부릅니다. 플라톤의 '대화'에서의 추론에 따르면, 우리가 획득하는 지식의 풍부함, 특정성(specificity)과 공용성(commonality)은 인간 간의 상호작용을 포함한 우리에게 주어지는 경험에 의해 설명될 수 있는 그 무엇을 초월하는 것이라고 합니다. 지식은 경험의 범위를 훨씬 넘어선다는 이야기이지요. 신이 만들었다는 주장을 차치한다면, 남은 가능성은 인간의 지식 체계가 본질상 내적으로 결정되어 있다는 결론입니다. 즉 궁극적으로 생물학적 특성에 의해 결정된다는 것이지요.

이는 유기 체계(organic systems)를 연구하는 자연 과학자들이 통상적으로 사용하는 논리와 같습니다. 은유적인 예를 들어, 신체의 성장을 연구할 때 "목 아랫부분"은 마음을 제외한 모든 부분을 의미한다는 것을 모두가 당연시합니다. 사춘기를 겪는 것이 사회적인 상호작용의 문제이며, 다른 사람들이 그것을 겪는 것을 보기 때문에 사춘기를 겪는다는 주장이 있다고 합시다. '또래집단의 압박'이란 거죠. 아마 웃을 수밖에 없을 텐데요, 주변 환경에는 유기체에서 사춘기와 같은 구체적인 변화를 이끌어낼 만한 요인이 없기 때문입니다. 그러므로 우리는 그것이 생물학적으로 결정되어 있으며, 자라나는 아이들이 발달의 특정 단계에서 사춘기를 경험하도록 프로그램화되어 있다는 것을 당연하게 받아들입니다. 그렇다면 사회적인 요인은 사춘기와 아무런 상관이 없을까요? 아니요, 사회적인 상호작용도 영향을 미칩니다. 특정한 조건하에서 사회적 고립이 일어난다면 사춘기가 찾아오지 않을 수도 있습니다. 그리고 이와 같은 논리는 "목 아랫부분"뿐만이 아니라 "목 윗부분"에도 똑같이 적용됩니다.

종교와 정치의 관련성이라는 주제로 돌아가면, 몇몇 평론가들은 이스라엘과 팔레스타인 간의 갈등이 영토 분쟁이 아닌 종교 전쟁이라고 주장하는데요, 이 논지의 정당성에 대해 어떻게 생각하십니까?

원래 시오니스트 운동은 세속적이었어요. 1967년 전쟁과 그 이후의 팔레스타인 점령은 이스라엘의 사회와 문화에 엄청난 영향을 끼쳤는데요, 이때 이후로 시오니스트 운동에 종교적인 측면이 훨씬 강해졌습니다. 특히 군대에서 종교적인 요소가 강해지고 있는데요, 1980년대 이후로 군사 문제 전문가들의 우려를 자아내기 충분했고(당시 요람 페리(Yoram Peri)의 경고는 통찰력 있는 것이었습니다.), 현재까지도 그 우려는 커지고 있습니다. 팔레스타인의 운동도 대체로 세속적인 측면이 강했습니다. 하지만 세속적인 주장이 패퇴하자 사람들은 세속주의 대신 붙잡을 수 있는 다른 무언가를 찾게 되면서 지금은 무슬림 세계를 통틀어 종교적인 극단주의가 세력을 얻고 있는 상황입니다. 하지만 저는 여전히 그것을 종교 전쟁이라고 보기에는 무리가 있다고 생각합니다. 그것을 무엇이라 규정하든, 시오니즘은 정착형 식민주의 운동이었고,

모든 것이 그로 인한 것입니다.

프랑스에서 제정한 "세속성과 두드러지는 종교적 상징에 대한 법률(law on secularity and conspicuous religious symbols)"에 대해서는 어떻게 생각하십니까? 진보와 보편주의를 향한 발걸음입니까 아니면 퇴보입니까?

저는 수영을 할 때에 여성이 베일 또는 자신이 원하는 옷을 벗도록 강요하는 법은 사라져야 한다고 생각합니다. 저는 세속적인 가치, 그중에서도 다른 사람에게 해를 끼치지 않는 개인의 선택은 존중되어야 한다고 생각합니다. 개인의 선택이어야 할 영역에 국가 권력이 개입한다면 존중해야 할 세속적인 가치들이 약화되고 맙니다. 하시디즘* 유대인들이 까만 망토와 흰 셔츠를 입고 까만 모자를 쓰며, 전통적인 방식으로 머리를 하고 종교적인 의복을 입는 것은 국가가 관여해야 할 문제가 아닙니다. 무슬림 여성이 히잡(hijab)을 쓰거나 "부르키니"를 입고 수영을 하는 것도 마찬가지이고요.

* [역주] Hasidism: 신과 하나가 되며, 율법을 엄격하게 지킬 것을 강조하는 유대 경건주의 운동

기로에 선 문명: 전쟁과 평화

C. J. 폴리크로니우: 미국을 강타했던 9/11 테러의 13주기를 맞이하는 전날 밤 오바마 대통령은 공식 연설을 통해 국민과 세계에 미국이 다시 한 번 이라크에서 전쟁을 벌일 것이라고 공표했습니다. 이번에는 이라크 자체가 아니라 자칭 이라크-시리아-이슬람국가(ISIS)와 벌이는 것이었습니다. 이것은 2003년의 이라크 전쟁이 연속입니까, 아니면 "혼돈의 제국(Empire of Chaos)"이라 불리는 전략적 어젠다의 불가피한 결과물입니까?

노엄 촘스키: "불가피하다"는 단어는 강한 표현입니다. ISIS와 다른 급진적인 지하드주의의 출현은 미국이 나약한 이라크 사회에 거대한 일격을 가함으로써 자연스레 발생한 결과물입니다. 이라크는 지난 10여 년 동안 미-영의 제재 하에서 겨우겨우 생명을 유지해 왔습니다. 제재가 너무 가혹해서 UN을 통해 제재를 주관하던 세계의 저명한 외교관들이 "학살에 가깝다"고 비난하면서 항의의 의미로 사임했을 정도입니다.

중동에 관한 가장 저명한 분석가이자 전 CIA 요원인 그레이엄 풀러(Graham Fuller)는 최근 이러한 글을 남겼습니다. "나는 미국이 [ISIS]의 핵심적인 설립자 중 하나라고 생각한다. 미국이 ISIS의 설립을 직접 계획했다는 것이 아니라, 중동에 대한 무력 개입과 이라크 전쟁이 그것의 주요 원인으로 작용했다는 것이다."

저는 풀러의 의견에 동의합니다. 지금 중동의 상황은 미국에게 재앙과도 같지만, 그것은 미국이 벌인 침략의 자연스러운 결과입니다. 미국과 영국이 주도한 이라크 침략의 어두운 결과 중 하나가 바로 지금 이라크를 갈기갈기 찢어놓은, 그리고 전 지역으로 확산 일로에 있는 종파 갈등에 불을 지핀 것이었습니다.

ISIS는 지하드 운동의 새로운 흐름을 대표하고 있는 양상입니다. 내생적으로 더 잔인한 성향을 지닌 ISIS는 이슬람 영토 재건의 기치를 내걸었습니다. 조직의 잔학성에도 불구하고 젊은 급진적 무슬림들을 모으는 능력은 알카에다(al-Qaeda)보다 뛰어나 보입니다. 유럽의 심장부와, 심지어는 호주에서도 사람들이 모이고 있습니다. 종교적인 광신을 원동력으로 하여 세계 곳곳의 많은 무슬림 운동이 전개되는 이유는 무엇입니까?

과거의 영국과 마찬가지로 미국은 급진적 이슬람을 지원하고 세속적인 국가주의를 반대하는 경향이 있었습니다. 미-영 제국주의 국가 모두 세속적 국가주의가 지배와 통제라는 자신들의 목표를 더 크게 위협한다고 여겼기 때문입니다. 세속주의를 선택하는 것이 무산되면 보통 종교적 극단주의가 그 공백을 메웁니다. 또한 수년간 미국의 주요 동맹국이었던 사우디아라비아는 세계에서 가장 급진적인 이슬람 국가이며 동시에 종교 전파 국가이기도 한데요, 자국에서 생산되는 엄청난 양의 원유를 이용해 학교, 모스크 등을 짓고 극단적인 와하비즘(Wahhabism)과 살라피즘(Salafism)*을 확산하는 데 이용하며, 또 다른 미국의 동맹국인 아랍에미리트와 함께 급진적인 이슬람 단체의 주요 자금줄 역할을 해 왔습니다.

서구에서도 민주주의가 퇴보하며 종교적인 광신이 확산되고 있다는 점을 주목해야 하는데요, 미국이 하나의 두드러진 사례입니다. 국민의 대부분이 신의 손이 진화를 이끌고 있다고 믿으며, 그 국민의 절반이 세상이 고작 몇 천 년 전에 생겼다고 믿는 국가는 세계에서 몇 개 되지 않습니다. 부유층과 기업의 권력을 극단적으로 존중해온 공화당은 더 이상 그 정책으로는 일반 대중에게 매력적으로 다가갈 수 없게 되자 득표 기반을 종교적인 섹터에 의존할 수밖에 없게 되었고 이들의 손에 정책에 관한 엄청난 영향력을 쥐어주고 말았습니다.

미국은 이라크에서 엄청난 전쟁 범죄를 저지르고 있습니다. 그 중에서 미국이 민간인, 특히 어린이들과 여러 인종적, 종교적 집단의 구성원들에 가하는 폭력을 보면 끔찍하다는 말밖에는 달리 표현할 수가 없습니다. 사담 후세인(Saddam Hussein)이 통치할 때 이라크 사회가 가장 오랜 기간 정치적으로 안정적이었다는 점을 고려할 때, 오늘날 극도로 혼란한 상황에 처해 있는 이라크를 보면서 어떤 교훈을 얻을 수 있겠습니까?

---

* [역주] 7세기 이전 초기 이슬람 시대를 모범으로 그에 회귀해야 한다는 수니파의 사상으로, 이슬람 근본주의이다.

가장 기본적인 교훈은 문명이 정립한 규범과 국제법을 따르는 것이 현명하다는 점입니다. 미국과 영국 같은 불량 국가가 저지르는 폭력이 반드시 재앙적인 결과를 가져온다고 말할 수는 없지만, 그렇게 된다고 해서 놀랄 만한 일은 아닙니다.

미국은 시리아 정부의 동의와 협력 없이 시리아에 위치한 ISIS 기지를 공격한 바 있습니다. 폭격이 시작되기 전에 러시아와 이란, 그리고 아사드(Assad) 정권은 이것이 국제법에 대한 위반이라고 주장했습니다. 그렇지만 시리아에 주둔하고 있는 ISIS 기지를 파괴하는 것이 오히려 아사드 정권을 강화하는 데에 도움이 되는데요, 그럼에도 아사드 정권이 이를 반대하는 이유가 무엇입니까? ISIS 다음은 자신의 차례일 것을 두려워하는 건가요?

아사드 정권은 큰 움직임이 없었습니다. 예를 들어 시리아 정부는 유엔 안전보장이사회에 호소해 공격을 중단해줄 것을 요청할 수도 있었습니다. 그 공격은 분명 현대 국제법의 초석이 된 유엔 헌장에 대한 중대한 위반임에 틀림없었습니다. 유엔 헌장은 미국 헌법 다음으로 미국의 "최고법률"의 일부이기도 하지요. 살인적인 아사드 정권은 세계의 나머지 국가들이 침공에 반대할 것을 틀림없이 알았을 것입니다. 그러면서도 미국의 공격이 자신의 주적인 ISIS를 약화시킬 거라는 점을 고려했을 것입니다.

몇몇 서구 국가들뿐만 아니라 아랍 국가들 역시 이라크와 시리아에 대한 미국의 공격에 군사적 지원을 보냈는데요, 사우디아라비

아와 같은 이슬람 근본주의의 한 형태가 ISIS와 같은 또 다른 새로운 유형의 이슬람 근본주의가 떠오르는 것을 두려워하여 그런 것일까요?

그 점에 대해서는 《뉴욕타임스》가 정확하게 짚은 적이 있었습니다. 그 지원은 "미온적"이었다는 것이었지요. 아랍 국가들이 ISIS를 두려워하는 것은 사실이지만 ISIS는 사우디아라비아와 아랍에미리트의 부유한 후원자들로부터 경제적인 지원을 받으려는 노력을 계속할 것이 분명합니다. 또한 제가 앞서 언급했듯이 ISIS의 이데올로기적 뿌리는 사우디의 급진적인 이슬람 극단주의이며, 이 극단주의는 좀처럼 수그러들지 않고 있습니다.

가자 지구는 하마스(Hamas)와 이스라엘이 휴전 협정에 동의한 후에 다시 정상적인 국면을 회복했습니다. 앞으로 이러한 상황이 얼마동안 지속될 것이라 생각하십니까?

저라면 "정상적"이라는 용어는 사용하지 않겠습니다. 얼마 전에도 가자 지구에서 학살이 발생했는데요, 이는 이전에 발생했던 것들보다도 훨씬 더 끔찍했고 그 영향도 심각했어요. 반(反)하마스의 성향을 가지고 있는 이집트의 군사 독재 역시 여기에 한몫을 했습니다.

다음에는 어떤 일이 발생하겠느냐고요? 2005년 11월 이스라엘과 팔레스타인 당국 사이에 처음 협약이 체결된 이후 계속 반복되는 패턴이 있습니다. 바로 "라파(Rafah)*에서 가자 지구와 이

---

* [역주] 가자 지구 남쪽에 있는 도시로 팔레스타인이 통제한다.

집트 사이에 건널목을 설치하고 이를 통해 상품의 수출과 사람의 이동을 허용하며, 이스라엘과 가자 지구에서 지속적인 활동을 통해 상품을 수입/수출하고 사람을 수송한다. 또한 웨스트 뱅크 내에서 이동을 방해하는 장애물을 제거하며 웨스트 뱅크와 가자 지구 사이에 버스와 트럭의 이동을 허용한다. 가자 지구에 항구를 짓고 공항의 운영을 재개한다."는 것이었습니다. 이 공항은 이스라엘의 폭격으로 파괴되었던 것이죠.

그 이후의 등장한 협약들은 같은 주제의 내용을 조금씩 고쳐 담고 있고, 이번에 체결된 것도 마찬가지입니다. 이스라엘도 인정하듯이 매번 하마스는 협약을 준수했지만 이스라엘은 무시했습니다. 그러면서 이스라엘은 하마스에 대한 도발 수위를 높여 그에 대한 반응을 이끌어냈으며, 이스라엘은 다시 한 번 (그들의 고상한 표현대로) "잔디를 깎을(새로운 판을 짤)" 기회를 얻었습니다. 이스라엘은 "조용했던"(일방적인 조용함이지만) 그 중간의 기간 동안마다 웨스트 뱅크에서 자신이 원하는 정책을 밀고 나갈 수 있었습니다. 그 결과 팔레스타인을 여러 주로 갈라칠 수 있었습니다. 물론 미국의 지지가 큰 역할을 했습니다. 미국은 군사적, 경제적, 외교적, 그리고 이데올로기적으로 이를 지지했어요. 그리고 이스라엘의 입장에 따라 각 사안의 틀을 짰습니다.

바로 이것이 2005년도에 가자 지구에서 이스라엘이 "철수(Disengagement)"한 목적이었습니다. 그러면서도 이스라엘은 가자 지구에 여전히 지배력을 행사하고 있습니다. 이스라엘만 빼고 세계가, 심지어 미국까지도 다 알고 있는 사실입니다. 샤론

(Sharon) 총리의 가까운 동료이자 "철수" 정책의 설계자이며 주 협상가였던 도브 웨이스글라스(Dov Weissglass)가 이 목적에 대해 명백한 윤곽을 제시한 적이 있습니다. 그는 언론에 다음과 같은 이야기를 전했습니다.

> 철수 계획의 중요성은 평화 논의 과정을 동결시키는 데에 있다. 이 평화 논의를 동결시켜야만, 팔레스타인 국가의 설립을 막고, 난민, 국경과 예루살렘에 관한 논의를 중단시킬 수 있다. 이 정책으로 해서 팔레스타인의 국가 수립과 그와 연계된 모든 사안들이 의제로부터 효율적으로 배제될 수 있었다. 우리는 이 정책을 위한 인정과 허가를 받아냈다. 미국 대통령의 축복과 의회 양원의 비준 하에 이것을 이루어낸 것이다.

이러한 패턴은 지난 기간 반복적으로 발생했으며, 오늘날에도 재현되고 있습니다. 하지만 이스라엘의 몇몇 유명 비평가들은 이스라엘이 가자의 고통에서 마침내 벗어나게 되었다고도 시사했는데요, 숭고한 예루살렘을 포함하여 웨스트 뱅크 대부분에 대한 이스라엘의 불법점령이 오랜 기간 지속되어 왔으므로 이스라엘 당국자들은 이제 더 이상 상황을 되돌릴 수는 없을 것이라 생각할 수도 있겠습니다. 그리고 이들은 이집트의 잔인한 군사 독재 정권이라는 좋은 동맹군을 가지고 있어요. 더욱이 ISIS의 출현과 이 지역의 붕괴로 인해 이스라엘은 사우디 및 다른 독재 정권들과의 암묵적인 동맹관계를 증진시켰습니다. 이쯤 되면 이스라엘이 특유의 극단적인 거부주의(rejectionism)와 결별하는 것도 상상해볼 수 있겠네요. 그러나 현재까지는 들려오는 신호가 상서로

워 보이지만은 않습니다.

최근 가자 지구에서 발생한 학살은 전 세계적으로 이스라엘에 대한 반감을 고조시키고 있습니다. 미국이 이스라엘에 보내는 무조건적인 지원 중 얼마만큼이 국내 정치적인 요소에서 비롯되었다고 생각하십니까? 그리고 어떤 조건이 하에서 텔아비브로 향하는 미국의 정책 변화가 가능할 것이라고 보십니까?

국내 정치적인 요소는 매우 강력하게 작용합니다. 최근 이스라엘이 벌인 공격에서 이를 확인할 수 있습니다. 이스라엘이 가진 무기가 바닥이 나는 것 같아지자 미국은 친절하게도 더욱 발전한 무기를 이스라엘에 제공했습니다. 이스라엘은 그것들을 가지고 더 많은 학살을 자행했고요. 이 무기들은 미국이 훗날 자국 군대가 사용하기 위해 이스라엘에 미리 배치해둔 무기고에서 꺼낸 것이지요. 이 사실을 통해 수년 동안 양국 간의 군사적인 관계가 매우 긴밀했음을 알 수 있습니다. 양국은 정보활동에서는 이보다도 더욱 강력한 관계를 형성하고 있습니다. 또한 이스라엘은 미국 투자자들이 선호하는 투자처이기도 한데 단지 이스라엘의 발전한 군사 경제 때문만은 아닙니다. 광신적으로 이스라엘을 지지하는 복음주의적 기독교 신자들은 하나의 커다란 표심을 형성하고 있습니다. 이스라엘 로비도 고려해보아야 합니다. 그것은 때로는 반쯤 열려 있는 문을 여는 것처럼 거침없이 진행되기도 하지만, 미국이 권력의지에 반한다 싶으면 재빠르게 의견을 굽힙니다.

하지만 대중의 감정, 특히 젊은 층의 감정에는 변화가 있고, 이는 유대인 사회도 마찬가지입니다. 저는 이것을 직접 경험했습니다. 예전에 대학에서 이 주제에 관련해 강연을 할 때에는 문자 그대로 경찰의 보호까지 받아야 했습니다. 바로 제가 교수로 재직 중인 대학이었는데도 말입니다. 그러나 이러한 상황은 크게 달라져서 여러 대학 캠퍼스에서 팔레스타인에 대한 유대감이 증가한 것을 확인할 수 있습니다. 시간이 지나며 이러한 변화는 다른 요소들과 결합하여 미국 정책의 변화를 이끌어낼 수 있을 것입니다. 전에도 그러한 적이 있었어요. 하지만 그렇게 되려면 매우 고되고 헌신적인 작업이 필요할 것입니다.

미국 외교 정책이 우크라이나(Ukraine)에 대해 목표로 하는 것은 무엇입니까? 제 눈에는 일단 휘저어 놓은 후에 다른 세력들에게 궂은일을 미루는 것으로밖에는 보이지 않습니다.

베를린 장벽이 무너지고 뒤이어 소련도 붕괴된 이후, 미국은 자신의 지배력을 확장하려는 노력을 시작했습니다. 러시아의 통제에서 벗어난 국가들을 NATO로 흡수하는 것도 여기에 포함되었지요. 고르바초프에 구두로 한 약속을 저버린 일도 그렇습니다. 고르바초프가 항의를 해도 소용이 없었어요. 우크라이나는 분명 미국이 다음번에 따먹고 싶었던 잘 익은 과실입니다.

우크라이나가 장차 NATO와 연합할 것에 대해 러시아는 충분히 걱정을 할 만하지 않습니까?

그렇습니다, 매우 당연한 우려이지요. 러시아는 NATO의 확장 전반에 대해 걱정을 하고 있습니다. 러시아의 이러한 우려는 매우 뚜렷이 나타나고 있어서 국제관계 학자인 존 미어샤이머(John Mearsheimer)가 《포린 어페어스》의 이번 호에 관련 기사를 실었을 정도입니다. 미어샤이머는 지금의 우크라이나 사태의 원인이 바로 미국이라고 말합니다.

이라크, 시리아, 나이지리아, 우크라이나, 중국해와 심지어는 유럽 일부의 현 상황을 보면 즈비그뉴 브레진스키(Zbigniew Brezezinski)가 최근에 MSNBC에서 한 발언이 꽤나 적절하다는 생각이 드는데요, 바로 "우리는 세계의 곳곳에서 급격히 확산되고 있는 혼돈을 마주하고 있다."는 것입니다. 이러한 상황이 미국이라는 글로벌 헤게모니의 쇠락, 그리고 냉전 시대에 존재했던 '힘의 균형'과 얼마나 큰 관련이 있다고 생각하십니까?

미국의 힘은 1945년 정점에 달했으며 그 이후로는 점차 쇠퇴해 왔습니다. 최근에는 여러 가지 변화가 있었죠. 하나는 중국이 거대한 국가로 부상한 것이고, 다른 하나는 라틴아메리카 국가들이 오백 년 만에 처음으로 제국주의적 통제에서 자유로워진 것입니다. (지난 세기에는 미국의 통제를 받았죠.) 이러한 상황에는 브라질, 러시아, 인도, 중국과 남아프리카 공화국, 즉 브릭스(BRICS) 국가들의 부상과, 중국을 중심으로 하여 인도, 파키스탄, 중앙아시아 국가 등을 포함하는 상하이협력기구(Shanghai Cooperation Organization)의 발전도 관련이 있습니다.

하지만 여전히 미국은 세계를 지배하는 강대국이며, 2위와는 큰 격차가 있습니다.

지난달에는 히로시마와 나가사키 원폭 투하 기념일이 있었습니다. 그렇지만 여전히 핵 군축은 실현 불가능한 사안으로 남아 있습니다. 선생님께서는 최근 한 기사에서 우리가 지금까지 핵전쟁을 피해 왔다는 사실만으로도 행운이라는 점을 강조하셨습니다. 그렇다면 테러리스트 집단의 손에 핵무기가 들어가는 것은 시간문제라는 주장에 대해서는 어떻게 생각하십니까?

테러리스트 집단은 이미 핵무기를 가지고 있습니다. 국가의 지위를 가진 테러리스트 집단인 미국이 그중 대표적입니다. 대량살상무기가 "소규모 테러리스트 집단(retail terrorists)"의 손에 들어갔을 경우도 충분히 상상할 수 있습니다. 이런 상황이 온다면 우리의 생존은 더 큰 위험에 빠지겠죠.

1970년대 후반 이후로 대부분의 선진 경제들은 약탈적 자본주의로 회귀했습니다. 그 결과 소득과 부의 불평등이 엄청나게 증가했으며 가난은 벗어나기 어려운 것이 되었습니다. 또한 실업률은 하늘로 치솟고 삶의 수준은 하락했고요. "실재하는 자본주의"는 환경에 대해 엄청난 손상과 파괴를 불러왔고, 환경의 파괴와 인구의 폭발적 증가는 완전한 세계적 재앙으로 우리를 몰아가고 있습니다. 우리 문명이 "실재하는 자본주의"에서 살아남을 수 있을 것이라 생각하십니까?

먼저, "실재하는 자본주의"라는 용어에 대한 제 생각을 말씀드리고자 합니다. 실재하는 자본주의란 진짜로 존재하는 것을 의미하며, 지금 "자본주의"라고 불리는 바로 그것입니다. 미국이 여러 가지 측면에서 가장 중요한 사례인데요, "자본주의"라는 용어는 모호해서 여러 측면을 담을 수 있습니다. 그것은 보통 미국의 경제 체제를 지칭하는데, 미국의 경제 체제는 창의적인 혁신부터, "대마불사(too-big-to-fail)*"로 대변되는 정부의 은행 보호 정책에 이르기까지 광범위한 국가적 개입을 받습니다. 뿐만 아니라 미국의 경제 체제는 매우 독점화되어 있어서, 시장에 대한 신뢰를 더욱 제약하고 있어요.

"실재하는 민주주의"와 원칙적인 "자유-시장 자본주의"를 구분하는 잣대를 염두에 두어야 합니다. 몇 가지 예시를 들어보자면, 지난 20여 년 간, 가장 큰 200개 기업의 수익이 차지하는 비율은 급격하게 증가했는데요, 이에 따라 미국 경제의 과점적인 성향도 짙어졌습니다. 이것은 직접적으로 시장을 저해했습니다. 대량 광고를 통해 별 의미 없는 제품 차별화에 노력을 기울이는 반면, 시장에서의 가격 전쟁은 사라지게 되었습니다. 대량 광고 역시 본연의 의미에서의 시장을 저해하는 데 큰 공을 세운 분야입니다. 자유 시장 경제가 가르쳐온 원칙은 많은 정보를 가진 소비자가 합리적 선택을 한다는 것이었죠. 컴퓨터와 인터넷 그리고 IT 혁명을 가져온 다른 기본적인 요소들은 수십 년간 대체로 국가 부문(R&D, 지원금, 자금 조달 등)에 속했던 분야였습니다. 그

---

* [역주] '대형 금융회사는 영원히 망하지 않는다'는 믿음을 의미한다. 이로 인해 대형 금융회사는 과도하게 위험자산을 보유할 수 있고 이는 향후 부도위험을 확대시키는 요인으로 작용할 수 있다.

후 상업적인 시장과 이익을 수용할 수 있도록 민간 대기업으로 이전되었습니다. 국영 보험 정책은 거대 은행들에게 막대한 혜택을 주는데요, 경제학자들과 비즈니스 언론들에 따르면 연간 800억 달러에 이르는 것으로 추산됩니다. 하지만 IMF가 발표한 최근 연구에 따르면 "미국의 큰 은행들은 그다지 수익성이 좋지 못하며, 그들이 주주들을 위해 벌어들였다고 주장하는 수십억 달러는 거의 전부가 미국 납세자들이 세금이라는 형태로 준 선물"일 가능성이 높습니다.

이 모든 것들이 현대 자본주의로 인해 발생한 경제적인 황폐화를 설명합니다. 질문에서 강조하신 경제적 피폐 사례들을 설명해 주는 것이죠. 실재하는 자본 민주주의(Really Existing Capitalist Democracy)는 줄여서 "RECD"라고 쓸 수 있는데요, 곧 "wrecked(난파했다)"로 발음됩니다. RECD는 진정한 민주주의와는 결코 양립할 수 없습니다. 실재하는 자본주의, 희석된 민주주의는 쉽사리 극복될 것 같지는 않습니다. 민주주의가 제대로 기능한다면 달라질까요? 실재하지 않는 체제를 생각하는 것은 추측에 지나지 않지만, 불가능한 것도 아닙니다. 실재하는 자본주의는 인간이 만들어낸 것이기 때문에 변화할 수도 있고 다른 것으로 대체될 수도 있습니다.

2014년 9월 헤이마켓북스(Haymarket Books) 출판사에서 출간된 선생님의 저서 《인류의 주인(Masters of Mankind)》은 1969년에서 2013년까지 쓴 에세이가 담겨 있습니다. 이 기간 중에 세

상은 엄청난 변화를 겪었는데요, 제 질문은 다음과 같습니다. 이 기간 동안 세계에 대한 선생님의 이해 방식에도 변화가 있었습니까? 그렇다면, 그러한 변화를 가장 급격하게 촉발한 사건은 무엇입니까?

세상에 대한 저의 이해는 지난 날 발생한 일들을 더욱 많이 알게 되면서 여러 차례 바뀌었으며, 지금 진행 중인 사건들도 새로운 비판적 자료를 더해주고 있습니다. 그렇다고 어떤 사건이나 사람을 특정해서 제게 가장 큰 영향을 미쳤다고 하기는 어려울 것 같습니다. 그보다는 새롭게 알게 된 정보를 통해 기존의 생각을 재점검하고 제대로 이해하지 못했던 점에 대해 다시 생각해보는 끊임없는 과정을 거치고 있습니다. 하지만 위계적이고 독단적인 권력이 바로 우리 세계의 정치의 핵심이자 모든 악의 근원이라는 생각만은 변함이 없습니다.

얼마 전 교환한 서신에서 저는 우리 인간이라는 종의 미래에 대한 회의적인 견해를 표현했습니다. 선생님께서는 "당신의 의견에 공감하지만, 제가 종종 인용하곤 했던 논어의 한 구절을 기억하십시오. '모범적인 사람'이란—아마도 공자 스스로일지도 모르지만—'희망이 없다는 사실을 알면서도 끊임없이 노력하는 사람'입니다."라는 말로 답변하셨습니다. 지금의 상황이 그만큼 심각한가요?

정확히 알 수는 없습니다. 그렇지만 우리가 절망에 굴복하면 최악의 상황 발생에 일조하는 것이라는 점 하나는 확실합니다. 대신 지금 우리에게 남아있는 희망을 붙잡고 그것을 최대한 활용한다면 더 나은 세상을 만들 수 있을 것입니다.

선택의 여지가 없습니다.

"영구적 평화"를 향한 비전

C. J. 폴리크로니우: 선생님, 미국과 유럽 모두에서 정치적 무관심이 뚜렷해지고 있는데요, 그 결과 민주주의가 쇠퇴하고 있습니다. 선생님께서는 저서 《누가 세상을 지배하는가(Who Rules the World)》에서 이 현상이 발생한 원인은 서구 사회의 국민들이 "몇몇 거대 이해관계에 의해 정책이 결정된다고 믿기 때문"이라고 설명하신 적이 있습니다.[1] 이것이 사실이라는 건 명백하지만 언제나 그런 건 아니지 않습니까? 제 말은, 과거에도 사람들은 언제나 엘리트들이 정책을 결정한다는 것을 알고 있었지만 여전히 투표와 여타 다른 수단을 통해 정치적인 결과에 영향을 주려고 노력했습니다. 이러한 점을 고려할 때, 우리 시대에 발생하고 있는 정치적 무관심을 어떻게 설명할 수 있겠습니까?

노엄 촘스키: "무관심(Apathy)"보다는 "퇴장(Resignation)"이라는 표현이 나을 것 같습니다. 너무 멀리 간 표현인지도 모르겠습니다만.

1980년대 초반 이래로 실시된 미국의 여론조사 결과를 봅시다. 사람들은 정부가 사익 채우기를 원하는 몇몇 거대한 이해관계에 의해 운영된다고 생각해 왔는데요. 저는 그 이전에 이루어진 여론조사나 다른 국가에서 이루어진 여론조사에 대해서는 아는 바가 없지만 그 결과는 유사하리라고 봅니다. 중요한 질문은 이것입니다. 사람들이 이 상황에 대해 그 어떤 행동이라도 취하고자 하는 동기 부여가 되었는가? 이것은 여러 가지 요소에 달려 있는데, 그중 가장 중요한 것은 그들이 취할 수 있다고 생각하는 수단들입니다. 그리고 그 수단을 발전시키고 대중들이 그것을 이용할 수 있음을 알게끔 하는 것이 바로 진정한 운동가들의 임무입니다. 250년 전 데이비드 흄(David Hume)은 첫 번째 현대적인 정치이론 중 하나를 발표했는데요, 이 이론에서 그는 "권력은 피치자의 손에 있다."고 주장했습니다. 그렇지만 피치자가 그것을 행사하려고 할 때에만 그러하며, 궁극적으로는 권력행사가 방해받고 있다는 "주장을 통해서만", 즉 강령과 선전을 통해서만 가능하다고 말했습니다. 제기하신 문제는 극복될 수 있으며, 많은 경우에 그러했습니다.

35년 전 정치학자 월터 딘 번햄(Walter Dean Burnham)은 미국 선거에서 기권이 많은 이유로 "선거 시장에서 조직된 경쟁자로서 사회주의 또는 노동계 대중정당이 전무"한 것을 제시합니다. 전통적으로 노동운동과 노동운동을 기반으로 한 정당들은 선거 시스템 안에서, 그리고 길거리에서 "정치적인 성과에 영향을 미칠 수 있는" 여러 가지 방법을 제시하는 데에 선도적 역할을 해 왔습니다. 이러한 역량은 신자유주의의 공격으로 인해 눈에 띄게 축소하게 됩니다. 신자유주의의 공격은 전후 기간 내내 비즈니스 계급이 노동조합에 대해 도발한 쓰라린 전쟁이 한층 발전한 형태로 나타났습니다.

1978년 레이건이 노동 계급에 대한 공격을 격화하기 직전, 전미자동차노동조합(United Auto Workers)의 회장 더글라스 프레이저(Douglas Fraser)는 (너무 늦은 감이 있었지만) 그제야 당시 벌어지고 있는 일의 실체를 알아채고는 "기업계의 리더들이 이 나라에서 일방적인 계급 전쟁을 선택했으며, 이 전쟁은 노동자, 실업자, 가난한 사람들, 소수자 그리고 노인들과 어린이들, 그리고 우리 사회에 중간 계층에 속하는 많은 이들에 대한 전쟁"이라고 비난했습니다. 뿐만 아니라 프레이저는 이것이 "과거 성장과 진보의 시대에 미약하게나마 존재하던 불문의 합의 사항을 폐기한 것"이라고 평했습니다. 전후(戰後) 성장과 고수익 시기에 노동조합의 지도부는 소유주 및 경영자와 맺은 합의를 신뢰했는데요, (부분적으로는 노동 관료로서 지도부 스스로의 혜택을 위해서였기도 합니다만) 이 신뢰가 1970년대 말에 끝이 난 겁니다. 이때는 이미 노동계에 강력한 공격이 가해져 심각한 피해가 발생했을 뿐 아니라, 특히 반노동적인 색채가 짙었던 레이건 정부 이래로 그러한 공격은 점점 더 극단적 양상으로 전개되었습니다.

그러는 가운데 민주당마저도 노동계층을 거의 버리다시피 했습니다. 독립 정당들의 역할도 매우 미미했고요. 정치적인 활동도 널리 퍼져 있긴 했지만 계급의 문제는 부차적인 문제로 치부했으며 백인 노동 계층에는 거의 아무런 도움도 제공하지 않았습니다. 이들 계층은 지금 자기 계급의 적의 손아귀에서 방황하고 있고요. 유럽에서 민주주의는 점차 제 기능을 잃어가고 있는데요, 주된 정책 결정이 브뤼셀의 유럽연합 집행부로 넘어가버렸기 때문입니다. EU 집행부는 북유럽 거대 은행의 영향력 하에서 작동하고 있지요. 이런 상황에서 일부는 앞다투어 자기 계급의 적들의 손에 투항하는 자기 파괴적인 성향을 보이기도 하지만, 많은 대중적인 대응 노력들이 있습니다. 어떤 것들은 미국과 유럽에서 일어나고 있는 정치적 캠페인들처럼 꽤 전망이 있고 생산적입니다.

선생님은 한 저작에서 "권력의 보이지 않는 손"을 언급하신 적이 있습니다. 이것의 정확한 의미가 무엇입니까? 그리고 국내 및 세계 정치의 전개 과정을 이해하기 위해 이 개념이 어떤 상황에서 적용될 수 있습니까?

정책 입안 과정에서 적용된 지도강령(guiding doctrine)의 의미로 그 문구를 사용했습니다. 이것은 때로는 문서 기록에서 판독해낼 수 있거나, 때로는 진행 중인 사건에서 쉽사리 알아챌 수 있는 것입니다. 국제적 사안들이나 국내적 사안 모두에서 많은 사례들이 있습니다. 때로는 실체를 가린 구름이 고위급의 누설로 걷혀지거나, 때로는 의미 있는 역사적 사건에 의해 숨은 실체가 드러나기도 합니다. 한 예로 냉전의 진정한 본질은 소련이 붕괴되어 더 이상 "러시아인들이 오고 있다"는 단순한 위협이 먹혀들지 않게 되었을 때 실체가 드러났습니다. 냉전이라는 구실이 갑자기 사라지면서 그 구실 뒤에 숨어 있던 정책 형성의 진정한 동기가 흥미롭게도 시험대에 오른 것이지요.

다른 예로 부시 1세 행정부 때의 문서들을 보면, 미국은 중동문제에 관여할 병력을 그곳에 유지해야 하며 우리의 이익을 해칠지도 모를 심각한 위협요소를 "크렘린(Kremlin) 궁의 문 앞에 두어서는 안 된다."고 말합니다. 오랫동안 해 왔던 거짓말과는 상충하는 이야기입니다. 오히려 심각한 문제들은 "급진적 민족주의(radical nationalism)"라는 용어에서 자취를 찾을 수 있습니다. 이 용어는 독립적 민족주의를 칭하는 데 일률적으로 사용되었습니다. 이것은 냉전 상황에서의 주요 이슈 중 하나였습니다만, 거대한 적에 대한 대응태세라는 가면에 가려져 있었습니다.

NATO의 운명 또한 드러나고 있습니다. NATO는 러시아 동맹의 무리에 대항하는 방어 명목으로 설립되고 유지되었는데요, 1991년에 이르러 더 이상 위협적인 러시아의 무리도 없어졌고 바르샤바(Warsaw) 조약도 사라졌으며, 미하일 고르바초프는 군사조약을 기반으로 하지 않는 폭넓은 안보 시스템을 제안했습니다. 이러한 상황에서 NATO는 어떻게 변화했을까요? NATO는 부시 대통령과 제임스 베이커 국무장관이 고르바초프에 제안한 약속을 깨고 동쪽으로 영역을 확장했습니다. 마치 의도적으로 고르바초프를 속이고 통일된 독일을 NATO의 회원국으로 끌어들이는 것에 대해 그로부터 묵시적인 허락을 받아내려는 의도가 있었다고 보기에 충분했습니다. 이러한 의심이 설득력 있다는 것을 최근 여러 기록물들이 말해주고 있지요.

다른 분야를 살펴보면, 주요 은행들에 대한 IMF의 한 연구에 자유 시장 자본주의를 극찬하는 내용이 자세히 기록되어 있습니다. 하지만 그 문서를 좀 더 세밀히 들여다보면 그들의 이익이 대부분 겉으로 드러나지 않는 납세자 보험 정책에서 나오고 있다 점을 알 수 있습니다.

다른 사례들도 많으며, 매우 교훈적입니다.

제2차 세계대전 말 이후로 서구 전역의 자본주의 그리고 사실상 세계 모든 곳의 자본주의는 그 지배력을 유지하고 확장해 왔습니다. 정치적이고 심리적인 방법뿐만 아니라, 군사력을 포함하여 국가가 활용할 수 있는 모든 억압적인 수단들을 이를 위해 동원했습니다. "누가 세상을 지배하는가?"라는 주제와 관련하여 이를 좀 더 자세히 설명해주시겠습니까?

"무력행사의 위협*"은 가장 자유로운 사회에서도 충분히 찾아볼 수 있습니다. 전후 미국에서 가장 눈에 띄는 사례는 코인텔프로(COINTELPRO)인데요, 이것은 미국의 정치 수사 기관인 FBI가 운영하는 프로그램으로, 반체제 활동과 정치 운동을 근절하기 위한 목적을 가지고 있습니다. 블랙 팬서†를 조직한 프레드 햄튼(Fred Hampton)의 경우에서 확인할 수 있듯이, 정치적 암살까지도 실행합니다. 이윤 창출을 위해 불필요하게 많은 인구를 대대적으로 감금하는 일도 서슴지 않고 사용합니다. (대부분 흑인들을 역사적인 이유로 해서 그렇게 했습니다.)

그 영향력은 해외에서도 끊임없이 행사되는데요, 직접적으로

* [역주] mailed fist: 무장을 한 세력이나 위압을 행사하는 세력

† [역주] Black Panther: 블랙팬서 또는 흑표범당으로 불리며 1960년대 결성된 흑인 공동체

실행하거나 하수인들을 이용합니다. 세 번에 걸친 인도차이나 전쟁*이 바로 그 극단적인 경우인데요, 이 전쟁은 전후 21세기의 가장 끔찍한 범죄로 꼽히며, 주류에서는 이를 이라크 침략과 함께 "커다란 실수"라고 부릅니다. 전후의 가장 심각한 사례는 존 F. 케네디가 라틴아메리카 군대의 임무를 "반구(半球) 방어"에서 "내적 안보"를 위한 전쟁으로 전환한 후 폭력적인 억압이 전염병처럼 창궐하게 된 것입니다. "내적 안보"는 '민간인에 대한 전쟁'의 완곡한 표현에 불과하죠. 반구 전체에 참혹한 영향을 끼쳤고, 그 후 레이건의 살인적인 전쟁을 통해 중앙아메리카 전체로 번져나갔습니다. 레이건은 하수인 국가들의 테러리스트 군대를 이용했습니다.

미국은 여전히 세계의 강력한 국가이나, 그 힘이 쇠퇴하고 있다는 점도 분명한 사실입니다. 미국이 쇠퇴하는 원인과 그 결과는 무엇입니까?

미국은 2차 대전 이후 역사상 유례가 없을 정도로 강력한 힘을 가지게 되었습니다. 그렇지만 이를 계속 유지할 수는 없었어요. 얼마 지나지 않아 1949년 중국이 공산화된 사건인 "중국의 상실"이 발생하며 그 힘은 약화되기 시작했습니다. 그리고 전쟁으로 황폐해진 국가들이 산업을 재건하고 탈식민지화 과정을 극복하며 그 쇠퇴의 과정은 계속되었습니다. 이는 UN에 대한 태도가 변화한

---

* [역주] 프랑스와 베트남이 치른 전쟁이었던 제1차 인도차이나 전쟁, 그 연장선에서 미국과 베트남이 치른 제2차 인도차이나 전쟁(이것을 우리나라에선 흔히 월남전(越南戰)으로 부른다.) 그리고 냉전의 대리전으로서 내전 양상으로 치달은 3차 인도차이나 전쟁 등 3차례의 전쟁을 치렀다.

것에서도 확인할 수 있습니다. 전후 초기 UN이 미국의 권력의 도구에 지나지 않았을 때 이 조직은 엄청난 칭송을 받았습니다. 그렇지만 미국의 통제를 벗어나 작동하기 시작하면서 점차 "반미국적"이라는 비난을 받게 되었습니다. 1970년 영국과 함께 남부 로데시아(Rhodesia)의 인종차별 정권을 지지하자 비토를 받을 정도였습니다. 당시 세계 경제는 세 축으로 이루어져 있었습니다. 독일 중심의 유럽, 일본 중심의 동아시아 그리고 미국 중심의 북아메리카였지요.

군사적인 측면에서 보면, 미국은 세계 최고의 지위를 유지해 왔습니다. 이에 따른 여러 가지 결과가 있습니다. 하나는 "원하는 자들의 연맹"에 기대는 것인데요, 국제적인 여론, 심지어 동맹국들까지도 미국의 폭력 사용을 압도적으로 반대할 때에 사용하는 방법입니다. 이라크 전쟁 때도 이 방법을 사용했어요. 또 다른 것은 "연성 쿠데타(soft coups)"입니다. 지금 브라질의 경우입니다. 얼마 전까지만 해도 신나치주의처럼 국가 안보(national security)를 내세우는 국가의 지지에 기댔는데요, 더 이상은 아닙니다.

미국이 여전히 세계에서 가장 강력한 국가라면, 2위를 차지할 국가 또는 집단은 무엇이라고 보십니까?

현재 부상하고 있는 국가로 중국을 많이 꼽습니다. 여러 분석가들은 중국이 곧 미국을 추월할 것이라고 이야기합니다. 물론 (일인당 소득으로는 미국에 훨씬 못 미치지만) 지금 중국이 일부 경제적인 측면에서는 미국을 제쳤으며, 부상하고 있다는 사실에는 의심할 여지가 없습니다. 군사적으로는 중국이 훨씬 약해서, 캐리비안 해변이나 캘리포니아 주변의 수역이 아닌, 중국 주위의 연안 지역에서 두 국가의 대립 양상이 벌어지고 있지요. 그렇지만 중국은 매우 심각한 내적 문제에 직면해 있는데요, 바로 노동에 대한 억압과 저항, 심각한 생태 문제, 노동 인구의 감소 등입니다. 경제는 여전히 부흥하고 있지만 주변국과 서구의 더 발전한 산업 경제에 매우 의존적인 모습을 보입니다. 하지만 디자인과 태양 전지판 등 몇몇 첨단 산업 분야에서 선두를 달리기도 합니다. 중국은 바다로 둘러싸여 있기 때문에 서쪽으로 확장하여 그것을 보상받으려고 하는데요, 유라시아에서 과거 실크 로드와 유사한 것을 만들고 그것을 통해 유럽과 연결을 시도하고 있습니다.

선생님께서는 핵무기가 인류가 당면하고 있는 두 가지 가장 큰 위협 중 하나라고 오랫동안 말씀해 오셨습니다. 강대국들이 핵무기를 폐기하는 것을 그렇게 꺼려하는 이유가 무엇이라고 생각하십니까? 이러한 무기의 존재 자체가 “세계의 주인(masters of the universe)”으로서의 스스로의 존재에 위협이 되지 않나요?

최고 지도자들이 자기 자신을 파괴할 수도 있는 일에 대해 얼마나 무사안일한지를 보면 놀랍습니다. 이것은 세계사를 들여다보면 신기한 일도 아닙니다. 전쟁을 시작한 국가들은 많은 경우 비참한 최후를 맞이했는데요, 이제는 이전과는 그 파괴의 규모에서 엄청나게 다를 것입니다. 우리는 이것을 원자력 시대의 초기에서 확인할 수 있습니다. 초기에 미국은 사실상 공격하기가 불가능한 국가였습니다. 하지만 한 가지 심각한 위협이 떠오르고 있었지요. 바로 수소 탄두가 탑재된 ICBM(Intercontinental ballistic missiles)이었습니다. 기록물 조사연구를 통해서 지금 우리는 훨씬 이른 시기에 이 문제를 예측할 수 있었음을 확인할 수 있는데요, 이 무기를 금지하기 위한 협약에 대해 아무런 계획도 고려도 없었다는 거죠. 이런 협약은 당시에 충분히 실현 가능한 것이었거든요. 그러한 태도는 지금까지도 이어져 오고 있을 뿐 아니라 또한 지배적입니다. 한편 러시아로의 전통적인 침략통로에 어마어마한 병력이 배치되고 있는 지금의 상황은 핵전쟁이 발생할 가능성을 크게 높이고 있습니다.

정책 입안자들은 핵무기 보유의 중요성을 명확하게 설명합니다. 클린턴 때 발간되어 현재는 기밀이 일부 해제된 미국전략사령부(Strategic Command, STRATCOM)의 문서에서 가장 극명한 설명을 찾아볼 수 있습니다. 《냉전 후 억제 정책의 핵심》이라는 제목이 붙은 이 문서에서는 핵무기 정책과 그 사용을 다루고 있는데요, 여기서 "억제"란 "방어"와 같은 용어로, 강압과 공격을 가리키는 오웰리즘*의 일종입니다. 이 문서에서는 "핵무기는 그 어떤 위기나 갈등 상황에서도 언제나 그림자를 드리운다" 그러므로 언제나 사용할 준비가 완료되어 있어야 한다는 거죠. 상대편에서 우리가 핵무기를 가지고 있으며 그것을 사용할 수도 있다는 것을 안다면, 자신의 태도를 굽힐 수도 있기 때문입니다. 이것이

* [역주] Orwellism: 선전 목적을 위한 사실의 조작과 왜곡

바로 키신저 방식의 외교가 가진 전형적인 특징입니다. 이러한 의미에서 핵무기는 이미 끊임없이 사용되고 있는 것입니다. 미국의 전략 분석가 다니엘 엘즈버그(Daniel Ellsberg)가 바로 이 점을 지적한 적이 있습니다. 상점을 도둑질할 때 총을 가져가서 위협은 하되 실제로 쏘지 않았더라도 그 총을 사용한 것이라는 말이지요. 이 보고서의 한 장(章)에는 "모호성을 유지하기"라는 제목이 붙기도 했습니다. 이 보고서는 "정책 입안자들은 결정에 있어서 지나치게 합리적이어서는 안 된다. 자신의 적이 바로 그 합리성이라는 것을 최우선에 두고 정책 결정을 할 것이기 때문"이라고 설명합니다.

또한 이 보고서는 "미국의 핵심적인 이해가 침해당했을 때 비합리적으로 행동할 수 있으며 보복할 수 있음을 상대편이 알게 해야 한다. 그리고 이것이 바로 우리가 사용하는 국가적인 페르소나*의 일부가 되어야 한다"고 말하며, "몇몇 요소는 잠재적으로 '통제가 불가능'해 보이는" 전략적인 태도를 취하는 것이 "유익하다"는 점을 덧붙입니다. 이것이 닉슨(Nixon)의 광인 이론(madman theory)인데요, 이전에 닉슨 재판에서 닉슨의 수석보좌관 홀드먼(Haldeman)의 회고에 의존했던 증언과는 달리 이번에는 내부 계획 문서를 통해 명백하게 드러났습니다.

다른 냉전 후 초기의 문서와 마찬가지로, 이 문서는 사실상 무시 되었습니다. 나는 수차례에 걸쳐 이 문서에 대해 언급해 왔습니다만 내가 알아낸 것에 대해 사람들의 주의를 이끌어 낼 수가

---

* [역주] 다른 사람들 눈에 비치는, 특히 그의 실제 성격과는 다른, 한 개인의 모습

없더군요. 이런 무관심은 흥미로운 일입니다. 러시아의 위협이라는 구실이 사라지고 난 후 예전의 기록물을 통해 지난날 실제로 어떤 일이 벌어지고 있었는지 명확히 확인할 수 있다는 것은 단순 논리로도 알 수 있는데 말입니다.

오바마 행정부는 쿠바(Cuba)에 대해 일정 수준의 대화통로를 만들었습니다. 조만간 엠바고*도 끝날 것이라고 보십니까?

UN 총회에서 매년 엠바고에 대해 표결을 실시하는데, 오래 전부터 계속 전 세계의 반대를 받아 왔습니다. 지금은 이스라엘만이 미국의 엠바고 조치를 지지하고 있습니다. 그 전에는 태평양의 섬이나 다른 미국의 속국의 지지만을 기대할 수 있었고요. 물론 라틴아메리카 국가들은 전면적으로 반대했어요. 더 흥미로운 점은 여론과 마찬가지로 미국 자본의 대부분, 즉 영농, 제약, 에너지, 관광산업 등이 관계 정상화를 지지했다는 점입니다. 여론을 무시하는 것은 종종 있는 일이지만 여러 거대 산업들의 결집된 의견을 무시했다는 것은 중대한 "국가 이성(reasons of state)"이 관련되어 있다는 것을 의미합니다. 이 이해관계가 무엇인지에 대해서는 내부 기록이 여럿 있고요.

케네디 대통령 때부터 오늘에 이르기까지 쿠바의 "성공적인 반항"에 대해 분노가 이어져 왔습니다. 이는 먼로 독트린(Monroe Doctrine)까지 거슬러 올라가는데요, 아메리카대륙 반구에 영향력을 행사하겠다는 의지의 신호를 보낸 것입니다. 그렇지만 이

* [역주] embargo: 한 국가가 다른 특정 국가에 대해 금융거래, 투자 등의 통상을 금지하는 조치

목표는 당시 상대적으로 힘이 약했기 때문에 실현될 수 없었는데요, 영국의 제지로 1820년대의 미국 "외교 정책"의 첫 번째 목표였던 쿠바 점령이 무산되었습니다. (이때의 "외교 정책"이라는 용어는 재래적 의미로 사용된 것이고, 제국주의 역사학자인 버나드 포터(Bernard Porter)가 "바닷물 오류"라고 칭했던 것에서 한 걸음도 벗어나지 않는 개념입니다. 곧 외국에 대한 정복은 그것이 바닷물을 건널 때만 제국주의적이라 봐야 하므로, 따라서 인디언 국가들과 멕시코의 절반을 점령한 것은 "제국주의"가 아니라는 것이죠.) 그렇지만 미국은 1898년에 쿠바가 스페인에서 독립하는 것을 막고 그것을 사실상의 식민지로 전환하는 데 주도적으로 개입함으로써 자신의 외교적 목적을 달성했습니다.

미국은 1959년 독립을 달성한 쿠바의 참을 수 없는 오만함을 결코 용인할 수 없었습니다. 관타나모 만(Guantanamo Bay)을 돌려주기 싫었던 거죠. 1903년 미국이 총질로 맺은 "조약"을 통해 빼앗은 이래로 쿠바 정부의 거듭되는 요청에도 돌려주지 않았던 귀중한 요충지입니다. 관타나모 얘기가 나온 김에 짚고 넘어가자면, 아마 이 빼앗긴 영토에서 현재까지 쿠바에서 발생한 것 중 가장 심각했던 인권의 침해가 발생했던 것을 기억하실 겁니다. 미국은 이 관타나모 만에 러시아가 크리미아 반도(Crimea)에 대해 가지고 있는 권리보다 훨씬 소극적인 영유권만을 행사했는데도 말입니다.

원래의 질문으로 돌아가면, 지난 200여 년 간 미국이 요구한 것을 쿠바가 수락하지 않는다면, 미국이 엠바고를 폐지할지는 불

분명합니다.

쿠바 혁명이 세계정세와 사회주의의 실현에 어떠한 영향을 끼쳤으며 역사적으로는 어떤 의의가 있다고 생각하십니까?

세계정세에 엄청난 영향을 끼쳤습니다. 먼저 쿠바는 서아프리카와 남아프리카 국가들의 해방에 매우 커다란 역할을 했습니다. 쿠바의 군대는 미군의 지원을 받은 남아프리카 공화국의 앙골라 침입을 격퇴하였으며, 남아프리카 공화국으로 하여금 지역 지원 체계를 설립할 것을 포기하고 나미비아에 대한 불법적인 점령을 그만둘 것을 강요했습니다. 흑인 쿠바 군대가 남아프리카 공화국 군대를 물리쳤다는 사실은 백인과 흑인 아프리카인들에게 모두 엄청난 심리적 영향을 끼쳤습니다. 이는 미국이라는 초강대국을 자극할 수 있는 위험을 무릅쓰고 감행된 국제주의 노선이었습니다. 초강대국 미국은 남아프리카 아파르트헤이트*의 마지막 지지자였죠. 이에 넬슨 만델라는 감옥에서 석방된 후 첫 행보로 다음과 같은 말을 남겼습니다.

> 제가 감옥에 있을 때, 쿠바는 영감이 되었으며 피델 카스트로(Fidel Castro)는 힘의 원천이었습니다. [쿠바의 승리는] 백인 억압자들을 극복할 수 없다는 근거 없는 믿음을 깨부수어 주었으며, 남아프리카에서 싸우는 대중들에게 영감을 주었습니다. 이는 우리 대륙과 우리 인민을 아파르트헤이트의 재앙에서 해방시키는 하나의 전환점이었습니다. 쿠바는 자신의 이해를 버린 채 아프리카에 도움을 주었습니다. 이보다 더한 사례는 지금까지 그 어느 나라에도 없었습니다.

* [역주] Apartheid: 남아프리카 공화국의 극단적인 백인우월주의 인종차별정책과 제도

쿠바는 가난하고 고통받는 이들에 대한 의학적인 지원도 진행하고 있는데, 이 역시 독특한 사례입니다.

국내에서도 매우 의미 있는 성과들이 있었습니다만 우선 살아남은 것 자체가 대단한 성과입니다. 미국이 시도한 "지구상의 테러"와 극심한 엠바고를 이기고 살아남았습니다. ("지구상의 테러(terrors of the earth)"는 역사학자 아서 슐레진저(Arthur Schlesinger)의 표현인데요, 로버트 케네디로부터 최우선 과제로 이 임무를 부여받았던 사람입니다.) 문맹퇴치 캠페인은 매우 성공적이었으며, 보건 시스템도 명성이 높습니다. 반면 심각한 인권 침해와 정치적, 개인적인 자유에 대한 제약도 있었습니다. 외부의 개입으로 기인한 것이 얼마만큼이고 독자적인 결정으로 인한 것은 어느 만큼인지에 대해서는 논쟁의 여지가 있습니다. 그렇지만 미국인들은 미국도 큰 책임이 있다는 사실을 외면하고 쿠바를 비난합니다. 위선을 새로운 의미로 포장하는 행위죠.

미국이 아직도 세계에서 테러리즘을 가장 강력하게 지원하는 국가라고 보십니까?

미국의 학회지 《미국 국제법 저널(American Journal of International Law)》에서는 최근 오바마의 세계 암살 (드론) 정책에 대한 여러 최신 저작들의 리뷰를 담고 있는데요, 이 정책이 "불법적"임을 입증하는 "설득력 있는 사례"가 있다고 결론을 내립니다. 즉 "미국의 드론 공격은 일반적으로 국제법을 위반하고, 테러리즘을 심화시키며 근본적인 도덕 원칙을 침해한다."는 것입니다. 자못 공정한 판단이라고 생각합니다. 오바마 대통령의 냉혹하고 계산된 살인 기계 자체의 세부적인 면면뿐만 아니라, 그것을 법적으로 정당화하려는 시도도 끔찍합니다. 오바마 정권 법무부의 "무죄 추정의 원칙" 적용 방법에 대한 평가를 살펴봅시다. 이 원칙은 800년 전 마그나카르타(Magna Carta)까지 거슬러 올라가는 현대법의 시초라 할 수 있는데, 이 원칙의 적용과 관련하여 《뉴욕타임스》에 다음과 같이 설명이 되었습니다. "오바마 대통령은 논란의 여지가 많은 희생자 수 셈법을 사용하여 자신의 입장에 유리하도록 꿰맞추었다. 여러 행정 공무원들에 따르면, 이 셈법은 타격 지역 내에 존재하는 징병 연령대의 모든 남성들을 전투원으로 취급한다. 이들이 사후에 무죄가 확실하다고 판명되지 않는 한 말이다." 파키스탄과 예멘 부족의 넓은 지역과 그 밖의 여러 지역에서 사람들은 하늘에서 언제 어떤 살인적인 공격이 가해질지 모른다는 두려움에 시달리고 있습니다. 저명한 인류학자인 아크바르 아메드(Akbar Ahmed)는 공격 대상인 세계 여러 부족 사회들에 대해 오랜 기간 경험과 전문성을 쌓아왔습니다. 그는 이러한 잔인한 공격이 복수에 대한 갈망을 불러일으킨다고 주장합니다. 별로 놀라운 건 아니지요. 우리라면 어떻게 하겠습니까?

이것만으로도 저는 미국이 (테러 지원국) 1등 트로피를 받는데 손색이 없다고 생각합니다.

역사적으로 자본주의 체제에서 부유한 제국주의 국가들은 가난

한 이들을 착취하고 약한 국가의 자연 자원을 약탈하는 것을 즐겨 일삼아 왔습니다. 과거에 그러한 약탈은 대개 노골적이고 물리적인 착취와 군사적인 정복으로 이루어졌는데요, 금융 자본주의 아래에서 이러한 착취는 어떠한 방식을 취하고 있습니까?

국무장관 존 포스터 덜레스(John Foster Dulles)는 아이젠하워 대통령에게 공산주의자들이 불공정한 이익을 얻고 있다고 불평한 적이 있습니다. "공산주의자들은 대중에 직접적으로 호소할 수 있으며, 대중 운동을 조정할 수 있는데, 이는 우리가 따라할 수 없는 것이다. 공산주의자들은 가난한 이들에게 매력적으로 다가가며, 언제나 부유한 이들의 재산을 약탈하고자 한다."고 말합니다. 반면, 부유한 자는 가난한 자들을 약탈할 권리가 있다는 원칙은 포기하기 어려운 일인가 봅니다.

그 착취의 수단이 바뀌었다는 것은 사실입니다. 국제적인 "자유무역협정(FTA)"들이 좋은 사례이데요, 진행 중인 FTA들의 협상 내용은 국민들에게는 비밀로 붙여지지만, 기업의 변호사들이나 로비스트들에게는 그렇지 않습니다. 사실 그들이 세부 내용을 작성하는 거죠. FTA는 사실은 "자유무역"을 거부합니다. FTA는 철저히 보호무역주의자들의 입장을 대변합니다. 제약회사, 거대 미디어그룹 등의 이익을 과대 보장하기 위해 특허 규제 조건을 과중하게 부과합니다. 또한 부유한 전문가들의 이익은 FTA가 보호하는 내용에 포함되지만, 노동자 국민들은 제외됩니다. 이들은 전 세계와 경쟁해야 하는 위치로 내던져지는 거죠. 그 결과는 명백합니다. 넓게 보면 FTA는 무역에 관한 것조차도 아닙니다. 그

보다는 기업법인(물론 피와 살로 이루어진 진짜 사람은 아니죠)의 권리로 대변되는 투자자들의 권리에 관한 것입니다. 이들은 이 권리를 통해 해외 투자자들의 잠재적인 이득을 줄일 수 있는 행위에 대해서 정부에 소송을 걸 수 있습니다. 환경 또는 건강 및 안전 규정과 같은 정부의 조치에 대해서 말이죠. 소위 "무역"이라는 것에는 그런 조건들이 포함될 이유가 없지요. 예를 들어서 인디애나에서 부품을 생산하고 멕시코에서 조립하고 캘리포니아에서 제품을 파는 것은 기본적으로 한 거대기업의 계획 경제 안에서 이루어집니다. 자본의 흐름은 자유롭습니다. 반면 노동의 흐름은 전혀 자유롭지 않습니다. 아담 스미스가 자유무역의 기본적인 원칙이라고 생각했던, 노동의 자유로운 순환에 위배되는 것입니다. 마지막으로 적어도 국민을 민주사회의 일원으로 생각한다면, FTA는 사실 협정이라고 부르기도 어렵습니다.

그 말씀은 우리가 지금 후기 제국주의 시대에 살고 있다는 말씀입니까?

저에게는 그저 용어의 문제 같아 보입니다. 세계가 변화함에 따라 지배와 강압은 지금까지 여러 가지 다양한 형태를 취해 왔습니다.

우리는 최근 소위 진보적인 지도자들이 선거에 출마하여 권력을 쥔 후에는 국민에 대한 약속을 저버리는 것을 너무 많이 보아 왔습니다. 선출된 공무원이 유권자들의 신뢰를 저버리지 않게 하기

위해서 이 민주주의 시스템에 어떤 수단이나 메커니즘을 도입할 수 있다고 생각하십니까? 예를 들어서 고대의 아테네인들은 "소환권*"이라는 것을 고안해냈는데요, 이는 19세기에 들어서 중요성이 커진 바 있습니다. 비록 그 이후의 특정한 사회주의 운동들이 지향한 사회적 정치적인 계획에서는 주목받지 못했지만요. 실제적이고 지속 가능한 민주주의를 위해 이 제도를 되살리는 것에 찬성하십니까?

어떤 형태로든 소환권을 되살릴 수 있는 강력한 계기가 올 거라고 봅니다. 선출된 대표자들이 무엇을 하고 있는지 감시할 수 있는 자유롭고 독립적인 조사 권한이 뒷받침되는 형태일 것입니다. 첼시 매닝(Chelsea Manning)†, 줄리안 어산지(Julian Assange)‡, 에드워드 스노든(Edward Snowden)과 그 밖의 동시대 "내부 고발자"들의 위대한 업적이 시민들의 이러한 위대한 권리를 받들고 진전시키고 있습니다. 국가 권력은 매우 강력하게 반응했습니다. 잘 알려져 있듯이 오바마 행정부는 내부 고발자에 대한 처벌에 있어서 지금까지의 모든 기록을 경신했습니다. 이에 대해 유럽 국가들이 얼마나 겁을 먹었는지도 눈여겨볼 만합니다. 볼리비아 대통령 에보 모랄레스(Evo Morales)의 비행기가 모스크바를 방문한 후 본국으로 돌아가는 과정에서 이를 극적으로 확인할 수 있

---

* [역주] right to recall: 공직자가 국민에 대한 신임을 잃었을 때 국민이 그를 소환할 수 있는 권리. 오스트라키스모스(Ostrakismos - 도편추방제)라 한다.

† [역주] 위키리크스(Wikileaks)에 최대 규모의 미국의 군사 기밀 사항이 포함된 내부 자료를 제공한 내부 고발자. 군 복무 당시의 이름인 브래들리 에드워드 매닝으로 더 잘 알려져 있다.

‡ [역주] 위키리크스의 창립자

었습니다. 유럽 국가들은 워싱턴의 눈치를 살피느라 그 비행기가 자신들의 영공을 침범하지 못하도록 했었는데요, 그 비행기가 에드워드 스노든을 태우고 있을 가능성이 있었기 때문이지요. 그래서 비행기가 오스트리아에 착륙했을 때 경찰을 동원해 내부를 수색하기도 했습니다. 이러한 조치는 외교적인 협약을 위반하는 것이었음에도 말입니다.

노골적으로 유권자들의 신임을 뻔뻔스럽게 배신한 지도자들에 대한 테러리즘 행위가 과연 정당화될 수 있습니까?

"과연"이라는 단어는 강한 표현입니다. 일단 현실적으로 그러한 마법 같은 일이 발생하는 걸 상상하기가 어렵습니다. 폭력에 기댈 때는 그것을 정당화하는 데 필요한 증거의 부담이 매우 무겁습니다. 제시하신 상황에서는 특히 그러할 것으로 보입니다.

인간의 본성과, 모든 사람이 각기 서로 다른 기술, 능력, 동기와 열망을 가지고 있다는 점을 고려해볼 때, 진정으로 평등한 사회가 가능하거나 바람직하다고 생각하십니까?

인간의 본성에는 성자와 악한이 공존하고 있습니다. 그리고 우리들 모두는 이 두 가지 성향을 모두 가지고 있지요. 저는 평등주의의 이상과 인간의 다양성 사이에 어떠한 마찰이 있는지 잘 모르겠습니다. 저의 견해는 아니지만, 더 많은 능력과 기술을 가진 사람들은 이미 그것을 사용할 수 있는 능력도 부여받았기 때문에 어쩌면 외적인 보상은 덜 받아도 괜찮다고 주장할 수도 있을 것입니다. 더 정당하고 자유로운 사회 제도와 관습을 만들어낼 수 있느냐의 문제에 대해서는 미리 확신할 수는 없는 사안이고, 가능한 한 최선의 노력으로 그것을 실현해 나가야 할 뿐입니다. 이것이 실패할 거라고 예견할 뚜렷한 이유를 나는 찾지 못하겠습니다.

어떠한 것이 품위 있는 사회를 구성하며, “누가 세상을 지배하는가?”라는 질문을 하지 않기 위해서는 어떤 형태의 세계 질서가 필요하다고 생각하십니까?

우리는 칸트(Kant)의 구상을 발전시켜 그가 주장했던 “영구적 평화”의 비전을 세울 필요가 있습니다. 또한 위계, 지배와 자의적인 통치와 결정에 종속되지 않는, 자유롭고 창의적인 개인들의 사회를 건설하기 위한 계획도 필요합니다. 다른 친구들과 동지들은 동의하지 않지만, 우리는 그 사회의 세부 내용을 자신 있게 낱낱이 제시할 만큼 알고 있지는 못하며, 그 과정에서 상당한 실험이 이루어져야 한다고 예견합니다. 지금 우리가 당면하고 있는 매우 시급한 과제들도 있습니다. 여기에는 조직된 인간 사회가 존속할 수 있는지에 대한 질문도 포함됩니다. 문자 그대로 생존의 문제인데요, 지금까지의 역사에서는 이러한 질문이 발생한 적이 없지만 지금은 피할 수 없는 질문이 되었습니다. 이렇게 우리가 최선을 다해 시급히 해결해야 할 문제들은 이것 이외에도 많습니다. 아마 좀 더 장기적인 열망을 가이드라인 삼아 당장의 선택을 내리는 것이 이치에 맞을 것이고 또한 그 가이드라인이 영원불변한 것은 아니라는 점도 인식해야 할 것입니다. 앞으로 해야 할 일이 정말 많습니다.

제2부

트럼프 시대의 세계

C. J. 폴리크로니우: 박사님, 우선 트럼프가 일반 투표에서는 졌는데도 대통령으로 당선되었다는 점을 어떻게 보시는지 여쭤보고 싶습니다. 이런 맥락에서 만일 '1인 1표'가 모든 합법적인 민주주의 모델의 근본 원칙이라고 볼 때, 미국에서는 도대체 어떤 유형의 민주주의가 행해지고 있는 것인지요? 그리고 시대착오적인 선거인단 제도를 철폐하기 위해서 어떤 조치를 취해야 하는지도 궁금합니다.

노엄 촘스키: 선거인단은 원래 학식과 특권을 가진 엘리트로 구성된 심의회로서 계획된 것입니다. 선거인단에 대중의 의견이 반드시 반영되지는 않을 수도 있는 것이었고, 선거인단 제도를 창설한 사람들은 완곡하게 표현하자면 대중의 의견을 높이 평가하지 않았습니다. 알렉산더 해밀턴(Alexander Hamilton)이 헌법을 입안하면서 "대중은 (…) 올바르게 판단하거나 결정하는 일이 드물다."라고 언급한 것만 봐도 알 수 있습니다. 이는 보편적인 엘리트의 시각이 반영된 표현입니다. 게다가 악명 높은 '5분의 3'

조항*은 노예주들(slave states)에 힘을 실어주었고, 노예주들이 여러 정치적·경제적 제도에서 두드러지는 역할을 했다는 점을 고려하면 이 조항은 매우 중요한 이슈였습니다. 19세기에 정당 체제가 구체화되면서 선거인단은 각 주(state)에서 선거의 거울 역할을 했습니다. 이번 대선에서도 또 한 번 드러났지만 선거인단을 이용한 투표 방식은 일반 투표와는 상당히 다른 결과를 낳을 수 있습니다. 바로 최다 득표자를 당선시키는 단순다수제의 원칙 때문이죠. 선거인단 제도를 철폐하는 것은 좋은 생각이지만 현재의 확고한 정치 체제에서는 사실상 불가능한 일입니다. 이 제도는 미국의 정치 시스템의 퇴보적 측면에 기여하는 여러 가지 요소 중 한 가지일 뿐입니다. 《자코뱅(Jacobin)》잡지에 실린 흥미로운 기사에서 세스 애커먼(Seth Ackerman)은 유럽의 기준에서 보면 미국의 이런 시스템이 불합격 수준이라는 의견을 내놓기도 했습니다.

애커먼은 미국의 정치 시스템의 심각한 결점 한 가지에 주목하고 있는데요, 대중이 참여하는 실제 정당이 아니라 엘리트가 주도하는 후보선정 기관들이 정치 조직들을 지배한다는 점입니다. 미국의 정치 체제를 지배하고 있는 정치 조직을 종종 하나의 '기업 정당'의 두 당파로 묘사하는데요, 비현실적인 표현이라고 볼 수는 없습니다. 제대로 기능하는 민주주의 사회에서는 구성원들이 자유롭게 모여서 정당을 형성합니다. 하지만 엘리트 집단이 운영하는 기관들은 진정한 정당의 앞길을 가로막는 여러 가지 장치를

* [역주] three-fifths clause: 노예의 정치적 권리를 미국 시민(남성)의 5분의 3 수준으로만 인정하기로 한 조항

동원하여 경쟁으로부터 스스로를 보호합니다. 그 밖에도 특히 토머스 퍼거슨(Thomas Ferguson)이 문서로 상세하게 기록한 것처럼 대통령 선거뿐만 아니라 의회에서도 개인 또는 기업이 축적한 부가 너무 큰 역할을 하는 것도 문제입니다. 최근에 퍼거슨, 폴 요르겐센(Paul Jorgensen), 첸지에(Jie Chen)가 진행한 연구에 의하면 지난 수십 년 동안 미국의 선거 운동 경비와 의회의 선거 결과는 놀랍도록 밀접한 상관관계를 보였습니다. 아울러, 마틴 길렌스(Martin Gilens), 벤저민 페이지(Benjamin Page), 래리 바틀릿(Larry Bartlett) 등, 강단(academic) 정치학자들의 광범위한 연구에 따르면 인구 대부분의 민의가 사실상 대표되지 못하는 실정입니다. 그들의 정치적 태도와 의견이 그들이 표를 던지는 피선거권자들의 정책 결정에 거의 또는 전혀 영향을 미치지 못한다는 것입니다. 그런 결정은 대체로 소득과 재산이 많은 최상위 계층에 의해 좌지우지됩니다. 이런 요소들로 미루어볼 때 선거인단 제도의 결점은 분명히 실재하지만 상대적으로 중요도가 낮다고 할 수 있겠습니다.

이번 대선이 공화당과 민주당에게 어느 정도나 분수령으로 작용했다고 보십니까?

오바마가 집권했던 8년 동안 공화당은 정당으로 보기 어려웠습니다. 보수적인 '미국 기업 연구소'에 소속된 명망 있는 정치 분석가인 토마스 만(Thomas Mann)과 노먼 온스타인(Norman Ornstein)은 그 당시 공화당의 모습을 좀 더 정확하게 묘사했는데요, 공화당이 "반란을 일으키려는 망나니처럼 이념적으로 극단적이고, 선조에게서 물려받은 사회적·경제적인 정책 체제를 업신여기고, 타협을 멸시하고, 사실, 증거, 과학에 관한 전통적인 교감마저 거부하고, 정치적인 경쟁자의 정당성을 묵살"했다는 것입니다. 공화당이 도입한 방침은 오바마가 무엇을 시도하든지 간에 무조건 가로막는 것이었습니다. 합리적인 대안을 내놓지도 않으면서 말이죠. 목표는 반란자들이 권력을 잡을 수 있는 분위기를 만들기 위해, 나라를 통치 불가 상태로 만드는 것이었습니다. 공화당이 '건강보험 개혁법(Affordable Care Act)'과 관련하여 보여준 유치하고 터무니없는 행동이 좋은 예입니다. 그들은 법을 무산시키기 위해서 끝없이 투표하는 것 말고는 그 어떤 대안도 내놓지 않았습니다. 그러는 동안 정당은 부와 특권이 있는 '기득권층'과 대중적인 기반으로 나뉘어졌습니다. 전자는 자신들이 속한 계층의 이해관계에만 관심을 보였고, 후자는 기득권층이 부와 특권에 너무 집착하게 된 나머지 그런 면을 사실대로 드러내서는 표를 얻기 불가능해질 것이기 때문에 동원된 부류입니다. 늘 존재해 왔던 부류들을 그런 필요 때문에 동원했지만 정치 세력화할 의도는 아니었죠. 기독교 복음주의자들을 기묘하게 뒤섞어놓은 혼합집단이 바로 그런 집단인데요, 미국 내에서 규모가 상당히 큽니다. 거기에는 이민 배척주의자, 백인 우월주의자, 지난 세대의 신자유주의 정책의 피해자였던 백인 노동자 및 하위 중산층 계급 등이 있습니다. 그리고 여기에는 신자유주의 경제 체제에서 소외당해 왔던 불안하고 화나는 상황을 자신들의 전통 문화에 대한 공격 탓이라 생각한 사람들이 속해 있습니다. 과거의 예비 선거에서는 미셸 바크먼(Michele Bachmann), 허먼 케인(Herman Cain), 릭 샌토럼(Rick Santorum)과 같이 대중적인 기반을 통해 올라온 후보들이 너무 극단적으로 보였던 나머지 기득권층이 그들을 배척하고 말았습니다. 기득권층은 풍부한 자원을 이용하여 문제의 후보들에 전염되는 대신 그들을 끌어내리고 자신들이 선호하는 후보를 선택할 수 있었습니다. 2016년에 달랐던 점은 그런 조치를 취하지 못했다는 것입니다.

이제 공화당은 '반대(No)'하는 역할이 아닌 정책을 수립해야 하는 입장이 되었습니다. 대중적인 기반을 어떻게든 달래거나 주류에서 몰아내면서도 기득권층이라는 실재적인 지지자들에게 도움이 될 수 있는 정책을 만들 방법을 찾아야 합니다. 바로 이런 부류의 사람들 중에서 트럼프가 측근 세력과 각료들을 선발하고 있습니다. 그들이 광부, 철강업 노동자, 소기업인 등 트럼프의 득표 기반이 되어 준 사람들의 관심과 요구사항을 대변해줄 수 있는 사람들은 전혀 아니죠.

민주당의 경우에는 40년 동안 노동자들을 사실상 외면한 점을 직시해야 합니다. 민주당이 현대의 뉴딜(New Deal) 정책의 근본 정신으로부터 너무 멀리 표류해온 나머지 노동자들이 이제는 루스벨트의 정당이 아닌 노동자 계급의 적에게 표를 던진다는 사실이 상당히 충격적입니다. 그나마 다행스럽게도 어떤 형태의 사회민주주의로든 돌아가는 일이 불가능하지만은 않을 것입니다. 샌더스(Sanders)의 선거 운동이 놀랍도록 성공적이었던 것을 보면 알 수 있죠. 그의 선거 운동은 사실상 부와 기업 권력에 의해 정해지던 일반적인 선거 운동과는 근본적으로 달랐습니다. 그의 "정치 혁명"이 현 시대에는 제법 적합하지만 드와이트 아이젠하워(Dwight Eisenhower)를 별로 놀라게 하지는 못했을 것이라는 점을 명심하는 것이 중요합니다. 이 역시 신자유주의 시대를 거치는 동안 힘의 균형이 우측으로 이동했다는 것을 보여줍니다.

만일 민주당이 건설적인 정치권력을 발휘하고 싶다면 오바마에게 표를 던졌던 유권자들의 실질적 관심사를 해결해줄 수 있는 프로그램을 개발하고, 신뢰할 만한 방식으로 그것에 전념해야 합니다. 유권자들은 오바마가 제시한 "희망과 변화"의 메시지에 이끌렸지만 희망이 사라지고 변화가 나타나지 않자 환상에서 깨어나 그들이 잃어버린 것들을 돌려주겠다고 선언한 사기꾼을 선택한 것입니다. 민주당은 국민의 상당수에 팽배해 있는 불만감을 솔직하게 마주할 필요가 있습니다. 이때 앨리 혹실드(Arlie Hochschild)가 그토록 세심하고 통찰력 있게 연구한 루이지애나주 늪지대에 사는 사람들도 포함해야 하고, 민주당의 지지자들이었던 노동자 계급도 당연히 포함해야 하겠죠. 국민의 불안감은 다양한 방법으로 드러나는데요, 미국 내에서 사망률이 증가했다는 놀라운 사실도 한몫을 하고 있습니다. 이런 현상은 재앙이 닥친 경우가 아니고서는 현대 산업 민주주의에서 듣도 보도 못한 일입니다. 이는 특히 백인 중년층에서 두드러지게 나타나는데요, 추적해봤더니 대체로 오피오이드*, 알코올, 자살 등 "절망의 질병"

* [역주] opioid: 마약성 진통제로 약물과다 사망 원인의 60%를 차지하는 합성 마약

이라고도 불리는 것들이 주요 사망 원인이었습니다. 《이코노미스트(Economist)》에 실린 한 통계 분석에 따르면 이런 건강 지표는 2016년 대선에서 공화당이 43%의 지지율로 민주당보다 앞선 것과 상관관계가 있습니다. 이런 상관관계는 선거 이후에도 여전히 통계적으로 의미 있고 예측 가능한 수준이며, 인종, 교육 수준, 나이, 성별, 소득 수준, 결혼 여부, 이민, 고용 여부를 통제하더라도 마찬가지입니다. 이 모든 징조는 사회가 전반에 걸쳐 심각하게 무너지고 있다는 것을 보여줍니다. 특히 시골이나 노동자들이 사는 지역이 문제입니다. 민주당은 이런 문제를 해결하기 위해서 여러 가지 실천에 착수해야 합니다. 역사적으로 가혹하게 권리를 부정당하거나 야만적으로 억압받아온 사회계층의 권리와 욕구를 충족시키기 위해 확고하게 전념하는 모습을 보여줘야 합니다.

쉬운 일은 아니지만 불가능한 것도 아닙니다. 만일 민주당이 해내지 못한다면 민주당을 대체하는 다른 정당이 해낼 것입니다. 혹은 대중 운동으로도 이끌어낼 수 있습니다. 선거 정치와는 별개로 이루어지는 지속적인 운동의 역량을 통해 이룩할 수 있습니다. 한편 사회 체계와 정치 체제가 근본적으로 변해야 한다고 올바르게 인식하고 있는 사람들 역시 설령 살아남더라도 고생길은 훤할 것 같습니다.

트럼프 정부의 내각은 금융권과 기업에서 중요한 역할을 하는 인물과 군 지휘자들로 꾸려지고 있습니다. 이런 선택은 당선되기 전에 "물갈이를 하겠다."라는 공약과는 다소 거리가 있어 보이는

데요, 그렇다면 워싱턴 기득권층의 미래와 미국 민주주의의 미래에 대해 생각해볼 때 우리가 이 과대망상증 환자이자 위선적인 포퓰리스트에게서 무엇을 기대해야 할까요?

이 점에 관해서는 《타임(Time)》지(2016년 12월 26일자)가 상당히 잘 정리한 트럼프의 능력에 관해서 살펴봐야 합니다. "멈칫거리는 지지자도 있겠지만, 워싱턴의 진흙탕에서 뒹굴었던 사람들을 포용하기로 한 트럼프의 결정은 워싱턴의 정치 계급에 안도감을 불어넣었다. 대통령 당선자의 정권인수를 근거리에서 도운 공화당의 한 자문 위원은 '이는 트럼프가 보통의 공화당원처럼 나라를 통치할 것이라는 점을 보여준다.'라고 언급했다."

이 말은 어느 정도 사실입니다. 기업이나 투자자들은 분명히 그렇게 생각하고 있습니다. 선거가 끝나기가 무섭게 주식시장의 주가가 치솟았는데요, 그 선두에는 트럼프가 선거 유세 기간 동안 맹렬하게 비난했던 금융 기업들이 있었습니다. 특히 트럼프가 유독 싫어했던 골드만 삭스(Goldman Sachs)를 필두로 주식 시장이 호황을 맞이했습니다. 《블룸버그 뉴스(Bloomberg News)》는 "선거 이후 한 달 동안 '해당 기업의 주식이 30%나 치솟은 것이' 다우존스 산업평균지수가 2만을 향해 올라가도록 도운 결정적인 원동력이었다."라고 보도했습니다. 골드만 삭스가 이토록 눈부신 시장성과를 올릴 수 있었던 것은 대체로 트럼프가 국가경제 운영을 골드만 삭스와 같은 돈 귀신(demon)에 의존하기 때문입니다. 골드만 삭스는 트럼프가 약속한 규제 완화에 기대어 다음에 닥칠 금융 위기(그리고 납세자 구제 금융)를 위한 무대(stage)를 마련한 것이죠. 그 외에도 에너지 회사, 의료보험 회사, 건설 회사 모두 새 정부가 발표한 계획 덕택에 큰 수익을 기대하고 있습니다. 이 계획에는 부자와 기업들을 위한 감세가 골자인 폴 라이언(Paul Ryan)식의 재정 계획, 국방비 증가, 보험 회사에게 지금보다도 더 유리해지고 결과가 불 보듯 뻔한 의료 체계 조정, 국민 세금을 퍼주고 빚을 기반으로 하는 민영화 형태의 인프라 개발도 포함되어 있습니다. 뿐만 아니라 부와 특권을 누리는 사람들에게 "보통의 공화당원"이 혈세를 들여 제공하는 다른 선물도 여러 가지 있습니다. 경제학자 래리 서머스(Larry Summers)는 이런 재정 계획에 관해서 상당히 타당한 이야기를 했습니다. "미국 역사상 가장 잘못된 세제 개정은 소득 상위 1%에 속하는 사람들에게 대단히 유리하고, 연방 부채를 폭발적으로 증가시키고, 세법이 복잡해지게 하며, 성장을 촉진하는 데 거의 또는 전혀 도움이 되지 않을 것"이라고 내다본 것입니다.

하지만 관련된 몇몇 분들에게는 희소식이겠죠.

그러나 기업 중에서도 손해를 본 사람들이 있습니다. 오바마 정권 아래에서 두 배 이상 급증했던 총기 판매량은 11월 8일 이후 무서운 속도로 떨어지고 있습니다. 어쩌면 정부가 공격용 소총과 우리가 스스로를 보호하는 데 필요한 다른 무기들을 빼앗아 갈지도 모른다는 두려움이 줄어들어서 그런지도 모르겠습니다. 여론 조사 결과에서 힐러리 클린턴이 앞서던 해에는 총기 판매량이 증가했습니다. 하지만 선거가 끝나고 나서 《파이낸셜 타임스》가 보도한 것처럼 "스미스 앤 웨슨(Smith & Wesson)과 스텀

루거(Sturm Ruger)와 같은 총기 제조사의 주가가 곤두박질"쳤습니다. 12월 중순에 이르자 "선거 이후 두 기업의 주가는 각각 24%와 17% 하락"했습니다. 그렇다고 해서 총기 산업에 먹구름만 끼어 있는 것은 아닙니다. 한 대변인이 설명하듯이 "실제 상황을 살펴보면 미국의 총기 판매량이 다른 모든 국가의 총기 판매량을 합친 것보다 많습니다. 규모가 상당히 큰 시장입니다."

"보통의 공화당원들"은 초강경 매파 중 한 명인 믹 멀베이니(Mick Mulvaney)를 백악관 예산관리국장으로 임명한 트럼프의 선택에 박수를 보내고 있습니다. 하지만 문제가 있습니다. '적자가 크게 늘어나도록 고안된 예산안을 초강경 매파가 어떻게 관리할 것인가?' 하는 것입니다. 어쩌면 일단 저지르고 보는(post-fact) 게 상책인 부류들 사이에서 그것은 문제가 되지 않는지도 모르겠습니다.

"보통의 공화당원들"은 노동조합을 격렬하게 반대하는 앤디 퍼즈더(Andy Puzder)를 노동부 장관으로 임명한 것에 대해서도 갈채를 보내고 있습니다. 그러나 여기에도 모순이 생길 여지는 잠복해 있습니다. 퍼즈더는 레스토랑 체인을 운영하는 대단히 부유한 CEO인데요, 그는 가장 쉽게 착취할 수 있는 인력, 즉 노동조합에 가입되어 있지 않은 이민자들에게 궂은일을 주로 맡기고 있습니다. 이민자들을 일제히 강제 추방하겠다는 계획과는 어울리지 않습니다. 인프라 프로그램에서도 똑같은 문제가 발생합니다. 트럼프의 새로운 계획 덕택에 이득을 취하게 될 사기업들이 똑같은 노동 공급원에 상당히 많이 의존하기 때문입니다. 하지만 이민자 중에서도 이슬람교도들만 들어오지 못하도록 "아름다운 벽"을 다시 손봐서 그 문제를 교묘하게 해결할 수 있을지도 모르겠습니다.

그렇다면 트럼프가 미국의 제45대 대통령으로서 "보통의" 공화당원이 될 것이라는 말씀이십니까?

위에서 언급한 측면에서 살펴보면 트럼프는 자신이 보통의 공화당원이라는 점을 대단히 빨리 증명해 보였습니다. 극단으로 치우친 면은 있었지만요. 하지만 다른 면에서 보면 트럼프가 평범한 공화당원이 아닐지도 모르겠습니다. 그 표현이 미트 롬니(Mitt Romney)와 같이 주류에 속하는 기득권층 출신의 공화당원을 뜻한다면 말이죠. 트럼프는 자신에게 친숙한 스타일로 롬니에게 굴욕감을 주기 위해서 애를 많이 썼습니다. 매케인(McCain)이나 그런 부류에 속하는 다른 사람들에게 했던 것처럼 말입니다. 하지만 사람들이 불쾌하게 여기고 걱정하는 것은 트럼프의 스타일만이 아닙니다. 그의 행동 역시 문제입니다.

우리가 직면하고 있는 가장 중요한 문제 두 가지를 예로 들어봅시다. 이는 인류가 지구에서 살아온 짧은 역사상 가장 중요한 문제이며, 인류의 생존과 관련이 있습니다. 바로 핵전쟁과 지구온난화입니다. 트럼프가 "세상이 핵무기에 관해 정신을 차리는 날이 올 때까지 미국은 핵 보유 능력을 대폭 강화하고 확대해야 한다."라고 트윗을 했을 때 여러 "보통의 공화당원"과 인류의 운명을 걱정하는 다른 사람들은 아마도 소름이 돋았을 것입니다.

핵 보유 능력을 확대하는 일은 핵무기를 급격하게 감축하기로 한 조약을 수포로 돌아가게 하는 것이나 마찬가지입니다. 분별 있는 분석가들은 핵무기 감축이 더욱더 활발하게 이루어져서 모두 없어지길 바라는데요, 헨리 키신저(Henry Kissinger)나 레이건 정부의 국무 장관을 지낸 조지 슐츠(George Shultz)와 같은 평범한 공화당원들 역시 이런 입장을 취했습니다. 레이건 대통령 본인도 이런 의견을 피력한 경우가 더러 있었습니다. 트럼프가 '모닝 조(Morning Joe)'라는 TV 프로그램에 출연했을 때 사람들의 걱정은 사그라지지 않았습니다. 그가 프로그램의 공동 진행자에게 "군비 경쟁은 그대로 내버려둡시다. 우리가 항상 한 수 위일 것입니다."라고 말했기 때문입니다. 백악관 팀이 대통령이 진심으로 한 말이 아니라고 설명하려고 했지만 그 말을 듣고 마음이 편안해진 사람은 없었던 것 같습니다.

트럼프가 푸틴의 발언에 반응한 것뿐이라고 생각하더라도 걱정이 줄어들지는 않습니다. 푸틴은 이런 말을 했습니다. "우리는 군사적 잠재력을 강화해야 합니다. 특히 기존에 있는, 그리고 앞으로 만들어질 미사일 방어 시스템을 확실하게 침투할 수 있는 미사일을 개발해야 합니다. 우리는 세력 균형의 변화와 전 세계적으로 정치 군사적인 상황의 변화를 면밀하게 모니터링할 필요도 있습니다. 러시아의 국경 지대에 특히 신경 써야 하며, 우리나라에 위협이 되는 것을 무력화하기 위한 계획을 빠르게 조정할 줄 알아야 합니다."

이런 발언에 대해서 어떻게 생각하든 그 말 속에 방어적인 특성이 있는 것은 분명합니다. 푸틴이 강조한 것처럼 그의 발언은 존재하지 않는 이란의 무기에 대응한다며 도발적으로 러시아의 국경에 미사일 방어 시스템을 설치한 것에 대한 반응입니다. 트럼프의 트윗은 그가 저지당했을 때 어떻게 반응할 것인지에 관해 사람들의 공포를 가중시킵니다. 예를 들면 과대 포장을 즐기는 트럼프의 협상 기술에 상대가 순순히 넘어갈 의향이 없을 경우 어떤 일이 벌어질지 걱정되는 것입니다. 과거를 바탕으로 살펴보면 그는 세상을 폭탄으로 날려버릴 것인지 여부를 몇 분 안에 결정해야 하는 상황에 놓일지도 모릅니다.

중요한 또 다른 문제는 바로 환경 파괴입니다. 트럼프가 11월 8일에 두 가지 승리를 거두었다는 사실은 아무리 강조해도 지나침이 없습니다. 둘 중 더 작은 승리는 선거인단에서 거두었고, 더 큰 승리는 마라케시(Marrakech)에서 거두었습니다. 그날 마라케시에는 기후 변화에 관한 파리 협정의 실효성을 높이기 위해서 약 200개국이 모였습니다. 대통령 선거일에 참가자들은 세계기상기구(World Meteorological Organization)로부터 인류세*의 상황에 관한 끔찍한 보고를 받았습니다. 선거 결과가 발표되기 시작하자 망연자실한 참가자들은 세계 역사상 가장 강력한 국가가 협정에서 탈퇴할 경우 과연 살아남을 수 있는 것이 있을지 걱정하면서 사실상 행사의 진행을 멈췄습니다. 자유세계의 리더인 미국이 혼자 파괴자처럼 서 있는 동안 세상이 중국에게 희망을 걸

* [역주] 크뤼천이 2000년에 처음 제안한 용어로서, 새로운 지질시대 개념이다. 인류의 자연환경 파괴로 인해 지구의 환경체계는 급격하게 변하게 되었고, 그로 인해 지구환경 파괴와 맞서 싸우게 된 시대를 뜻한다.

고 있는 놀라운 광경은 아무리 강조해도 지나치지 않습니다.

놀랍게도 대부분의 사람이 이 엄청난 사건들을 무시했지만 기득권층은 반응을 보였습니다. 바룬 시바람(Varun Sivaram)과 사가톰 사하(Sagatom Saha)는 《포린 어페어스》를 통해 미국이 "중국에게 기후 리더십을 양도하면" 대가가 따를 것이고, 중국이 "자국의 이익만을 위해 기후 변화에 관한 문제를 이끌어갈 것이기 때문에" 세상이 위험에 처하게 될 것이라고 경고했습니다.

트럼프가 세상을 벼랑 끝까지 몰아갈 의향이 얼마나 있는지는 그가 임명한 인물들을 살펴보면 알 수 있습니다. 그중에는 기후 변화를 완강하게 부정하는 마이런 에벨(Myron Ebell)과 스콧 프루이트(Scott Pruitt)도 있는데요, 그들은 리처드 닉슨(Richard Nixon)이 집권하던 당시에 창설된 환경보호청을 해체하는 임무를 맡았습니다. 트럼프는 기후 변화를 부정하는 또 다른 인물을 내무부의 수장으로 앉히기도 했습니다.

하지만 그것은 시작에 불과합니다. 상황이 심각하지 않았다면 내각에 임명된 인물들을 보고 웃음이 났을 것입니다. 에너지부(US Department of Energy)의 경우 (에너지부라는 기관명도 제대로 기억하지 못하면서) 에너지부가 없어져야 한다고 말했던 사람이 수장 자리에 앉았습니다. 그는 어쩌면 에너지부가 가장 걱정해야 할 사안이 핵무기라는 것도 모를 수도 있습니다. 교육부의 경우 또한 억만장자가 이끌게 되었습니다. 베시 디보스(Betsy DeVos)는 공립학교 체제를 약화하기 위해서, 어쩌면 아예 없애버리기 위해서 열성적으로 일하는 사람입니다. 로런스 크라우스

(Lawrence Krause)가 《뉴요커(New Yorker)》를 통해 우리에게 상기시켜준 것처럼 디보스는 신교도 교파에 소속된 기독교 근본주의자입니다. 그녀는 "모든 과학 이론이 성서의 지배를 받아야" 한다고 생각합니다. 또한 "인간은 하나님의 모습을 따서 만들어졌으며, 이런 사실을 축소하는 모든 이론과 하나님의 창조 활동을 부인하는 모든 진화론은 거부해야" 한다고 생각하기도 합니다. 그런 변화의 과정을 돕는 일환으로 교육부가 사우디아라비아 와하브파 근본주의자들에게 재정 지원을 요청하는 것은 어떨까 싶군요.

디보스가 임명된 것은 분명히 복음주의자들에게 매력적으로 느껴질 것입니다. 그들은 트럼프 진영으로 모여든, 오늘날의 공화당을 이루는 토대의 큰 부분을 구성하는 사람들입니다. 디보스는 부통령인 마이크 펜스(Mike Pence)와도 우호적으로 일할 수 있을 것입니다. 제레미 스캐힐(Jeremy Scahill)이 《인터셉트(Intercept)》에서 자세히 밝힌 것처럼 펜스는 "극단적인 기독교를 바탕으로 한 신권 정치 국가를 오랫동안 갈망해 왔으며, 악랄한 광신자 집단이 소중하게 여기는 전사 중 한 명"입니다. 스캐힐은 그뿐만 아니라 다른 문제에 관한 펜스의 충격적인 이력도 다루었습니다.

이런 식으로 트럼프가 선택한 인물들의 명단은 계속됩니다. 그렇다고 해서 걱정할 필요는 없습니다. 제임스 매디슨(James Madison)이 헌법을 입안하면서 동료들을 안심시켰듯이 공화국은 "사회에 속한 가장 순수하고 고결한 인물들을 선별해낼" 것이기 때문입니다.

렉스 틸러슨(Rex Tillerson)이 국무 장관으로 선택된 것은 어떻게 보십니까?

위에서 말씀드린 상황의 한 가지 예외가 바로 엑슨모빌(ExxonMobil)의 CEO인 렉스 틸러슨이 국무 장관으로 임명된 것입니다. 이런 결정은 미국과 러시아 간의 매우 위험한 긴장 상태가 고조되는 것을 염려하는 사람들에게 희망의 불씨를 제공했습니다. 틸러슨은 트럼프가 몇몇 외교정책 선언에서 밝힌 것과 걸맞게 대립보다는 외교를 요구했습니다. 그런 면은 얼핏 보기에는 좋아 보이지만 사실 속내는 따로 있습니다. 엑슨모빌이 시베리아에 있는 광활한 유전 지대를 개발하고 재앙으로 치닫는 경쟁의 속도를 높이려는 수작입니다. 트럼프와 그의 측근들, 그리고 공화당은 전반적으로 그런 목표에 전념하고 있습니다.

그렇다면 트럼프가 선택한 국가 안보 요원들은 어떻게 보십니까? 그들이 "보통의" 공화당원들인가요, 아니면 그들 역시 극우파에 속하는 것인가요?

"보통의 공화당원들"은 트럼프가 임명한 국가 안보 요원들을 보고 상반된 생각이 들지도 모르겠습니다. 국가 안보 보좌관인 마이클 플린(Michael Flynn)이 국가안전보장회의를 이끌고 있는데요, 그는 급진적인 이슬람 혐오주의자입니다. 플린은 이슬람이 종교가 아니라 파시즘처럼 하나의 정치적인 이데올로기라고 주장합니다. 우리가 이슬람교도들과 전쟁을 치르고 있기 때문에 스스로를 방어해야 한다고 생각하는 것이죠. 플린은 아마도 무슬림 인구 전체를 상대로 전쟁을 한다고 생각할 텐데요, 이것은 테러리스트를 양산하기에 아주 좋은 환경을 제공하는 격이며, 그것보다 더 끔찍한 결과를 야기할 우려도 있습니다. 과거에 공산주의의 위협이 있었던 것처럼 플린은 이슬람이라는 이데올로기 역시 미국 사회 속으로 깊이 침투하고 있다고 열변을 토합니다. 그의 눈에는 당연히 민주당이 그런 과정을 돕고 있는 것으로 보이겠지요. 민주당이 플로리다 주에서 이슬람 율법인 샤리아(Sharia)* 법이 적용되는 것에 찬성투표를 한 것을 두고 과거에 민주당이 공산주의자들을 섬긴 것과 마찬가지라고 여기는 것입니다. 마치 조 매카시(Joe McCarthy)가 주장했던 것처럼 말이죠. 플린은 샌안토니오에서 연설을 하면서 그런 일이 텍사스 주를 비롯하여 "전국적으로 100건도 넘게" 일어났다고 경고했습니다. 임박한 이런 위협을 막기 위해서 플린은 '액트 포 아메리카(ACT! for America)'의 위원으로 활동하고 있습니다. '액트 포 아메리카'는 이슬람 율법을 금지하는 주법을 지지합니다. 오클라호마와 같은 주에서는 이런 위협이 명백하게 드러났는데요, 결국 오클라호마 유권자의 70%가 법원이 이슬람 율법을 사법 체계에 적용하지 못하게 막는 법안을 승인했습니다.

플린을 돕는 국가 안보 기구의 2인자는 바로 제임스 매티스(James Mattis) 장군입니다. 매티스는 "미친 개"라는 별명이 있고,

---

* [역주] 코란과 무함마드의 가르침에 기초한 이슬람의 법률

정치 성향은 상대적으로 온건하다고 여겨지고 있습니다. 이 미친 개는 "어떤 사람들은 총으로 쏘면 즐겁습니다."라고 말하기도 했죠. 매티스는 2004년 11월에 팔루자 공격을 이끌면서 명성을 얻었는데요, 그 공격은 이라크 침공 당시 벌어졌던 가장 악랄한 공격 중 하나로 꼽힙니다. 하지만 트럼프는 매티스가 "한마디로 위대한" 사람이며 "조지 패튼(George Patton) 장군에 버금가는 인물"이라고 추켜세웠습니다.

박사님께서 생각하시기에 트럼프가 중국과 충돌하려고 작정했다고 보십니까?

글쎄요, 확언하기는 어렵습니다. 트럼프가 중국에 대해 보인 태도 때문에 걱정하는 목소리가 있었는데요, 그의 태도는 이번에도 모순되는 면이 많았습니다. 특히 무역에 관해서 그랬죠. 하지만 기업이 세계화되고 국제적인 공급망이 복잡하게 얽힌 시대에 트럼프의 태도는 별다른 의미가 없어 보입니다. 트럼프는 대만 대통령과 전화 통화를 하면서 오랫동안 유지되었던 미국의 대외정책으로부터 급격하게 멀어지는 바람에 비난을 받기도 했습니다. 특히 중국이 자신의 무역 제의를 받아들이지 않는다면 대만에 관한 중국의 우려사항들을 미국이 무시할지도 모른다고 암시한 대목이 문제였습니다. 트럼프가 무역 정책을 "중국이 전쟁을 불사할지도 모르는 민감한 외교 사안"과 연결시킨 꼴이라고 비즈니스 언론은 경고했습니다.

중동에 대한 트럼프의 시각과 입장은 어떻게 생각하십니까? 이 점에 있어서는 "보통의" 공화당원들과 비슷해 보이는데요.

중국의 경우와는 달리 보통의 공화당원들은 중동 외교에 관한 트럼프의 트윗에 경악하지 않는 모습입니다. 트럼프는 또 한 번 표준적인 외교 의례를 무시하고 오바마가 유엔 안전보장이사회의 결의안 2334호에 거부권을 행사하도록 요구했습니다. 그 결의안에는 다음과 같은 내용이 담겨 있습니다.

> 이스라엘이 팔레스타인 및 1967년부터 점령한 다른 아랍 영토에 정착촌을 건설하는 것에 관한 정책과 그 실행은 법적인 타당성이 없으며, 중동 지역에 포괄적이고, 정당하며, 영속적인 평화를 이룩하는 데 심각한 장애물로 작용한다. 이스라엘은 점령국으로서 1949년에 체결한 제4차 제네바 협정을 정확히 준수하고, 이전의 조치를 철회하고, 예루살렘을 비롯하여 1967년부터 점령한 아랍 영토의 합법성과 지리적 특성에 변화를 주거나 그런 영토의 인구 구성에 물리적으로 영향을 끼치는 모든 행동을 중지하기를 다시금 촉구한다.[원문에서 강조] 이스라엘은 특히 자국의 일반 인구 일부를 점령한 아랍 영토로 이동하지 말아야 한다.

보통의 공화당원들은 트럼프가 이스라엘에게 오바마 레임덕 행정부는 무시하고 자신이 취임하는 1월 20일까지 기다리라고 말했을 때도 별다른 반대가 없었습니다. 그때가 되면 모든 것이 정리될 것이라는 말이었는데요, 어떤 식으로 정리될 것이라는 뜻이었을까요? 그것은 두고 봐야 알 수 있을 것 같습니다. 트럼프의 예측할 수 없는 행동은 항상 주의할 필요가 있습니다.

우리가 지금까지 알고 있는 것은 트럼프가 이스라엘에서 일어나는 종교적 극우 움직임과 정착 활동에 대체로 열의를 보인다는 점입니다. 트럼프가 기부를 가장 많이 하는 대상 중 하나가 바로 베델에 있는 웨스트 뱅크(West Bank) 정착촌입니다. 그가 이스라엘 대사로 선택한 데이비드 프리드먼(David Friedman)에 대한 경의를 표시인데요, 프리드먼은 '베델 기관을 위한 미국인 친구들(American Friends of Beth El Institutions)'의 회장입니다. 웨스트 뱅크 정착촌은 정착 운동 중에서도 종교적 국수주의의 극단에 자리하고 있는데, 그곳은 트럼프의 최측근 고문 중 한 명이라고 보도되는 트럼프의 사위인 자레드 쿠시너(Jared Kushner) 가족이 가장 좋아하는 곳 중 하나이기도 합니다. 이스라엘 언론에 따르면, 쿠시너 가문의 기부금을 가장 많이 받는 수혜자 중 하나가 "호전적인 랍비가 이끄는 예시바*"입니다. 그 랍비는 "이스라엘 군인들이 정착촌에 있는 주민들을 대피시키라는 명령에 불복하도록 부추겼으며, 동성애적인 성향은 특정한 음식을 먹어서 생기는 것이라고 주장"하기도 했습니다. 다른 수혜자 중에는 "팔레스타인 마을과 이스라엘 보안군에게 폭력적인 공격을 가할 때 기지로 쓰인 이차르(Yitzhar)에 있는 급진주의적인 예시바"도 있습니다.

프리드먼은 세상의 전반적인 시각과는 달리 이스라엘 정착 활동을 불법적인 것으로 간주하지 않으며, 웨스트 뱅크와 예루살렘에 유대인 정착촌 건설을 금지하는 법안에 반대하는 입장입니다. 그는 이스라엘이 웨스트 뱅크를 합병하는 데 찬성하는 것 같아

* [역주] yeshiva: 유대인 《탈무드》교육 기관을 가리킴

보이기도 합니다. 프리드먼은 웨스트 뱅크에 살고 있는 팔레스타인 사람의 수가 부풀려져 있기 때문에 합병이 이스라엘에게 문제가 되지 않을 것이라고 설명합니다. 합병 이후에도 유대인은 다수로 남을 것이라는 분석입니다. 사실과 무관하게 일단 내뱉고 보는 세상에서는 이런 발언이 정당하게 들릴 수도 있겠습니다. 하긴 객관적인 사실이 지배하는 따분한 세상에서도 경악스런 대규모 추방이 한 번 더 일어나고 난 후라면 이런 발언도 사실과 부합할 수도 있겠군요. 국제사회는 두 국가가 정착촌에서 공존하기를 원하지만 프리드먼은 그런 해법을 지지하는 유대인들은 단순히 틀린 것이 아니라 "카포(kapo)보다도 사악한" 놈들이라고 비난합니다. 카포는 나치 강제 수용소에서 다른 포로들을 통제했던 유대인을 뜻하는데요, 유대인에게는 가장 모욕적인 말입니다.

프리드먼은 자신이 임명되었다는 보고를 받고 나서 미국 대사관이 "이스라엘의 영원한 수도인 예루살렘"으로 이동하길 기대하고 있다고 밝혔습니다. 트럼프가 발표한 계획에 발맞춘 것이죠. 과거에는 그런 제안들은 철회되었었지만 오늘날에는 실현 가능할 수도 있습니다. 이는 어쩌면 트럼프의 국가 안보 보좌관이 추천하는 것처럼 보이는 무슬림 세계와의 전쟁을 앞당기는 일일지도 모릅니다.

유엔 안전보장이사회 결의안 2334호와 그 결의안의 흥미로운 여파에 관한 이야기로 돌아가자면 이 결의안의 내용이 새롭지 않다는 사실을 인식하는 것이 중요합니다. 위의 인용문은 결의안 2334호에서 발췌한 것이 아니라 1979년 3월 12일에 체결한 결의안 446호에서 발췌했습니다. 결의안 446호의 핵심적인 내용이 결의안 2334호에 되풀이되어 있기 때문입니다. 결의안 446호는 미국, 영국, 노르웨이가 기권한 가운데 12-0으로 통과되었습니다. 그 후로 여러 결의안이 결의안 446호의 내용을 재확인한 바 있습니다. 그중에서 특별히 관심을 끈 결의안은 446호나 2334호에 비해서 이스라엘에게 더 강력한 요구 조건을 제시했습니다. "기존의 정착촌을 해체"하라는 내용이 들어 있었기 때문인데요(1980년 3월에 체결한 결의안 465호), 이 결의안의 경우에는 기권하는 국가 없이 만장일치로 통과되었습니다.

이스라엘 정부는 유엔 안전보장이사회(그리고 보다 최근에는 국제 사법 재판소)의 요구가 있기 전에도 정착촌을 형성하는 것이 국제법을 심각하게 위반하는 행위라는 점을 알고 있었습니다. 1967년 9월에 이스라엘이 여러 영토를 점령한 지 몇 주밖에 지나지 않았을 때 이스라엘 정부는 외무부의 법무 보좌관인 명망 있는 국제 변호사 테오도어 메론(Theodor Meron)으로부터 정착촌의 불법성에 관해 알게 됩니다. 그 기밀문서에는 "관리하고 있는 영토(점령한 영토를 지칭하는 이스라엘의 표현)에 민간인 정착촌을 건설하는 행위는 제4차 제네바 협정의 조항을 명백하게 위반하는 것"이라는 내용이 담겨 있었습니다. 메론은 점령한 영토로 정착민을 이동하는 것에 관한 금지 조항이 "이동의 동기나 목적과는 상관이 없이 무조건적이며 단정적이다. 조항의 목적은 점령하는 국가의 시민이 점령당한 영토에 정착하는 것을 막는 것"이라고 추가로 설명했습니다. 그래서 메론은 이스라엘 정부에게 이렇게 조언했습니다. "관리하고 있는 영토에 유대인 정착촌을 건설하기로 결정한다면 민간인이 아닌 군인으로 구성하는 것이 중요하다고 생각합니다. 그리고 제가 보기에는 정착 활동을 군 주둔지 건설이라는 틀에 맞추고, 영구적인 특성보다 일시적인 특성이 있는 것으로 보이게 하는 것 역시 중요합니다."

이스라엘은 메론의 조언을 받아들였습니다. 그래서 정착촌이 메론이 제안한 속임수대로 "일시적인 군사 시설"로 위장된 경우가 많았으나 나중에 민간인 정착촌으로 밝혀진 것입니다. 군 정착촌이라는 아이디어는 군사 지역을 수립한다는 명목으로 팔레스타인 사람들을 땅에서 내쫓을 수 있는 수단을 제공한다는 점에서도 매력적으로 여겨졌을 것입니다. 이스라엘은 메론이 권위 있는 기밀문서를 정부에 전달하자마자 계획을 치밀하게 짜기 시작했습니다. 이스라엘의 학지 아비 라즈(Avi Raz)가 기록한 것처럼 1967년 9월에

> 두 번째 정착촌이 웨스트 뱅크에 들어서던 날, 정부는 [이스라엘의] 외교 활동의 목적을 '숨기기' 위해서 새로운 정착촌을 군 정착촌으로 소개하고 정착촌의 성격에 관한 질문이 생길 때에 대비하여 필요한 지침을 정착민들에게 전달하기로 결정했다. 외무부는 이스라엘이 점령하는 영토에 건설되는 정착촌을 군사 "방위 거점"으로 소개하고 안보상 그 거점의 중요성을 강조하도록 이스라엘의 외교 사절단에게 지시를 내리기도 했다.

이스라엘은 오늘날에도 비슷한 일을 벌이고 있습니다.

1979년~1980년에 기존의 정착촌을 해체하고 새로운 정착촌

을 더 이상 건설하지 말라는 유엔 안전보장이사회의 명령에 대한 반응으로 이스라엘은 빠른 속도로 정착촌을 확장했습니다. 이스라엘은 그 과정에서 자국의 주요 정당인 노동당 및 리쿠드(Likud)당의 협조뿐만 아니라 늘 그래왔듯이 미국의 풍요로운 물질적인 지원도 받았습니다.

과거와 오늘날의 중요한 차이점은 이제는 미국 혼자 다른 국가들의 의견에 반대한다는 점과 세상이 달라졌다는 점입니다. 이스라엘이 유엔 안전보장이사회의 명령과 국제법을 노골적으로 위반한 행위는 35년 전에 비해 더 극단적인 행동으로 여겨지고 있으며, 이스라엘이 대부분의 국가로부터 비난을 더 많이 받는 계기가 되고 말았습니다. 그러다 보니 결의안 446호와 2334호에 실린 내용 역시 더 진지하게 받아들여지고 있습니다. 결의안 2334호와 미국의 투표에 관한 존 케리(John Kerry)의 설명에 다른 국가들이 보인 반응만 봐도 알 수 있습니다. 아랍 지역의 반응은 약한 편이었던 것 같습니다. 이미 겪어본 일이라는 것이죠. 유럽에서는 대체로 응원한다는 반응이었습니다. 반면에 미국과 이스라엘에서는 언론에 보도나 해설도 많이 나오고, 대중이 상당히 흥분하기도 했습니다. 이런 점이 미국이 국제무대에서 점점 고립되고 있다는 사실을 보여줍니다. 오바마 정권 아래에서 그랬다는 말인데요, 트럼프 정권 아래에서는 미국의 고립 상태가 더 심해질 가능성이 커 보입니다. 보셨다시피 트럼프는 취임하기 전부터도 미국의 고립을 심화시켰기 때문입니다.

오바마가 그런 시점에서, 그러니까 대통령 임기가 한 달 정도밖에 남지 않은 상황에서 왜 기권을 선택했다고 보십니까?

오바마가 왜 거부권을 행사하는 대신 기권하기로 선택했는지는 아무도 모릅니다. 오바마의 행동을 설명할 만한 직접적인 근거는 없지만 추측은 할 수 있겠죠. 2011년 2월에 정책의 공식적 시행을 요구하는 유엔 안전보장이사회의 결의안에 오바마가 거부권을 행사했을 때 많은 사람들이 놀랐었습니다. 비웃은 사람들도 있었고요. 국제법과 인권을 염려하는 사람들을 의식해서 이번에 또 거부권을 행사하는 데 부담을 느꼈을지도 모르겠습니다. 다 망가진 자신의 유산을 조금이라도 살려내고 싶었을 테니까요. 아울러 의회 전체까지는 아닐지 몰라도 진보적인 민주당원들, 특히 이스라엘과 팔레스타인에 관한 젊은 당원들의 의견이 최근 몇 년 사이에 이스라엘의 정책을 비판하는 방향으로 옮겨갔다는 사실도 기억할 필요가 있습니다. 2016년 12월에 브루킹스 연구소(Brookings Institute)가 진행한 여론 조사에 의하면 이스라엘 정착촌에 대한 반응을 살펴봤을 때 "민주당의 60%가 이스라엘에 제재를 가하거나 더 중대한 조치를 취하는 데 찬성"하는 것으로 드러났을 정도입니다. 이제는 미국에서 이스라엘의 정책을 지지하는 핵심층이 극우파로 바뀌었는데요, 여기에는 공화당의 기반을 구성하는 복음주의자들도 포함됩니다. 어쩌면 이런 요소들이 오바마의 결정에 영향을 미쳤을지도 모르겠습니다. 자신이 대통령으로서 남길 유산에 대해서 생각했다면 말입니다.

2016년에 오바마가 기권한 것을 두고 이스라엘뿐만 아니라 미국 의회마저도 분노했습니다. 여기에는 민주당을 이끄는 의원들과 공화당원들, 즉 양당이 모두 포함되어 있었습니다. 그들은 세상이 저지른 범죄에 대한 보복으로 유엔에 제공하는 자금 지원을 철회하는 방침을 제안하기도 했습니다. 이스라엘의 총리인 네타냐후(Netanyahu)는 오바마가 "비밀리에 이스라엘에 반하는" 행동을 했다며 그를 맹렬하게 비난했습니다. 오바마가 막후에서 안전보장이사회를 주도하는 "안티-이스라엘 세력과 결탁"했다고 몰아붙인 것입니다. 하지만 이스라엘 정부가 제시한 "증거"는 볼품없이 미미한 수준에 불과했습니다. 이스라엘의 고위 관리 역시 "오바마 행정부의 진정한 얼굴이 드러났으며, 우리가 지난 8년 동안 누구를 상대해 왔었는지 잘 알게 되었다."라고 덧붙였습니다.

하지만 현실은 이스라엘 정부의 주장과는 상당히 다릅니다. 오바마는 실제로 외교적으로나 재정적으로나 이스라엘을 가장 열렬하게 지지한 대통령입니다. 여러 가지 관련 기록을 깼을 정도입니다. 이런 현실에 관해서는 《파이낸셜 타임스》의 중동 전문기자인 데이비드 가드너(David Gardner)가 다음과 같이 정확하게 밝혔습니다.

> 오바마 대통령과 네타냐후 총리의 개인적인 관계는 지독히 불쾌한 경우가 많았지만 오바마는 역대 미국 대통령 중에서 이스라엘을 가장 열렬하게 지지했다. 군사 지원을 아낌없이 제공했으며, 유엔 안전보장이사회에서 거부권을 확실하게 행사하기도 했다. […] 도널드 트럼프는 당선되고 나서 지금까지 이 문제와 다른 지정학적인 난제와 관련해서 겉으로 보기에만 강하고 실

> 속은 없는 트윗 말고는 별로 한 일이 없다. 하지만 조짐은 좋아 보이지 않는다. 극우 쪽으로 치우친 민족 통일주의적인 이스라엘 정부가 이제는 이슬람 혐오주의자가 이끄는 워싱턴의 포퓰리스트 행정부와 손을 잡게 되었기 때문이다.

오바마의 결정과 캐리의 정당화에 대한 언론의 반응은 양분되었습니다. 지지자들은 토머스 프리드먼의 의견에 대체로 동의했습니다. 프리드먼은 "이스라엘이 이제는 웨스트 뱅크에 거주하는 팔레스타인 사람 280만 명을 흡수하는 길을 향해 분명하게 나아가고 있는 만큼 인구통계학적으로나 민주적으로나 어려운 과제를 안게 되었다."라고 말했습니다. 오바마와 캐리는 '두 국가 해법'을 옹호하지만 이스라엘은 그런 해법을 매장하려고 하죠. 이 해법에 관한 상황을 다룬 《뉴욕타임스(New York Times)》의 한 기사에서 맥스 피셔(Max Fisher)는 "다른 해결책이 있는가?"라고 묻습니다. 그러고 나서 가능한 대안으로 눈을 돌립니다. 그 대안들은 모두 "한 국가 해법이라고 불리는 것의 다양한 버전"이며, 여기에서도 "인구통계학적으로나 민주적으로나 어려운 과제"가 남는 것은 마찬가지입니다. "유대인이 세운 민주적인 국가"에 아랍 사람이 너무 많다는 것이 문제입니다.

종래의 방법으로 살펴보자면 언론은 두 가지 대안이 있을 것으로 추정합니다. 대부분의 국가가 옹호하는 두 국가 해법과 '한 국가 해법'의 몇 가지 버전입니다. 제3의 또 다른 대안은 지속적으로 무시를 당한 정착촌 건설인데요, 이스라엘이 1967년에 발발한 전쟁이 끝난 지 얼마 안 되었을 때부터 체계적으로 추진해온 것입니다. 이제는 우리의 눈앞에서 매우 분명하게 윤곽을 잡아가고 있는 이 계획은 곧 "더 위대한 이스라엘"을 건설하는 것입니다. 조만간 진정한 이스라엘의 뼈와 살을 구성하려는 계획이죠. 여기에는 크게 확장된 예루살렘(유엔 안전보장이사회의 명령을 위반하고 이미 합병됨)과 이스라엘이 가치 있다고 여기는 다른 영토가 포함됩니다. 반면 팔레스타인 인구가 많은 밀집 지역은 제외하며, "더 위대한 이스라엘"에 통합될 예정인 지역에 사는 팔레스타인 사람들은 서서히 내쫓고 있습니다. 신식민지에서 통상적으로 볼 수 있듯이 팔레스타인의 엘리트층은 라말라(Ramallah)에서 서양의 생활수준을 즐길 수 있을 것입니다. 하지만 "웨스트 뱅크 인구의 90%는 165개의 고립된 '섬'에서 표면적으로는 팔레스타인 당국의 통제 아래 살아갈" 것입니다. 실제로는 국제위기그룹(International Crisis Group)의 고위 분석가인 네이선 트랄(Nathan Thrall)이 보도한 것처럼 이스라엘의 통제를 받는 것이지만 말입니다. 이스라엘은 오슬로 협정을 위반하며 계속해서 가자지구를 웨스트 뱅크와 분리한 채 무참히 포위할 것입니다.

이 세 번째 대안은 데이비드 가드너(David Gardner)가 묘사한 "현실"의 또 다른 조각입니다.

네타냐후는 흥미롭게도 세상이 이스라엘에 반대하여 결탁한 것이 "이스라엘에 대한 구세계의 편견"이 존재한다는 증거라고 비난했습니다. "구세계"라는 표현은 아무래도 2003년에 도널드 럼스펠드(Donald Rumsfeld)가 사용했던 "구유럽-신유럽"이라는 표현을 떠올리게 합니다.

당시에 구유럽에 속했던 유럽의 주요 국가들이 악당 역할을 맡았습니다. 감히 국민의 압도적인 의견을 존중하여 미국이 이끈 세기의 범죄였던 이라크 침공에 동참하지 않은 것입니다. 반면에 신유럽에 속한 국가들은 선한 역할이었습니다. 그들은 더 압도적이었던 국민의 의견을 무시하고 미국의 지시에 따랐습니다. 그중에서 가장 돋보였던 인물은 스페인의 총리인 호세 마리아 아스나르(José María Aznar)였습니다. 아스나르는 스페인에서 사실상 만장일치였던 전쟁 반대 의견을 거부했고, 그 덕택에 부시와 블레어(Blair)와 함께 침공을 알리는 자리에 초대받을 수 있었습니다.

당시에 민주주의가 철저히 멸시당한 일이 이 사건 외에 몇 건 더 있었는데도 미국에서는 이를 알아챈 사람이 거의 없었습니다. 이라크에 "민주주의를 육성"하며 민주주의에 열정적으로 헌신하는 워싱턴을 칭찬하는 것이 당시의 중심과제였기 때문입니다. "민주주의 육성"은 "단 하나의 질문(사담 후세인이 대량 살상 무기를 포기할 것인가?)"에 대해 잘못된 답이 돌아오자 갑자기 정부의 기본 방침으로 자리 잡았습니다.

네타냐후 역시 사실상 똑같은 입장을 취하고 있습니다. 이스라엘에 대해 편견을 갖고 있는 구세계가 유엔 안전보장이사회 전체라는 주장인데요, 더 구체적으로 말하자면 전 세계적으로 국제법과 인권에 조금이라도 신경 쓰는 사람은 모두 구세계에 속하는 것이나 마찬가지입니다. 이스라엘의 극우파에게는 다행스럽게도 미국 의회와 트럼프 및 그의 측근들은 구세계에 포함되어 있지 않습니다.

이스라엘 정부는 물론 이런 상황에 대해서 잘 알고 있습니다. 그래서 지지 기반을 싱가포르, 중국, 인도와 같은 독재 국가로 돌리려고 애쓰고 있습니다. 인도의 경우 모디(Modi)가 이끌면서 우파 성향의 힌두 민족주의를 표방하게 되었는데요, 국가의 정책이 초국가주의, 반동적인 대내 정책, 이슬람 혐오로 향하면서 이스라엘의 대단히 자연스러운 동맹국이 되어가고 있습니다. 이스라엘이 그쪽 지역에서 지지자를 찾으려는 이유는 텔아비브의 국가안보 연구소에서 일하는 주요 연구원인 마크 헬러(Mark Heller)가 간단하게 설명합니다. "장기적으로 보면 이스라엘이 서유럽 및 미국과의 관계에 어려움을 겪을 것이다."라고 그는 말합니다. 하지만 아시아 주요 국가들은 "이스라엘이 팔레스타인 사람이든 아랍 사람이든 그 누구와 어떻게 지내든 별 관심을 보이지 않는 것 같다."라고 분석합니다. 그러니까 중국, 인도, 싱가포르와 그 밖의 우호적 동맹국들은 이스라엘에게 점점 위협으로 다가오고 있는 자유주의적 인도적 관심사에 영향을 덜 받는다는 것입니다.

세계 질서가 이런 식으로 변화하는 현상에 주목할 필요가 있습니다. 앞서 언급한 것처럼 미국은 몇 년 전에 비해 국제무대에서 더 심하게 고립되고 있습니다. 미국이 실시한 여론 조사에 의하면 전 세계는 미국이 세계 평화에 단연 가장 위협적인 존재라고 생각하는 것으로 드러났습니다. 미국을 따라올 자가 없을 정도입니다. 이런 내용은 미국 언론에 보도되지는 않지만 워싱턴에서야 당연히 알고 있는 것이죠. 오바마 정권 아래에서 미국은 만장일치였을 안전보장이사회의 의견에 맞서 불법적인 이스라엘 정착촌 문제에 대해 기권하는 모습을 보였습니다. 이제는 트럼프 대통령이 이 문제에 관해 의회의 초당적 지지를 등에 업은 만큼 이스라엘의 범죄를 지지하는 미국의 고립은 더욱 심화될 것입니다. 11월 8일 이후 미국은 현재와 같이 조직화된 인간의 삶을 위협하는 지구 온난화라는 훨씬 더 중요한 문제에 관해서도 고립된 상황입니다. 만일 트럼프가 이란과의 합의를 파기하겠다는 약속을 지킨다면 합의에 참가했던 다른 국가들은 합의 이행을 고집할 것이고 미국만 유럽으로부터 더 멀어질 것으로 보입니다. 미국은 '뒤뜰'처럼 가까운 라틴아메리카와도 과거에 비해 관계가 훨씬 소원해졌으며, 쿠바와의 관계를 정상화하려던 오바마의 노력에 트럼프가 찬물을 끼얹는다면 미국의 고립은 더 심해질 수밖에 없습니다. 애초에 쿠바와의 관계를 호전시키려던 이유가 미국이 쿠바를 지속적으로 공격한 탓에 북반구에 있는 모든 국제기구로부터 미국이 제외되어 국제적으로 고립되는 일이 발생하지 않도록 하기 위한 것이었죠.

아시아에서도 이와 비슷한 일이 벌어지고 있습니다. 심지어 미국이 가깝게 지내는 동맹국들(일본은 예외), 심지어 영국마저도 중국에 기반을 둔 아시아 인프라 투자은행(Asian Infrastructure Development Bank)과 역시 중국에 기반을 둔 역내 포괄적 경제동반자 협정(Regional Comprehensive Economic Partnership)으로 모여들고 있습니다(여기에는 일본 포함). 중국에 기반을 둔 상하이 협력기구(Shanghai Cooperation Organization: SCO)의 경우에는 중앙아시아 국가들이 가입한 상태입니다. 자원이 풍부한 시베리아뿐만 아니라 인도, 파키스탄이 가입되어 있으며, 곧 이란과 어쩌면 터키도 포함될지도 모릅니다. 상하이 협력기구는 옵저버(observer) 자격을 부여받으려던 미국의 신청을 거부했으며, 미국이 해당 지역에 군사 기지를 모두 철수할 것을 요구했습니다.

대선이 트럼프의 승리로 끝나자마자 독일의 총리 앙겔라 메르켈이 워싱턴에게 자유주의적인 가치와 인권에 대해 한 수 가르치는 흥미로운 광경을 볼 수 있었습니다. 게다가 11월 8일 이후부터는 전 세계가 세상을 환경 재앙으로부터 구하는 일을 중국이 이끌어주기를 바라고 있습니다. 그러는 동안 미국은 또 다시 고립된 채 이런 노력이 수포로 돌아가게 하는 데 노력을 기울입니다.

물론 미국이 완전히 고립된 것은 아닙니다. 트럼프가 대선에서 승리했을 때의 반응으로 미루어보면 미국은 유럽에서 외국인을 혐오하는 극우파의 열렬한 지지를 받고 있습니다. 여기에는 유럽의 네오파시즘파도 포함됩니다. 라틴아메리카 이곳저곳에 우파가 돌아오는 추세도 미국이 동맹국을 찾을 기회로 작용할 수 있습니다. 게다가 미국은 걸프 지역과 이집트의 독재 정권, 그리고 이스라엘과도 여전히 가까운 협력 관계를 유지하고 있습니다. 이로 인해 미국은 유럽의 보다 자유주의적이고 민주적인 정권들과는 멀어지고, 이스라엘이 국제법을 위반하고 기본적인 인권을 가혹하게 공격하는 행위에 신경 쓰지 않는 독재 정권들과 가까이 지내게 되었습니다.

이런 여러 가지 그림들을 종합해보면 새로운 세계질서가 부상하고 있음을 알 수 있습니다. 이는 우리가 교조적 체계(doctrinal system) 내에서 일상적으로 보던 초상화와는 상당히 다른 모습을 띤 세계질서입니다.

흔들리는 정체성: 미국의 정당정치, 민주주의

C. J. 폴리크로니우: 박사님, 미국의 정치무대에 전에 없이 별난 인물들이 등장했고 이상한 광경을 목격할 수 있었습니다. 공화당 후보들이 '자유무역' 협정을 공격하고, 도널드 트럼프마저도 동료 억만장자들에게 등을 돌렸습니다. 혹시 우리가 미국 정계에 오랫동안 자리 잡았던 경제적 기득권층의 종말을 보고 있는 것일까요?

노엄 촘스키: 2016년 대선에 새로운 것은 있었습니다만 그것이 기존의 기득권층에게 겁을 주는 후보의 출현은 아니었습니다. 그런 일은 정기적으로 일어나며, 신자유주의 시대에 양당 모두 우측으로 치우치게 되면서 시작되었습니다. 공화당이 우측으로 너무 많이 이동한 나머지 자신들이 내세우는 정책, 즉 재벌과 기업의 이익에 전념하는 정책으로는 표를 얻을 수 없게 된 것입니다. 그래서 공화당의 수뇌부는 자신들이 주요 관심사가 아닌 지엽적인 문제들을 위해 대중적인 기반을 동원할 필요가 있었습니다. 여기에서 지엽적인 문제란 예수의 재림, 학교에서의 총기 공개소지, 오바마가 무슬림 신자인 것 밝히기, 약하거나 희생양이 된

사람들 비난하기 등 낯익은 문제들입니다. 이렇게 하여 결집된 대중적 기반은 기득권층이 용납할 수 없는 후보들을 계속해서 배출해 냈는데요, 바크먼, 케인, 샌토럼, 허커비(Huckabee)와 같은 후보들이죠. 하지만 기득권층은 늘 해오던 것처럼 그런 후보들을 끌어내리고 자신들이 원하는 인물(미트 롬니)을 내세울 수 있었습니다. 이번에 달랐던 점은 공화당의 지지기반이 통제 불능 상태에 빠졌다는 것이고, 이에 기득권층은 거의 돌아버릴 지경이었습니다.

비유가 적절한지는 모르겠지만 이런 현상은 조금 익숙하기는 합니다. 독일의 기업가와 금융업자들은 나치를 통제할 수 있을 것이라고 생각하고 나치 추종세력을 노동자 계급과 좌파에 대항하는 무기로 사용했습니다. 하지만 일이 계획대로 진행되지는 않았죠.

이 모든 것을 차치하더라도 서양에서 주류를 형성하던 정당들이 전반적으로 쇠퇴하는 추세가 미국을 아예 비껴가는 것은 아닙니다. 우파와 좌파 내에서 정치적 반란을 일으키는 세력이 성장하는 추세도 마찬가지입니다. (이때의 '좌파'란 실제로는 온건한 사회민주주의를 뜻합니다.) 이는 신자유주의적인 정책들의 예상 가능한 결과 중 한 가지입니다. 그 정책들은 민주주의를 약화하고, 부유층이 아닌 사람들, 즉 인구의 대부분에게 상당한 해를 끼쳤습니다. 모두 익숙한 이야기죠.

코크(Koch) 형제와 같은 보수적인 기부금의 큰손들이 공화당에

등을 돌리고 있는 것처럼 보입니다. 만일 이것이 사실이라면 이런 현상이 왜 일어난다고 볼 수 있을까요?

기부자들이 동원된 지지기반을 통제하는 데 애를 먹고 있고, 자신들의 이익에 심각한 타격을 입지 않을 방법을 모색하려고 하기 때문이라고 생각합니다. 그들이 어떻게 해서든 공화당 전당 대회를 장악하고 폴 라이언 같은 사람을 불러들이더라도 깜짝 놀랄 것 같지는 않습니다. 하지만 제 생각에는 그리 환영할 일은 아닌 것 같군요.

부유한 개인이 정치인들에게 자금을 대준다는 이야기는 미국의 역사만큼이나 오래되었습니다. 그렇다면 이 시대에 돈이 미국의 정계에 어떤 방식으로 새 국면을 개척했다고 보십니까?

완전히 새로운 국면은 아무것도 없습니다. 이 주제에 관한 권위 있는 연구는 토머스 퍼거슨(Thomas Ferguson)이 집필한 《황금률(Golden Rule)*》과 이후에 출판된 그의 다른 저서들에 실려 있습니다. 퍼거슨의 연구에 따르면 이런 관례와 그에 따른 결과는 19세기 후반으로 거슬러 올라갑니다. 특히 뉴딜 정책이 시행되던 시기에 흥미로운 결과가 있었는데요, 이런 관례는 오늘날에도 계속되고 있습니다.

하지만 상황이 예상과 달리 새로운 방향으로 전개되는 일도 항상 일어납니다. 퍼거슨이 언급한 것 중 한 가지는 1990년대에 뉴트 깅리치(Newt Gingrich)가 권모술수를 부리던 시절로 거슬러

* [역주] 국내에 아직 출간되지 않아 역자 임의로 지은 제목

올라갑니다. 예전에는 의회의 영향력 있는 자리가 나이가 많고 이룩한 것이 많아 보이는 사람에게 돌아갔습니다. 하지만 이제는 사실상 돈 주고 사는 식이죠. 이런 관례가 의회의 대표들을 부유층의 호주머니 속으로 더 깊이 몰아넣고 있습니다. 대법원의 결정 때문에 그 과정에 속도가 더 붙기도 했고요.

과거에는 대선에서 돈이 가장 많은 후보가 거의 매번 승리를 거두었습니다. 하지만 도널드 트럼프는 돈과 관련된 정치의 법칙에 변화를 준 것처럼 보이는데요, 모든 라이벌보다 돈을 덜 들인 것으로 알려져 있거든요. 극단적인 목소리가 지배했던 선거의 해에 돈의 힘이 갑자기 줄어들었다고 생각하십니까?

정확한 수치는 모르겠지만 트럼프도 선거 운동에 돈을 상당히 많이 들인 것으로 보입니다. 그러나 돈을 어마어마하게 쓰고도 실패한 경우들이 있다는 사실이 정말 놀랍습니다. 젭 부시(Jeb Bush)의 경우가 가장 명확한 예라고 볼 수 있습니다. 《하퍼스(Harper's)》 2016년 4월 호에는 선거자금에 관해서 앤드루 콕번(Andrew Cockburn)이 쓴 매우 흥미로운 기사가 실렸습니다. TV에 광고도 하면서 선거 운동에 돈을 쏟아부어봤자 언론과 컨설턴트의 배만 불려주는 꼴이며, 그것이 투표에 미치는 영향은 미미하다는 내용의 연구 결과를 검토한 기사였습니다.[1] 반면, 유권자들과 대면하고 발로 뛰면서 유세하는 방법은 투표에 미치는 영향이 눈에 띌 정도입니다. 이런 방법은 돈은 별로 안 들지만 대체로 자원봉사 인력이 많이 필요합니다. 참고로 선거 운동에 들어가는 돈의 액수와 그것이 정책 결정에 미치는 영향력은 별개의 문제라는 점을 기억해야 합니다. 퍼거슨이 조사한 것이 바로 이런 문제였습니다.

2016년 대선에서 공화당 후보들이 구체적으로 어떤 경제 집단의 이익을 가장 잘 대변했다고 보십니까?
재벌과 기업들의 이익이 평소보다도 더 잘 반영된 것 같습니다.

미국의 정치 문화에 깔려 있는 근거 없는 믿음 중 한 가지가 바로 '자유 시장' 자본주의입니다. 대부분의 자유주의자가 지적하겠지만 미국 경제는 '자유 시장' 경제가 아닙니다. 문제는 '자유 시장' 자본주의가 이상적인 체제인지, 그리고 이런 체제를 실제로 도입하는 것이 가능한지입니다.
자유 시장 자본주의와 비슷한 체제의 예가 있기는 합니다. 하지만 유명한 경제사학자인 폴 베어록(Paul Bairoch)은 "제3세계가 19세기에 강제적으로 실시한 경제 자유주의가 제3세계의 산업화 또는 산업화 이후의 '탈산업화*'가 늦어진 주요 원인 중 한 가지라는 것은 의심의 여지가 없다."라고 지적합니다. 이를 보여주는 여러 가지 실례는 연구가 많이 되었습니다. 한편 경제 자유주의의 통제에서 벗어나 있던 지역들은 발전을 이루었습니다. 유럽이 그랬던 것처럼 자유 시장 원칙을 근본적으로 어기면서 발전한 것입니다. 잉글랜드와 미국이 아주 좋은 예죠. 개발도상국 중에서

* [역주] deindustrialization: 제조업이 해외로 대거 진출함에 따라 국내 산업이 서비스업과 유통업 중심으로 재편되는 현상

유일하게 식민지화에 성공적으로 저항하면서 발전한 일본도 마찬가지입니다.

다른 여러 경제사학자처럼 베어록 역시 광범위한 연구를 거쳐 "현실이 지배적인 이론을 이토록 분명하게 반박하는 사례는 찾기 어렵다."라고 결론을 내립니다. 여기서 지배적인 이론이란 자유 시장이 성장의 원동력이라는 원칙을 뜻합니다. 이는 개발도상국이 수년에 걸쳐 어렵게 터득한 교훈이며, 최근의 신자유주의 시대에도 다시 한 번 절감하게 되었죠. '자유 시장'의 발전에 내재하는 몇 가지 근본문제를 다룬 고전적인 연구가 많이 있습니다. 칼 폴라니(Karl Polanyi)의 《거대한 전환(The Great Transformation)》과 라자니 칸트(Rajani Kanth)의 《정치경제학과 자유방임주의(Political Economy and Laissez-Faire)*》를 비롯하여 경제사와 기술사 분야의 여러 문헌이 있습니다.

규제를 받지 않는 시장에서 나타나는 근본적인 문제들도 있습니다. 선택에 제약(대중교통과 같은 공공재는 제외)이 생기고 외부효과가 무시당하는 것과 같은 문제인데요, 이는 인간의 파멸로 이어질 수밖에 없습니다.

최근의 한 여론 조사에 따르면 미국인 10명 중 9명 이상이 자격이 있는 대통령 후보가 가톨릭교도, 여성, 흑인, 히스패닉, 유대인이더라도 그 후보에게 투표하겠다고 응답했습니다. 하지만 사회주의자에게 투표하겠다는 사람은 응답자의 50% 미만이었습니

* [역주] 국내에 아직 출간되지 않아 역자 임의로 지은 제목

다. 왜 아직도 사회주의가 미국에서 금기시되는 것일까요? (사실 오늘날 서양의 거의 모든 국가에서 사회주의가 전멸한 것 같기는 합니다.)

이 문제는 논의하기 어렵습니다. '사회주의'라는 용어가 (정치적 담론에 쓰이는 대부분의 용어와 마찬가지로) 너무나 비천해지고 정치화된 나머지 별로 유용하지 않은 말이 되었기 때문입니다. 전통적인 사회주의의 핵심은 노동자가 생산에 대한 통제권과 더불어 사회적·경제적·정치적인 삶의 다른 요소에 대한 통제권도 쥐도록 한다는 것이었습니다. 전 세계적으로 구소련보다 사회주의와 멀리 떨어져 있던 사회도 없었는데요, 이제는 러시아가 여러 '사회주의적인' 사회의 선두에 있는 국가로 여겨지고 있습니다. 만일 이것이 '사회주의'라면 우리는 사회주의를 반대해야 합니다. '사회주의적'이라는 표현은 우체국이나 국민 의료 제도와 같은 공공재에도 사용됩니다. 하지만 대중이 그런 것들을 반대하지는 않죠. 국민 의료보험 제도의 경우 미국에서 수년 동안 대체로 많은 사람의 지지를 받았고 오늘날에도 그렇습니다. '사회주의적'이라는 용어는 냉전 이데올로기와 관계된 이유로 금기시되었는데요, 그러다 보니 그 어떤 유용한 의미도 전부 잃어버리고 말았습니다.

서양에서 진정한 사회주의를 연상시키는 요소들도 찾아볼 수는 있습니다. 특히 노동자가 소유한 (때로는 관리하기도 하는) 기업이나 실질적인 참여가 동반되는 협동조합 같은 경우죠. 이는 바쿠닌(Bakunin)의 말대로 현재의 사회 안에 더 자유롭고 정의로운 제도들을 창립한다는 식으로 생각할 수 있을 것 같습니다.

요즈음에는 미국이 다른 '선진' 국가와 비교했을 때 군사 기술 부문에서만 비교 우위가 있는 것 같습니다. 사실 이제는 미국이 제3세계 국가와 점점 더 비슷해 보입니다. 적어도 인프라의 수준이나 빈곤층과 노숙자의 수가 많고 그 수가 증가하고 있다는 점에서는 말입니다. 어떤 요인들로 인해 미국처럼 대단히 부유한 국가가 이런 끔찍한 지경에 이르렀다고 생각하십니까?

미국은 기업이 운영하는 사회입니다. 그 정도가 유달리 심하죠. 전통적인 사회는 심각한 결함은 많지만 사람들이 어떤 식으로든 자신의 위치가 있었는데요, 미국 사회는 그런 전통적인 사회에 뿌리를 두고 있지 않습니다. 원주민의 땅을 빼앗아 그곳에 정착하고 노예를 부리던 미국의 과거는 사회적·문화적인 유산을 남겼습니다. 종교적인 근본주의의 독특한 역할과 같은 다른 요소도 빼놓아서는 안 됩니다. 미국 역사에 급진적인 민주화 운동이 대규모로 일어난 경우는 예전에도 있었습니다. 농민 대중 운동과 투쟁적인 노동운동이 그런 경우인데요, 대체로 폭력에 의해 짓밟히고 말았습니다.

이로 인해 발생한 한 가지 결과는 월터 딘 버넘(Walter Dean Burnham)이 "미국 정치 체제의 중대한 상대적 특이성"이라고 불렀던 것인데, "선거 시장에 조직화된 경쟁자로서의 사회대중당 또는 노동대중당의 완전한 부재"를 의미합니다. 버넘은 이것이 "특정 계급에 치우친 기권율"을 잘 설명해주고 있다고 주장했습니다. 또한 기업이 전반적으로 주도해가는 정치 체제에서 계급과 관련된 이슈가 대단치 않게 여겨지는 것도 바로 이 때문이라고 설명했습니다. 어떤 면에서 보면 그런 체제는 남북 전쟁의 유산인데요, 우리는 아직까지도 그 전쟁을 완전히 극복하지 못했습니다. 오늘날의 '공화당 텃밭'은 모두 당시의 남부 연합에 속해 있습니다. 흑인 시민권 운동과 닉슨의 '남부 전략'에 의해 정당의 지지 추세가 달라지기 전까지는 전부 민주당에 대한 지지가 공고했던 곳이었죠.

여러 가지 면에서 미국은 대단히 자유로운 사회입니다. 사회적인 관습의 측면에서 봐도 그런데요, 다른 곳에서 자주 볼 수 있는 경의의 언어적 표현 같은 것도 딱히 없습니다. 하지만 복잡한 혼합물과 같은 사회의 단점 한 가지는 사회 정의가 형편없다는 것입니다. 미국은 다른 국가와 비교할 수 없을 만큼 장점이 많은 대단히 풍족한 사회지만 사회 정의에 관한 항목에서는 경제협력개발기구(OECD)에 속한 다른 부유한 국가들보다 순위가 매우 낮습니다. 터키, 멕시코, 그리스와 어깨를 나란히 하는 수준입니다. 미국의 인프라는 그야말로 형편없습니다. 다른 선진 사회에서는, 심지어 중국에서 카자흐스탄까지도 고속 열차를 탈 수 있지만 보스턴에서 워싱턴까지는 타지 못합니다. 그 구간에 노선이 있다면 미국 내에서 아마도 승객이 가장 많을 것 같은데요, 제가 65년 전에 처음으로 기차를 탔을 때와 크게 달라진 것이 없습니다.

전통적인 마르크스주의자들은 인간 사회가 토대와 상부 구조라

는 두 가지 부분으로 구성되어 있다고 말합니다. 미국 사회의 경우 토대가 상부 구조를 좌우한다고 생각하십니까?

그 주제에 관해서는 별로 할 말이 없습니다. 저는 그런 틀이 특별히 유용한지 잘 모르겠거든요. 미국 사회에서 누가 의사결정 권한을 독점하고 있는지는 일반적으로 잘 알려져 있습니다. 집중된 경제력, 특히 기업의 경제력이 그 권한을 쥐고 있죠. 물론 더 자세히 들여다보면 상황은 그것보다 복잡합니다. 또한 대중이 조직화되고, 적극적으로 참여하고, 환상으로부터 자유로워지면 결코 힘이 없다고 볼 수 없습니다.

괴물의 출현:
미국 대선 복기

C. J. 폴리크로니우: 박사님, 미국의 상황, 국제무대에서 미국이 하는 역할, 민주당과 공화당에서 각각 선두를 달리던 후보들이 제시한 이데올로기적인 관점의 측면에서 미국의 2016년 대통령 선거를 돌아보는 일부터 시작했으면 합니다.

노엄 촘스키: 우리가 인류의 역사에서 특별한 순간을 맞이했다는 사실을 간과해서는 안 되겠습니다. 역사상 처음으로 우리가 지금 내리는 결정이 인류의 생존 가능성을 결정할 것입니다. 그렇게 먼 미래의 일도 아닙니다. 우리는 벌써 수많은 종들의 멸종에 관해서 그런 결정을 내렸습니다. 멸종 위기의 정도로 말하자면 지구는 이미 6,500만 년 전에 일어났던 다섯 번째 대멸종의 수준까지 와 있습니다. 공룡의 시대를 끝내버렸던 시기였죠. 대멸종은 크기가 더 작은 포유류들, 나아가 인류에게 번창의 기회를 열어주었습니다. 특별한 능력이 있는, 그러나 안타깝게도 냉혹하게 파괴하는 능력도 보유한 인류라는 종이 번성할 수 있는 길이 열리게 된 거죠.

계몽주의에 반대했던 반동주의자인 19세기의 조제프 드 메스트르(Joseph de Maistre)는 토머스 홉스(Thomas Hobbes)를 비판했습니다. 홉스가 "인간은 인간에게 늑대처럼 행동한다."라는 고대 로마의 격언을 인용했기 때문인데요, 그런 발언은 쾌락을 위해 생명을 죽이지 않는 늑대에게 부당한 말이라는 주장이었습니다. 우리가 지금 목격하고 있다시피 인간의 능력 중에는 자기 파괴 능력도 있습니다. 다섯 번째 대멸종이 지구와 충돌한 커다란 소행성에 의해 야기되었다는 것이 학계의 추측이지만, 이제 우리가 그 소행성입니다. 인류에게 끼치고 있는 그 영향은 이미 지대합니다만 우리가 결단력 있는 행동을 당장 취하지 않으면 그 충격은 곧 지금까지와는 비교할 수 없을 만큼 심각해질 것입니다. 게다가 암울한 그림자처럼 핵전쟁의 위험성까지 우리를 좇아다니며 위협하고 있습니다. 핵전쟁이 일어난다면 더 이상 논의할 것도 없어지겠죠. 다음 전쟁에서 사용될 무기에 관한 질문에 아인슈타인이 들려주었던 답을 아시는 분이 계실지 모르겠습니다. 아인슈타인은 잘 모르겠다고 대답했지만 그 다음 전쟁에서는 사람들이 돌도끼를 들고 싸울 것이라고 말했습니다. 그동안의 인류의 충격적인 이력을 검토해보면 이렇게 오랫동안 재앙을 피할 수 있었던 것이 거의 기적처럼 느껴집니다. 하지만 기적은 영원히 계속될 수 없으며, 안타깝게도 재앙이 닥칠 위험이 증가하고 있다는 사실이 너무나 분명한 상황입니다.

다행히도 인간의 이런 파괴적인 본능과 자멸하는 능력은 다른 능력에 의해 상쇄됩니다. 데이비드 흄(David Hume)이나 애덤 스미스(Adam Smith)와 같은 계몽주의자, 그리고 아나키즘 운동가

이자 사상가인 피터 크로포트킨(Peter Kropotkin)이 연민과 상호 협력을 인간의 핵심적인 특징이라고 여긴 것이 옳다고 믿을 이유는 충분합니다. 인간의 여러 가지 특징 중에서 어떤 특징이 지배적인지는 곧 알게 되겠죠.

질문으로 돌아가자면 이런 중요한 문제들이 4년마다 열리는 대통령 선거에서 어떻게 다루어지고 있는지 살펴봐야 합니다. 가장 놀라운 사실은 양당 중 그 어느 정당도 이런 문제들을 거의 다루고 있지 않다는 점입니다.

좋은 구경거리였던 공화당 예비 선거에 관해서는 살펴볼 필요조차 없습니다. 정치 평론가들은 그런 장면들이 미국과 현대 문명에 관해서 무엇을 말해주는지 알겠다며 역겨운 감정과 우려를 감추지 못했죠. 그러나 후보들은 중요한 질문에는 대답을 했습니다. 그들은 지구 온난화 현상을 부인하거나 그것에 대해서 아무것도 하지 말아야 한다고 주장했습니다. 오히려 우리가 벼랑 끝을 향해 더 빠른 속도로 질주하길 요구하기도 했죠. 이렇다 할 정책이라고는 군사 충돌과 위협을 확대하는 것밖에는 없습니다. 이런 이유만 보더라도 공화주의 조직은 전통적인 의미의 정당이라고 부르기조차 어렵습니다. 그들은 인류라는 종에 진정으로 몸서리처지는 위협을 가하고 있습니다. 뿐만 아니라 인류라는 고등동물이 자멸의 길을 걷는 동안 '연쇄적인 피해'를 입는 다른 생명체들에게도 크나큰 위협입니다.

민주당의 경우에는 적어도 환경 재앙의 위험에 관한 인식이 어느 정도 있습니다. 하지만 정책에는 그런 면이 너무나 적게 반영

됩니다. 핵 군비 강화에 관한 오바마의 계획과 러시아 국경에 양국이 신속하게 군사력을 증강한 것과 같은 중요한 문제에 관해서는 명확한 입장을 찾아볼 수가 없습니다.

전반적으로 공화당 후보들의 이데올로기적인 입장은 늘 봐왔던 것과 비슷해 보입니다. 부유한 사람들의 배를 더 불려주고, 나머지 사람들의 밥그릇은 발로 걷어차려는 것이죠. 두 민주당 후보의 경우에는 샌더스의 계획은 뉴딜 정책 스타일이고, 클린턴의 계획은 "신민주당/중도 공화당" 버전이라고 볼 수 있습니다. 클린턴이 샌더스의 도전 때문에 약간 좌측으로 치우치게 되었죠. 국제 문제와 우리가 직면한 여러 가지 중요한 문제에 관해서는 좋게 말해도 "늘 봐오던 비슷한 수준"입니다.

박사님께서 보시기에 무엇이 도널드 트럼프의 출현으로 이어졌다고 생각하십니까? 트럼프가 전형적인 우익 포퓰리스트일 뿐입니까? 그러니까 역사적으로 살펴보면 국가가 심각한 경제 위기에 직면하거나 쇠퇴의 길을 걸을 때마다 수면 위로 부상하던 그런 인물인 것입니까?

미국이 "쇠퇴의 길"을 걷게 된 것은 대체로 자업자득입니다. 물론 미국이 현실적으로 제2차 세계대전 직후에 누렸던 놀라운 힘을 100% 유지할 수는 없지만 미국은 여전히 세계에서 가장 부유한 국가이며, 비교할 수 없을 만큼 뛰어난 이점과 탄탄한 안보를 갖추고 있습니다. 군사적인 면에서 보면 미국의 군사력은 사실상 전 세계의 나머지 국가를 모두 합친 것과 맞먹을 정도이며, 기술적으로도 라이벌 국가들에 비해 훨씬 앞서 있습니다.

트럼프의 매력은 주로 대중이 느끼는 상실감과 공포에 기반을 둔 것 같습니다. 신자유주의가 전 세계를 강타했을 때 미국은 다른 국가들보다 뛰어난 회복력을 보이기는 했지만 영향을 아예 받지 않았던 것은 아닙니다. 신자유주의는 세계의 대중들에게 거의 모든 경우 해를 끼치고, 그 피해 수준이 심각한 경우가 많죠. 인구의 대다수는 불경기 또는 경제적 위축을 감내해야 했지만 극소수의 부자는 그 와중에도 어마어마한 부를 쌓았습니다. 공식적인 민주주의 체제는 신자유주의 사회경제 정책이 일반적으로 야기하는 결과로 인해 고초를 겪었고 금권정치 쪽으로 이동하게 되었습니다.

그에 관한 암울한 세부사항을 다시 살펴볼 필요는 없습니다만, 예를 들면 남성의 실질 임금이 40년 동안 동결되었고, 지난번의 경기 침체 이후 부의 90%가 인구의 1%의 주머니 속으로 들어가기도 했습니다. 게다가 인구의 다수, 즉 소득 수준이 낮은 사람들의 의견과 희망 사항을 반영해야 할 대표들이 대단히 부유한 자금 제공자와 파워 브로커들에게 세심한 주의를 기울이느라 대중의 권리가 사실상 박탈당하는 문제도 심각합니다.

트럼프의 지지자들은 대체로 하위 중산층 계급, 노동자 계급, 교육을 덜 받은 사람들인데요, 그들은 자신들이 방치되었다는 정확한 인식에 근거해 반응한 것입니다. 현 상황을 대공황 때와 한번 비교해보죠. 객관적으로는 30년대의 환경이 훨씬 열악했고, 미국은 당연히 지금보다 훨씬 가난했었습니다. 하지만 주관적으로 따져보면 대공황 때의 환경이 훨씬 나았습니다. 당시에 미국의 노동자 계급은 높은 실업률에 시달리기는 했지만 마음 한 구석에 희망이 있었습니다. 우리가 힘을 합치면 어떻게든 어려움을 극복할 수 있을 것이라는 믿음이 있었습니다. 그런 믿음은 투쟁적인 노동운동의 성공 덕택에 피어났는데요, 그 과정에서 노동자들은 적극적인 좌파 정당 및 여타 기관들과 소통하는 일이 많았습니다. 노동자들에 대한 연민이 상당히 많은 행정부가 그들의 행동에 대한 반응으로 건설적인 조치를 취했지만 남부 출신 민주당원들의 엄청난 영향력 때문에 조치에는 늘 제약이 따르긴 했습니다. (당시 남부 출신 민주당원들은 그들이 경멸하는 흑인들이 배재되는 한 사회 보장 제도에 관한 조치를 용인할 의향이 있었습니다.) 중요한 점은 미국이 더 나은 미래를 향해 나아가고 있다는 느낌을 국민이 받았다는 것입니다. 하지만 오늘날에는 이 모든 것이 부족한 실정인데요, 특히 전쟁이 끝나자마자 시작된 노동 단체에 대한 혹독한 공격이 성공을 거두었기 때문입니다.

게다가 트럼프는 이민 배척주의자와 인종차별주의자들에게서 상당한 지지를 받고 있습니다. 조지 프레데릭슨(George Frederickson)의 비교 연구가 설득력 있게 보여준 것처럼 미국은 남아프리카 공화국 이상으로 백인 우월주의의 절정을 보여준 역사가 있습니다. 미국은 아직까지도 남북 전쟁의 여파와 500년 동안 아프리카계 미국인들을 억압했던 끔찍한 유산으로부터 완전히 벗어나지 못했습니다. 오랫동안 앵글로색슨족의 순수 혈통에 관한 환상에 시달리기도 했고요. 그런 환상은 이민의 물결, 흑인의 자유와 여성 인권 신장으로 인해 위축되게 됩니다. (여성의 자유는 가부장적인 지역에서는 아직도 중요한 문제입니다.) 트럼프 지지자의 대부분인 백인 유권자들은 자신들이 생각했던 백인이 주도하는 사회(그리고 여러 유권자의 경우 남성이 주도하는 사회)가 눈앞에서 서서히 사라지는 모습을 보았던 것입니다. 아울러 미국이 매우 안전하고 안정되었더라도 전 세계적으로 사람들이 가장 무서워하는 국가일지도 모른다는 점을 염두에 두어야 합니다. 이런 특징 또한 나름의 긴 역사를 자랑하고 있죠.

이런 요소들을 한데 섞으면 상당히 위험해지는데요, 최근 몇 년만 돌아보더라도 알 수 있습니다. 제가 십여 년 전에 썼던 책에서 저명한 독일의 사학자인 프리츠 슈테른(Fritz Stern)의 말을 인용한 일이 있습니다. 슈테른은 기득권층이 즐겨 읽는 저널《포린 어페어스》에 "품위 있는 나라로부터 나치의 야만성으로의 독일의 몰락"에 관해 글을 썼는데요, 그는 날카롭게 이런 말을 덧붙였습니다. "오늘날 나는 미국의 가까운 미래에 관해 걱정이 된다. 1930년대에 독일어를 구사하는 난민들에게 피난처를 제공한 나라이기 때문이다." 그 난민들 중에는 슈테른 본인도 포함되어 있었습니다. 신중한 독자라면 슈테른의 말이 암시하는 것을 결코 놓치지 않았을 겁니다. 그는 "독일의 구원자로서의 신성한 사명"을 부르짖는 히틀러의 악마적 호소에 대해 이렇게 적었습니다. "히틀러는 전통적인 기독교 형태에 꿰맞춰 정치를 사이비 종교처럼 변형시킴으로써 독일의 구원자를 자처하며 국가의 기본 원칙에 전념하는 정부를 운영하겠다고 호소했다." 즉 히틀러는 "기독교를 국가의 도덕적인 기반으로 삼고, 가족을 국민 생활의 초석으로 삼겠다"고 한 것이었죠. 게다가 히틀러는 '자유주의적인 세속 국가'에 대해 적대적인 태도를 보였습니다. 이는 대부분의 신교도 목사도 마찬가지였습니다. 결국 히틀러의 세속 국가에 대한 적대심은 "환멸스런 세속적 세계에 대한 혐오가 비이성적 열망의 탈출구를 통해 구원을 찾으려는 역사적인 과정"의 추진으로 이어지고 말았습니다.

이런 이야기가 오늘날과 어딘가 비슷한 면이 있다고 느껴지는 것은 부인할 수 없습니다.

이처럼 "미국의 미래에 관해서 걱정할" 이유는 그 이후에도 많았습니다. 예를 들면 조지프 스택(Joseph Stack)이 남긴 설득력 있고 가슴 아픈 선언서가 떠오르는군요. 스택은 소형 비행기를 타고 텍사스 주 오스틴에 있는 미국 국세청 사무실로 돌진하여 자살을 감행했습니다. 선언문에는 그가 노동자로서 어렵게 살았던 이야기가 담겨 있었습니다. 모든 일을 규칙대로 했는데도 기업과 당국의 부패와 잔인성 때문에 조금씩 짓밟혀나간 사연이 적혀 있었습니다. 그는 자신과 같은 여러 사람을 대표해서 그런 이야기를 했던 것입니다. 스택의 선언문은 대체로 조롱거리가 되거나 무시당했지만 매우 심각하게 받아들여졌어야 합니다. 미국 사회에서 일어나고 있는 일에 관한 다른 여러 가지 신호도 마찬가지고요.

그럼에도 불구하고 제가 보기에는 크루즈(Cruz)나 루비오

(Rubio)가 트럼프보다 훨씬 더 위험한 인물들 같아 보였습니다. 저는 그들이 진짜 괴물이라고 생각하고, 트럼프는 실비오 베를루스코니*를 연상케 했습니다. 이런 관점에 조금이라도 동의하십니까?

네, 동의합니다. 아시다시피 실제로 유럽에서는 트럼프를 베를루스코니에 비유하고 있습니다. 저는 폴 라이언†도 명단에 추가하고 싶군요. 라이언은 공화당의 사색가로 묘사되고 있는데요, 정책에 관한 한 진지하고 꼼꼼한 성격이며, 사려 깊은 분석가처럼 스프레드시트와 그 밖의 다른 도구들을 동원합니다. 하지만 라이언이 내세우는 계획을 분석한 결과를 살펴보면 (거기에 매번 덧입혀지는 마술을 걷어내고 말이죠.) 그의 정책은 일반 대중의 이익을 위해 일하는 연방 정부의 모든 부분을 사실상 파괴하고, 군사력을 키우고, 부유층과 기업의 이익을 증진하는 데 초점을 맞추고 있다는 사실을 알게 됩니다. 그런 점이 바로 미사여구로 포장된 수사의 덫을 걷어내고 나면 드러나는 공화당의 핵심 이데올로기죠.

미국의 젊은 층은 버니 샌더스의 메시지에 매료되었던 것 같습니다. 샌더스가 그토록 인기가 많았다는 사실에 놀라셨습니까?

네, 깜짝 놀랐습니다. 샌더스의 선거 운동이 성공적일 것이라고는 생각하지 못했거든요. 하지만 그가 제안한 정책이 아이젠하워

---

* [역주] Silvio Berlusconi: 세 차례 이탈리아 총리를 역임한 이탈리아의 정치인이자 언론 재벌

† [역주] Paul David Ryan: 미국 공화당 소속의 정치가로 현재 미국 하원의장

대통령을 놀라게 하지는 못했을 것이고, 그런 정책이 오랫동안 대중이 피력해온 의견과 일치한다는 점을 염두에 두는 것이 중요합니다. 예를 들면 샌더스는 미국과 비슷한 국가에서 시행 중인 국민 의료보험 제도를 요구하여 비판을 받았는데요, 이제는 인구의 약 60%가 그 제도에 찬성하고 있습니다. 공공 의료보험 제도가 미국에서 지속적으로 비난을 받아왔고, 강력한 지지의 목소리가 매우 제한적이라는 사실을 감안하면 대단히 높은 수치입니다. 의료보험 제도에 대한 대중의 지지는 사실 한참 전으로 거슬러 올라갑니다. 레이건 정권의 말기에 인구의 약 70%는 의료 서비스가 헌법상에 보장되어야 한다고 생각했고, 40%는 의료 서비스가 이미 헌법에 보장되어 있다고 잘못 알고 있었습니다. 너무나 당연한 문제라서 이미 헌법에 포함되어 있다고 생각한 것이죠.

오바마가 별다른 숙고 없이 공공 보험 정책을 포기했지만 그 보험 제도는 사실 인구의 거의 3분의 2에 달하는 국민이 지지하던 것이었습니다. 미국이 다른 국가의 보다 효율적인 국민 의료보험 제도를 도입한다면 예산을 어마어마하게 아낄 수 있을 것이라는 예상이 충분히 가능합니다. 다른 국가들은 의료보험 비용을 미국의 절반 정도밖에 지출하지 않으면서도 일반적으로 더 나은 결과를 얻고 있습니다. 부자 증세와 무상 고등 교육을 비롯하여 오바마의 다른 국내 프로그램 역시 마찬가지였습니다. 이런 프로그램은 대체로 뉴딜 정책을 반영하며, 제2차 세계대전 이후에 미국이 가장 성공적으로 성장했던 시기에 시행되었던 정책과 유사한 면이 있습니다.

어떤 시나리오였다면 샌더스가 민주당의 공천을 받을 수 있었을까요?

아무래도 상당한 교육 및 조직 활동이 수반되어야 하겠죠. 하지만 솔직히 말씀드리면 그런 노력은 선거가 끝나고 나서도 사라져 버리지 않을 민중 운동으로 발전시키는 데 쏟아야 한다고 생각합니다. 그런 운동이 다른 민중 운동과 더불어 과거에 사람들이 필요로 했던 변화와 개혁을 추진하고 이끌어나가는 데 결정적인 역할을 했던 세력처럼 성장해야 한다고 생각합니다.

미국이 여전히 민주주의 국가라고 보십니까? 만일 아니라면 선거를 하는 것이 아직도 의미가 있을까요?

비교할 수 있는 기준을 바탕으로 살펴보면 미국은 수많은 결점에도 불구하고 여전히 매우 자유롭고 개방적인 사회입니다. 따라서 선거는 당연히 의미가 있습니다. 앞서 언급한 여러 가지 이유로 인해 늘 제한적이었던 미국의 민주주의는 금권정치 쪽으로 상당히 많이 이동한 상태입니다. 하지만 이런 성향은 고정된 것이 아닙니다. 우리는 선조들이 물려주신 자유와 권리라는 유산을 풍족하게 누리고 있습니다. 선조들은 결코 포기하지 않았으며, 우리가 직면한 것보다 훨씬 가혹한 환경에 놓일 때도 많았습니다. 민주주의 체제에서는 우리가 절박하게 필요로 하는 여러 가지 일을 할 기회가 많이 제공됩니다. 대중이 이용할 수 있는 방법도 다양한데요, 직접 행동에 나서고 중요한 정책에 관한 결정을 지지하거나 압력을 가할 수 있습니다. 우리는 성장할 수 있는 효과적인 지역 사회 조직을 구성하고, 노동운동에 새로운 활력을 불어넣어야 합니다. 그뿐만 아니라 학교 이사회에서부터 주 의회에 이르기까지 정치무대에서도 할 일이 많습니다.

백악관 주인 트럼프

C. J. 폴리크로니우: 박사님, 생각지도 못한 일이 벌어졌습니다. 모두의 예상을 뒤엎고 도널드 트럼프가 힐러리 클린턴을 상대로 결정적인 승리를 거두었습니다. 마이클 무어(Michael Moore)가 "끔찍하고, 무식하며, 위험한 파트타임 광대이자 풀타임 소시오패스"라고 묘사한 사람이 미국의 새로운 대통령이 되었습니다. 박사님께서 보시기에 어떤 결정적인 요인이 미국 유권자들로 하여금 미국 정치 역사상 가장 큰 반전을 낳게 했다고 생각하십니까?

노엄 촘스키: 그 문제를 논의하기 전에 11월 8일에 어떤 일이 일어났는지 살펴보고 넘어가는 것이 중요하다고 생각합니다. 우리가 어떻게 반응하는지에 따라 그 날짜가 인류 역사상 가장 중요한 날짜 중 하나가 될지도 모르거든요.

과장해서 말하는 것이 아닙니다.

사람들이 11월 8일의 가장 중요한 뉴스에 거의 신경도 쓰지 않았는데요, 그런 사실 자체도 상당한 시사점이 있습니다.

11월 8일에 세계기상기구(WMO)는 모로코에서 열린 제22차

기후변화당사국총회(COP22)에서 보고서를 제출했습니다. 이번 총회는 파리협정(COP21)에서 합의한 사항을 추진하기 위해 소집되었는데요, 세계기상기구는 지난 5년이 역사상 가장 더운 5년이었다고 발표했습니다. 보고에는 해수면이 상승하고 있다는 내용도 있었는데요, 극빙이 예상보다도 빠른 속도로 녹으면서 해수면은 곧 더 상승할 것으로 여겨집니다. 가장 문제가 되는 것은 커다란 남극 빙하들이 녹고 있다는 점이죠. 북극의 해빙은 이미 지난 5년 동안 많이 녹아서 이전 29년 동안의 평균보다 28%나 줄어들었습니다. 이는 해수면 상승의 원인이 되며, 태양 광선을 반사하여 냉각 효과를 일으키는 극빙이 줄어들다 보니 지구 온난화의 암울한 결과가 가속화되고 있습니다. 아울러 세계기상기구는 지구의 온도가 COP21에서 합의한 목표 온도에 이미 위험할 만큼 근접해 있다고 보고했습니다. 다른 보고와 예측도 전부 암울한 내용이었습니다.

11월 8일에는 다른 사건도 있었습니다. 이 사건 역시 특별한 역사적인 의미가 있을지도 모르는데요, 그 이유는 역시 사람들의 관심을 거의 받지 못했습니다.

11월 8일은 세계 역사에서 가장 강력한 국가가 선거를 치른 날이었습니다. 선거를 마친 결과, 미국 정부, 즉 행정부, 의회, 대법원이 공화당의 완전한 통제 아래 놓이게 되었습니다. 미국이 앞으로 다가올 미래에 큰 영향을 미칠 수 있는 입장에 놓인 마당에 세계 역사상 가장 위험한 조직이 되어버린 공화당의 손아귀에 들어간 것입니다.

마지막 문장을 제외하고는 이 모든 이야기에 논란의 여지가 없습니다. 마지막 문장은 이상하게 여겨지거나 터무니없다는 생각까지 들지도 모릅니다. 하지만 과연 틀린 말일까요? 사실을 살펴보면 그렇지 않습니다. 공화당은 조직화된 인간의 삶을 파괴하는 길을 향해 최대한 빠른 속도로 질주하는 데 전념하고 있는데요, 인류 역사상 이런 태도는 처음 있는 일입니다.

제 말이 과장되었다고 생각하신다면 우리가 지금까지 목격했던 일들을 떠올려보시기 바랍니다.

공화당의 예비 선거 기간 동안 그 어떤 후보자도 실제로 일어나고 있는 일들에 대해 그렇다고 인정한 사람이 없었습니다. 젭 부시와 같은 합리적인 온건파 몇 명을 제외하고 말이죠. 젭 부시는 확실하게 알 수 있는 것은 아무것도 없지만 우리가 프래킹(fracking)* 기술 덕택에 천연 가스를 더 많이 생산하고 있기 때문에 아무런 조치도 취할 필요가 없다고 주장했습니다. 존 케이식(John Kasich)의 경우에는 지구 온난화가 일어나고 있다는 점에는 동의했지만 "우리는 오하이오 주에서 석탄을 태울 것이고, 그것에 대해 사과하지 않겠다."라고 덧붙였습니다.

지금은 대통령에 당선된 그 당시 최종 후보자는 석탄을 포함한 화석 연료 사용량을 대폭 늘려야 한다고 주장했습니다. 관련 규제의 폐지를 요구하며, 대체 에너지 개발에 나서려는 개발도상국을 돕길 거절하는 등 전반적으로 벼랑 끝을 향해 전속력으로 질주하려는 모습입니다.

---

* [역자] 셰일가스 시추기술, 석유 자원 채취를 위해 혈암층(shale beds)에 고압으로 액체를 주입하는 것으로 수압파쇄를 통해 셰일가스나 석유를 추출하는 기술

트럼프는 이미 환경보호청(Environmental Protection Agency)을 해체하기 위한 조치를 취했습니다. 마이런 에벨(Myron Ebell)에게 환경보호청의 인수를 맡겼는데요, 에벨은 악명 높은 기후 변화 부정론자이며 이에 대해 스스로도 자랑스러워하는 인물입니다. 에너지 부문에서 트럼프의 최고 고문이자 셰일업체를 운영하는 억만장자인 해럴드 햄(Harold Hamm)이 발표한 목표를 보면 전부 예상 가능한 것들입니다. 규제 폐지, 법인세 인하(전반적으로 부유층과 기업에 유리), 화석 연료 생산량 증가, 오바마가 일시적으로 중단했던 다코타 송유관(Dakota Access Pipeline) 건설 재개 등이 포함되어 있습니다. 시장은 햄의 발표에 곧바로 반응을 보였습니다. 에너지 회사의 주가가 급등했는데요, 그중에는 세상에서 가장 큰 석탄 생산업체인 피바디 에너지(Peabody Energy)도 있었습니다. 사실 피바디 에너지는 막 파산 신청을 한 참이었지만 트럼프가 대선에서 승리한 이후 주가가 무려 50%나 올랐습니다.

공화당이 주장하는 기후 변화 부정론의 영향은 이미 느껴지기 시작했습니다. COP21 파리협정이 효과가 확실한 조약으로 이어지기를 바라는 사람이 많았습니다. 하지만 공화당이 장악하고 있는 미 의회가 법적 구속력이 있는 조치를 받아들이지 않을 것이기 때문에 이제 그런 희망은 버리게 되었죠. 결국 자발적인 협약만 이루어졌는데요, 아무래도 구속력이 훨씬 약합니다.

기후 변화 부정론의 영향은 곧 지금보다도 더 분명하게 드러날 가능성이 있습니다. 방글라데시만 하더라도 해수면이 상승하고 날씨가 더 혹독해지면서 몇 년 내에 수천만 명이 낮은 평원을 떠나서 다른 곳으로 이주해야 할 것으로 예상됩니다. 이는 오늘날보다 훨씬 더 심각한 이주 문제를 야기할 것입니다. 방글라데시의 기후 연구 권위자는 이런 타당한 발언을 했습니다. "그 이주자들은 온실효과를 일으키는 이 모든 가스가 나오는 나라들로 이주할 권리가 있습니다. 수백만 명이 미국으로 갈 수 있어야 합니다." 지구 환경에 극단적인 변화를 가져옴으로써 새로운 지질학적 시대, 즉 인류세로 접어들면서 부를 축적한 다른 부유한 국가들도 마찬가지입니다. 이런 재앙은 갈수록 늘어날 것이며, 이는 방글라데시만의 문제가 아닌 남아시아 전체의 문제입니다. 기온이 이미 가난한 사람들은 견딜 수 없을 만큼 많이 오른 상태지만 앞으로 더 거침없이 상승할 것이고, 그 영향으로 히말라야의 빙하가 녹으면 상수도 전체가 위협을 받게 됩니다. 인도에서는 벌써 약 3억 명이 식수가 충분하지 않은 것으로 보고되고 있습니다. 이런 상황에도 불구하고 기후 변화 부정론의 영향력은 안타깝게도 훨씬 멀리 뻗어나갈 것입니다.

인간이 '사회 조직 속 인간의 삶이 우리가 알고 있는 이제까지의 형태로 살아남을 것인가?'라는 역사상 가장 중요한 문제에 직면하고 있다는 사실을 정확히 담아낼 수 있는 말을 찾기는 어렵습니다. 그런데 그 중차대한 질문에 대한 답으로 우리는 재앙을 향해 달려가는 속도를 높이고 있는 것입니다.

인류의 생존에 관계된 다른 커다란 문제도 사정은 비슷합니다. 핵 파괴의 위협이 우리의 머리 위에 70년 전부터 도사려 왔으며,

점점 커지는 추세입니다.

대선을 다룬 언론 보도가 그렇게 휘황찬란했는데도 이런 문제를 언급하는 경우가 거의 없었다는 점도 놀라울 따름입니다. 적어도 저는 이런 광경을 묘사할 만한 적당한 말이 떠오르지 않는군요.

이제 드디어 질문해주신 내용을 살펴봅시다. 정확하게 따지자면 클린턴이 트럼프보다 총 득표 수에서 약간 앞선 것으로 보입니다. 트럼프의 결정적인 승리는 미국 정치의 흥미로운 특징과 연관이 있습니다. 다른 요소들보다도 개별적인 주를 연합하여 미국이라는 국가를 세우면서 도입한 선거인단 제도, 주별 승자 독식 시스템, 시골 유권자들의 표에 가중치를 더 부여하는 하원의원 선거구 배치 방식(때로는 게리맨더링)이 원인으로 지목되고 있습니다. (과거의 선거에서는, 아마 이번 선거에서도 그랬을지 모르겠지만, 민주당이 일반 투표에서는 안정적인 표 차이로 승리했지만 다수 의석을 차지하지는 못했습니다.) 유권자들의 기권율이 대단히 높은 것도 (대선의 경우 대체로 기권율이 절반에 가까운데요, 이번 대선 때도 마찬가지였습니다.) 트럼프가 승리할 수 있었던 한 가지 요인입니다. 만 18~25세의 유권자 층에서는 클린턴이 쉽게 이겼고, 샌더스는 클린턴보다도 지지를 더 많이 받았었다는 사실이 미래에 의미가 있을지도 모르겠습니다. 이런 사실이 얼마나 중요한지는 인류가 마주하게 될 미래에 달려 있겠죠.

현재의 정보를 바탕으로 살펴보면 트럼프는 백인 유권자, 노동자 계급, 하위 중산층 계급으로부터 역사적으로 유례없이 지지를 많이 받았습니다. 특히 소득이 5만~9만 달러이고, 시골이나 교외에 거주하며, 대학 교육을 받지 못한 사람들의 지지도가 높았습니다. 이런 집단이 느끼는 기득권층에 대한 분노는 서구 곳곳에서 찾아볼 수 있습니다. 사람들의 예상과 달랐던 브렉시트 투표 결과와 유럽 대륙의 중도 정당들의 몰락에서 이런 면이 잘 드러납니다. 화가 나고 불만을 품은 사람 중에는 지난 세대의 신자유주의 정책의 희생자가 많습니다. 그런 정책은 연방준비제도 이사회 의장인 앨런 그린스펀(Alan Greenspan)이 의회에서 증언을 하면서 언급했던 것들입니다. 그린스펀은 경제학자들과 다른 추종자들에게서 '세인트 앨런'이라고 칭송받았지만 2007년~2008년에 그가 감독하던 기적적인 경제가 무너져버렸죠. 그 여파로 하마터면 세계 경제도 함께 무너질 뻔했습니다. 그린스펀이 커리어의 황금기에 설명했던 것처럼 그의 경제 운용 방식이 성공한 이유는 "노동자들의 커지는 불안감"에 기반을 두었기 때문입니다. 노동자들이 겁이 나면 더 높은 임금, 혜택, 안정성을 요구하지 않고 동결된 임금과 줄어든 혜택에 만족한다는 논리입니다. 상황이 이런데도 신자유적인 기준에서 봤을 때는 건강한 경제에 해당했던 것입니다.

반면 이런 경제 이론의 실험 대상이 되어온 노동자들은 그 결과에 당연히 만족하지 않았습니다. 예를 들어 신자유주의의 기적이 정점을 이루었던 2007년에 비관리직 노동자의 실질 임금이 수년 전보다 낮아졌다는 사실에 그들이 기뻐할 리 만무했습니다.

또한 남성 노동자의 실질 임금이 1960년대 수준을 벗어나지 못하는 동안 소득 기준 상위 1%에 해당하는 사람들의 호주머니로는 두둑한 액수가 들어갔다는 사실도 못마땅하게 여겼습니다. 이는 시장을 움직이는 힘이나 그 사람들의 공로와 가치를 인정한 결과가 아니라 분명한 정책 결정에 의한 결과였습니다. 경제학자 딘 베이커(Dean Baker)는 이런 문제를 신중하게 검토한 책을 최근에 출간하기도 했습니다.[1]

최저 임금의 역사를 살펴보면 그동안 일어난 일에 관해 잘 알 수 있습니다. 경제가 고도로, 평등하게 성장하던 50년대와 60년대에는 다른 임금의 바탕이 되는 최저 임금이 생산성에 맞춰 움직였습니다. 하지만 신자유주의 시대가 열리면서 상황이 달라졌습니다. 그 이후로는 (실질적인 가치를 따져보면) 최저 임금이 동결된 것이나 마찬가지인데요, 예전처럼 최저 임금이 계속 올랐더라면 지금쯤 시간당 20달러에 가까워졌을 것입니다. 하지만 오늘날에는 최저 임금을 시간당 15달러로 올리는 것도 정치 개혁으로 여겨질 정도입니다.

오늘날 완전 고용에 관한 이야기가 나오고 있지만 경제 활동 참가율은 예전의 평균보다 낮은 수준 그대로입니다. 그리고 노동자들의 입장에서는 예전처럼 제조업에서 안정적으로 일하며 노동조합이 규정하는 임금과 혜택을 누리는 것과 서비스 업계에서 안정성도 별로 없이 임시로 일하는 것에는 큰 차이가 있습니다. 아울러 임금, 혜택, 안정성을 차치하더라도 자존감, 미래에 대한 희망, 그리고 자신이 그 세계에 속해 있으며 가치 있는 역할을 맡았다는 생각이 없어진다는 것이 문제입니다.

알리 혹실드(Arlie Hochschild)는 이런 사회적 영향을 잘 포착해냈습니다. 자신이 오랫동안 살고 일했던 루이지애나 주가 트럼프의 강세 지역이 된 과정을 감성적이면서도 분명하게 묘사한 보고서를 냈습니다.[2] 그녀는 주민들이 한 줄로 서서 꾸준히 앞으로 나아갈 수 있을 것이라고 예상하는 장면을 그렸습니다. 주민들은 자신들이 일도 열심히 하고 전통적인 가치도 잘 준수하기 때문에 그 줄이 서서히 앞으로 움직여 나갈 것으로 믿었습니다. 하지만 줄은 꼼짝달싹 움직이지 않습니다. 주민들은 줄의 맨 앞에 서 있는 사람들이 앞으로 약진해 나아가는 것이 보이지만 그렇다고 마음이 크게 불편하지는 않습니다. 가치를 인정받았다면 당연히 보상이 따르는 것이 소위 "미국적 방식"이니까요. 주민들의 마음을 불편하게 하는 것은 그들이 서있는 줄 뒤에서 벌어지는 일입니다. "보상을 받을 자격이 없는 사람들", 즉 "규칙을 따르지 않는" 사람들이 연방정부 프로그램 덕택에 자신들보다 앞으로 나아가고 있기 때문입니다. 주민들은 그런 프로그램이 아프리카계 미국인, 이민자, 그리고 자신들이 대체로 경멸 어린 눈으로 쳐다보는 다른 사람들에게 혜택을 주기 위해 고안되었다고 잘못 생각합니다. 이 모든 것은 로널드 레이건이 "복지의 여왕들(사실상 흑인을 지칭)"이 백인이 힘들게 번 돈과 미래 비전을 빼앗아간다고 인종차별적인 거짓말을 하는 바람에 악화되었습니다.

때로는 설명을 하지 않는 행위(그것 자체만으로도 상대방을 무시하는 격이죠.)가 정부에 대한 반감을 키우기도 합니다. 한번은 보스턴에서 집에 페인트칠을 하는 페인트공을 만났는데요, 그가 "악마 같은" 정부를 싫어하게 된 데는 사연이 있었습니다. 페인트칠에 대해서 전혀 모르는 워싱턴의 한 정부 관료가 페인트 도급업자들을 불러놓고 납이 든 페인트를 더 이상 이용하지 말라고 통보했다는 것입니다. 도급업자들은 납이 든 페인트가 "유일하게 제대로 칠해지는 페인트"라는 사실을 모두 알고 있었지만 정부 관료는 그것을 이해하지 못했습니다. 결국 페인트공이 운영하던 소기업은 문을 닫았고, 이제 그는 품팔이로서 정부 엘리트들이 강요한 품질이 떨어지는 페인트로 고객들의 집을 칠한다는 것이었습니다.

때로는 정부 관료들을 향한 이런 태도에 실질적인 이유가 있는 경우도 있습니다. 혹실드는 가족과 친구들이 화학 물질 오염으로 인해 치명적인 고통을 겪고 있는 어떤 남자를 예로 들었습니다. 그 남자는 정부와 "자유주의적인 엘리트"들을 경멸합니다. 그에게 있어서 환경보호청이란 어떤 무식한 남자가 자신에게 낚시를 하지 말라고 말하면서 화학 공장에 관해서는 아무런 조치도 취하지 않는 것을 의미하기 때문입니다.

이런 사항은 트럼프 지지자들의 실생활을 보여주는 몇 가지 예에 불과합니다. 그들은 트럼프가 자신들의 어려움을 해결해줄 것이라고 잘못 믿고 있지만 트럼프의 재정 정책이나 다른 정책들을 살펴보면 정반대의 결과를 예상할 수 있습니다. 최악의 상황을 면하고 꼭 필요한 변화로 나아가기를 학수고대하는 운동가들에게 트럼프의 정책들은 어려운 과제를 안겨주고 있습니다.

트럼프를 향한 열성적인 지지는 대체로 그가 변화의 상징이라는 생각에서 비롯되었습니다. 그에 반해, 클린턴은 사람들의 괴로움을 지속시킬 후보로 여겨졌고요. 트럼프가 불러올 '변화'는 해롭거나 상황을 더 악화시킬 가능성이 큰 변화입니다. 하지만 그들을 교육시키고 조직화할 (노동조합과 같은) 협의회 없이 세분화된 사회에서 고립된 채 살아가는 사람들에게는 트럼프의 승리가 불러올 결과가 분명하게 와 닿지 않을 수 있다는 점은 이해가 갑니다. 이것이 바로 오늘날의 절망적인 분위기와 1930년대의 대공황 시절에 더 큰 경제적인 어려움 속에서도 여러 노동자가 전반적으로 품었던 희망적인 분위기의 중요한 차이입니다.

트럼프의 승리에는 다른 요인들도 있습니다. 여러 비교 연구에 의하면 백인 우월주의가 미국 사회에서 남아프리카 공화국보다도 더 큰 힘을 발휘합니다. 게다가 백인 인구가 줄어들고 있다는 것은 잘 알려진 사실입니다. 10~20년 후면 백인은 노동 인구 중에서 소수의 입장에 놓일 것이고, 머지않아 인구 전체에서 차지하는 비율로 볼 때도 소수가 될 것으로 예상됩니다. 전통적인 보수 문화 역시 정체성에 관한 정치적 공방으로 인해 흔들리고 있고, 엘리트들만의 영역으로 간주됩니다. "열심히 일하고, 애국심 있고, 진정한 가족의 가치를 추구하며 교회에 나가는 [백인] 미국인들"을 엘리트들이 멸시하고 있다는 인식도 있습니다. 백인들은 자신들에게 익숙한 국가가 눈앞에서 사라지는 광경을 보고 있는 것입니다.

사람들에게 지구 온난화의 심각성에 대해 일깨우는 데 방해가

되는 이유 중 한 가지는 미국 인구의 40%가 예수가 몇십 년 뒤에 돌아올 텐데 지구 온난화가 왜 문제가 되는지 모르겠다고 생각하는 것입니다. 놀랍게도 그와 비슷한 수의 미국인이 세상이 불과 몇천 년 전에 만들어졌다고 믿고 있습니다. 과학이 성서와 충돌할 경우 타격을 입는 것은 과학입니다. 다른 사회에서는 이와 비슷한 일을 찾아보기가 어려울 것입니다.

민주당은 1970년대 무렵부터 노동자들을 실제로 걱정하는 일을 포기했습니다. 그러다 보니 노동자들은 적어도 자신들을 이해하는 척이라도 하는 공화당에게 끌리고 말았습니다. 레이건은 젤리빈을 먹으면서 가벼운 농담을 던지는 소탈한 서민적 스타일을 추구했고, 조지 W. 부시는 여느 바에서 만날 수 있을 법한 평범한 사람이라는 이미지를 정성 들여 만들었습니다. 그는 무더위에도 목장에서 잡목을 제거하길 좋아하는 것처럼 행동했고, 일부러 틀린 발음을 익히기도 했습니다. (부시가 예일 대학교에 다니면서 그렇게 말했을 가능성은 희박합니다.) 그리고 이제는 트럼프가 일자리뿐만 아니라 자존감마저 잃어버려 불만이 많을 수밖에 없는 사람들에게 발언권을 준 것입니다. 그들은 정부가 자신들의 삶을 위태롭게 만드는 주범이라고 생각하며 정부에 항의하는 사람들입니다. (그들에게 그럴 만한 이유가 없다고 말하기는 어렵습니다.)

교조 체계의 가장 큰 수확 중 한 가지는 사람들의 분노의 화살이 기업 섹터로부터 기업이 고안한 정책을 시행하는 정부로 향하도록 만들었다는 것입니다. 그런 정책에는 대단히 보호주의적인 성격을 띠고 언론과 시사평론가들이 '자유무역협정'이라고 잘못 일컫는 기업/투자자 권리보호 협정 등이 있습니다. 결함이 많기는 하지만 정부는 기업과 달리 어느 정도까지는 대중의 영향력과 통제 아래 놓입니다. 기업의 입장에서는 잘난척하는 정부 관료들이 미움을 사게 하고, 정부가 대중의 의지를 반영하는 국민의, 국민에 의한, 국민을 위한 수단이 될 수 있을 것이라는 체제전복적인 생각을 사람들의 머릿속에서 아예 삭제해버리는 것이 매우 유리합니다.

트럼프가 미국 정치계의 새로운 움직임을 나타낸다고 보십니까? 아니면 이번 선거의 결과가 단순히 클린턴 부부를 싫어하고 "매번 거기서 거기인 정치"에 환멸을 느끼는 유권자들이 힐러리 클린턴을 거부한 것일 뿐인가요?

결코 새롭다고 볼 수는 없습니다. 양당 모두 신자유주의 시대에 우측으로 이동했습니다. 그래서 오늘날의 신민주당원들은 예전에 '온건한 공화당원'이라고 불렸던 사람들과 성향이 비슷합니다. 공화당원들의 경우 부유층과 기업의 이익 증진에 전념하는 방향으로 너무 많이 이동한 나머지 자신들의 정책으로는 표를 얻기가 어려워졌습니다. 그래서 늘 그 자리에 있었지만 조직화된 정치 세력은 아니었던 여러 집단을 동원해야 했습니다. 바로 복음주의자, 이민 배척주의자, 인종차별주의자, 그리고 현재 진행형인 세계화의 피해자들이죠. 세계화의 현재진행형 버전은 전 세계의 노동자가 서로 경쟁하는 동안 특권 계급은 보호받도록 고안되었습니다. 게다가 노동자 계층을 어느 정도 보호할 수 있는 방법으로서 제공되었던 법적 수단과 그 밖의 수단들을 약화시키도록 고안되었습니다. 그와 더불어 서로 밀접하게 연계된 공공 부문과 민간 부문(특히 효율적 노동조합)에서의 의사결정에 영향을 미칠 수 있었던 노동자 계층의 힘을 무력화하도록 기획된 것이지요. 이런 특징은 세계화 자체의 본질적인 문제는 아닙니다. 그보다는 '투자자-친화적인 세계화'라는 구체적인 형태에 국한되며, 이는 보호무역주의, 투자자의 권리, 실제 무역에 관한 제한적인 규정이 섞여 있는 형태를 취합니다.

그 결과는 공화당의 예비 선거에서 분명하게 드러났습니다. 대중적 기반을 딛고 올라온 모든 후보가 너무 극단적인 나머지 공화당의 기득권층은 풍부한 자원을 이용하여 그들을 끌어내려야 했습니다. 2016년에 달랐던 점은 저희가 본 것처럼 기득권층이 실패했다는 것입니다. 그들도 유감스러웠을 것입니다.

이런 구분이 옳든 그르든 클린턴은 사람들이 두려워하고 꺼려하던 정책들을 표방했고, 트럼프는 '변화'의 상징으로 여겨졌습니다. '변화'가 어떤 유형인지 알기 위해서는 트럼프의 정책을 유심히 살펴봐야 하는데요, 이런 부분은 대중에게 제대로 전달되지 못했습니다. 트럼프의 선거 운동은 다루어야 할 이슈들을 용케 회피했다는 점에서 아주 놀라웠습니다. 언론 역시 전반적으로 보조를 맞추었고요. 진정한 '객관성'을 위해서는 "워싱턴 정가가 중요시하는 사안"만 정확하게 보도하면 그뿐이라는 개념을 따른 격이고, 그 이상의 모험은 하지 않겠다는 태도였습니다.

선거 결과가 나오고 나서 트럼프는 "모든 미국인을 대변하겠다."라고 언급했습니다. 하지만 국가가 이렇게 분열되어버렸고, 트럼프가 여성과 소수자를 비롯하여 미국의 여러 집단에 대해 심한 혐오감을 이미 드러낸 상황에서 어떻게 그런 일을 할 수 있을까요? 브렉시트와 도널드 트럼프의 승리 사이에 유사한 점이 있다고 보십니까?

브렉시트와 유사한 점이 있는 것은 분명합니다. 유럽에 극우파 성향의 초국가주의자들이 늘어나는 현상도 마찬가지고요. 그런 국가의 지도자들은 트럼프의 승리를 발 빠르게 축하해주었습니다. 동지라고 여긴 것이죠. 바로 영국의 나이젤 패라지(Nigel Farage)*, 프랑스의 마린 르 펜(Marine Le Pen), 헝가리의 빅토르 오르반(Viktor Orban) 같은 사람들입니다. 이런 추세는 상당히 걱정스럽습니다. 오스트리아와 독일에서 실시한 여론 조사를 살펴보면 1930년대가 친숙한 사람들은 아주 불쾌한 기억이 떠오를 지경입니다. 제가 어렸을 때 그랬던 것처럼 그 광경을 직접 목격했던 사람들은 더 그럴 수밖에 없을 것이고요. 저는 아직도 히틀러의 연설을 들었던 기억이 납니다. 말은 알아듣지 못했지만 히틀러의 말투와 청중의 반응만으로도 충분히 겁이 났습니다.

제가 처음으로 쓴 논문은 1939년 2월에 나치에 의해 바르셀로나가 함락당하고 나서 쓴 것인데요, 파시즘이 역병처럼 거침없이 퍼져나가는 현상에 관한 내용이었습니다. 공교롭게도 제가 아내와 함께 2016년에 미국의 대선 결과를 지켜본 곳도 바로 바르셀

* [역주] 영국에서 단번에 제1당으로 올라선 영국독립당(UKIP)의 당수

로나였습니다.

트럼프가 자신이 (창조해낸 것이 아니라) 불러온 이 모든 것들을 어떻게 감당할지 알 수는 없습니다. 그의 가장 두드러진 특징은 예측 불가능하다는 점일지도 모르겠습니다. 변변치는 못하지만 트럼프의 행동과 그가 제시한 비전에 경악을 금치 못하는 사람들이 어떻게 반응하느냐에 많은 것이 달려 있습니다.

트럼프는 경제, 사회, 정치적인 문제와 관련하여 자신의 입장을 이끌어줄 정치적인 이데올로기가 딱히 없습니다. 그런데도 그의 행동을 보면 분명히 독재자 같은 면이 있습니다. 미국에서 "친근한 얼굴을 한 파시즘"의 출현을 트럼프가 상징한다는 주장에 타당성이 있다고 생각하십니까?

저는 오랫동안 미국에서 솔직하고 카리스마 넘치는 공론가(ideologue)가 출현하는 것의 위험성에 관해 글도 쓰고 강연도 했습니다. 사회적으로 오랫동안 쌓여 있던 공포와 분노를 이용할 줄 알고, 그런 감정을 야기한 실제 책임자가 아닌 취약한 표적에게로 사람들의 공포와 분노를 돌릴 수 있는 사람이 위험하다는 말입니다. 그런 인물의 출현은 사회학자 버트람 그로스(Bertram Gross)가 35년 전에 통찰력 있는 연구에서 "상냥한 파시즘"이라고 부른 것으로 이어질 우려가 있습니다. 하지만 그런 상황이 발생하려면 유일한 이데올로기가 '나'인 사람이 아닌 히틀러 같은 타입의 노골적인 공론가가 있어야 합니다. 그런 인물이 등장할 위험은 수년 동안 실제로 있었지만 트럼프가 나타나면서 위험이 더 커진 것 같습니다.

공화당이 백악관뿐만 아니라 상원과 하원, 나아가 향후 대법원까지 장악하게 되었는데요, 그렇다면 미국이 적어도 4년 동안 어떤 모습을 하게 될까요?

트럼프가 임명하는 사람들과 고문들이 누구인지에 따라 많이 달라질 것 같습니다. 지금까지의 초기 상황을 보면 부드럽게 말하더라도 매력적이지는 않군요.

대법원은 몇 년 동안 반동세력의 손에 놓이게 되었고, 그 결과는 불 보듯 뻔합니다. 만일 트럼프가 폴 라이언 스타일의 재정 계획을 실제로 이행한다면 큰 부자들에게 막대한 혜택이 돌아갈 것입니다. 세금정책센터(Tax Policy Center)에 따르면 소득 기준 상위 0.1%에 해당하는 부유층의 경우 14% 이상 조세 감면의 혜택을 누릴 수 있을 전망입니다. 그 이하 등급에 해당하는 부유층도 전반적으로 상당한 혜택을 볼 수 있지만 다른 국민의 경우 사실상 감면을 받지 못하며 큰 부담만 새로 생길 뿐입니다. 《파이낸셜 타임스》의 유능한 경제부 특파원인 마틴 울프(Martin Wolf)는 이 문제에 관해 "조세 계획은 트럼프와 같이 이미 부유한 미국인들에게 커다란 혜택을 안겨줄 것이다."라고 적었습니다. 트럼프에게 표를 던진 유권자들을 비롯한 다른 사람들은 곤경에 빠뜨린 채로 내버려두는 것이죠.

실업계의 즉각적인 반응을 보면 대형 제약업체, 월 스트리트, 국방 산업, 에너지 업체 등 아주 멋진 기관들이 대단히 밝은 미래를 예상하고 있다는 사실을 알 수 있습니다.

어쩌면 긍정적인 계획 중 한 가지는 트럼프가 약속한 인프라 계획일지도 모릅니다. 사실 이 계획은 오바마가 추진했던 경제 자극 계획이나 마찬가지인데요, 그런 사실이 숨겨진 채 보도가 참 많이도 나갔죠. 오바마의 계획이 시행되었다면 경제와 사회 전반에 큰 도움이 될 수도 있었겠지만 공화당이 꽉 잡고 있던 의회의 반대로 무산되고 말았습니다. 공화당은 적자가 폭발적으로 늘어날 것이라는 구실을 내세웠습니다. 당시에는 금리가 워낙 낮았기 때문에 그런 구실이 논리적이지 못했는데요, 이제는 상황이 다릅니다. 트럼프의 계획은 부유층과 기업에게 유리한 과도한 조세 감면 및 국방부의 지출 증가와 맞물려 적자가 실제로 폭발적으로 늘어나게 할 전망입니다.

그러나 딕 체니(Dick Cheney)가 제시한 탈출법이 있기는 합니다. 체니는 부시 행정부에서 재무 장관을 지냈던 폴 오닐(Paul O'Neill)에게 "레이건은 적자가 문제가 되지 않다는 점을 증명해 보였다."라고 설명했습니다. 공화당이 대중의 지지를 얻기 위해서 적자를 많이 내더라도 나중에 다른 사람들, 즉 민주당에게 떠넘기면 된다는 생각입니다. 뭐 그런 방법이 한동안은 효과가 있을지도 모르죠.

트럼프와 푸틴은 서로 존경하는 것 같습니다. 박사님께서는 미국과 러시아의 관계에 새로운 시대가 열릴 가능성이 얼마나 있다고 보십니까?

한 가지 희망적인 추측은 러시아 국경에서 매우 위험할 정도로 고조되어 있던 긴장이 조금 완화될지도 모른다는 것입니다. 멕시코 국경이 아니라 '러시아 국경'이라는 점을 분명히 하고 싶습니다. 그 이야기는 여기서 자세히 하기에는 곤란하지만요. 아울러 독일의 총리인 앙겔라 메르켈과 다른 유럽 지도자들이 이미 제안한 것처럼 유럽이 트럼프가 이끄는 미국과 거리를 두려고 할 가능성도 있습니다. 브렉시트 이후에 미국의 힘을 대변하는 영국과도 멀어지려고 할지도 모르고요. 이는 긴장을 완화하려는 유럽의 노력과 어쩌면 미하일 고르바초프(Mikhail Gorbachev)가 제안했던 군사 동맹 없는 유라시아 통합 안보 시스템을 향한 노력으로도 이어질지 모릅니다.

최근에 푸틴 역시 이런 비전을 제시했는데요, 북대서양조약 기구(NATO)의 확장을 원하는 미국의 반대로 계획은 무산되었습니다. 계획이 없었던 일이 되어버려서 푸틴의 의향이 얼마나 진지했는지는 알 수 없게 되었지만요.

트럼프 행정부 아래에서 미국의 외교 정책이 오바마나 조지 W. 부시 정권보다 군국주의적인 성격을 더 많이 또는 더 적게 띠게 될까요?

그 질문에 확실하게 대답할 수 있는 사람은 없는 것 같습니다. 트럼프가 워낙 예측할 수 없는 인물인데다가 답을 찾지 못한 문제가 너무 많기 때문입니다. 다만 대중이 제대로 조직화되고 유능한 리더에 의해 동원되어 행동에 나서면 트럼프의 행보에 큰 차

이를 불러올 수 있다는 점은 분명합니다.

우리에게도 매우 큰 지분이 있다는 사실을 우리는 명심해야 합니다.

내정간섭의 역사

C. J. 폴리크로니우: 박사님, 미국의 정보기관들은 러시아가 트럼프의 당선 확률을 높이기 위해서 미국 대선에 개입했다는 혐의를 제기했습니다. 심지어 크렘린의 약삭빠른 첩보원들이 선거의 결과를 바꿔놓았다고 민주당을 이끄는 의원들이 공식적으로 표명하기도 했습니다. 워싱턴과 언론에서 흘러나오는 이런 이야기에 관해서 어떻게 생각하십니까?

노엄 촘스키: 러시아가 미국의 선거에 영향을 끼치려는 노력을 둘러싸고 미국의 고위 관계자들과 언론이 호들갑을 떠는 모습을 보면서 전 세계 대부분의 국가가 깜짝 놀랐을 것 같습니다. 웃느라 쓰러지지 않았다면요. 다른 국가의 선거에 개입하는 것은 사실 미국 정부의 특기거든요. 언제부터 그런 관습이 있었는지 살펴보려면 과거로 한참 거슬러 올라가야 합니다. 그러나 이번 사례는 성격이 다르다는 사람들의 주장에도 타당성은 있다고 봅니다. 미국에 비해서 러시아는 티도 안 날 정도로 너무 약하게 개입했으니까요.

그렇다면 미국이 외국의 정치에 개입해온 긴 역사에 관해서 이야기해봅시다. 미국은 전 세계적으로 미국식 민주주의를 전파하기 위함이라며 그런 행위를 항상 도덕적으로, 그리고 정치적으로 정당화했는데요.

미국 외교 정책의 역사는 특히 제2차 세계대전 이후부터는 외국 정권의 전복과 타도로 정의할 수 있습니다. 여기에는 의회를 전복한 일도 포함되며, 국민의 다수에게 정치무대에 등장할 기회를 제공할 수 있는 대중적인 조직을 파괴하기 위해 폭력을 불사한 일도 있었습니다.

제2차 세계대전이 끝나고 나서 미국은 전통적인 보수 질서를 재확립하는 데 전념했습니다. 이런 목표를 실현하기 위해서 미국이 나치와 파시스트 협력자들을 지지하는 경우가 많았기 때문에 반파시스트 저항 운동을 무너뜨리고, 노동조합을 비롯한 여러 대중적인 조직을 약화하고, 급진적인 민주주의와 사회 개혁의 위협을 막아야 했습니다. 이런 문제는 전부 당시의 중요한 현안이었습니다. 이런 정책은 아시아, 유럽, 라틴아메리카를 비롯하여 전 세계로 퍼져 나갔습니다. 아시아에서는 한국, 필리핀, 태국, 인도차이나, 그리고 결정적으로 일본이, 유럽에서는 그리스, 이탈리아, 프랑스, 그리고 결정적으로 독일이 이런 정책을 도입했습니다. 라틴아메리카에서는 과테말라와 볼리비아에서 '극단적 민족주의'가 성행했는데요, 당시에 CIA는 이 두 국가를 가장 심각한 위협으로 간주했습니다.

때로는 임무를 수행하기 위해서 상당히 잔혹한 일이 요구되기도 했습니다. 한국의 경우 1940년대 후반에 미국이 치안 부대를 설치하고 총괄하는 과정에서 약 10만 명이 목숨을 잃었습니다. 이것은 한국 전쟁이 일어나기 전의 일인데요, 존 할리데이(Jon Halliday)와 브루스 커밍스(Bruce Cumings)는 한국전쟁을 "본질적으로" 외부의 개입이 심했던 시기에 "두 국내 세력이 참가한 내전"이라고 묘사했습니다. 즉, "반식민지 투쟁에 뿌리를 둔 민족주의 혁명 운동 세력과 현 상황, 특히 불공평한 토지 제도를 고수하려는 보수 세력 간에 벌어진 내전"이었다는 것입니다. 같은 시기에 그리스에서는 미국이 조직하고 총괄한 대(對)반란 작전으로 인해 수십만 명이 죽고, 고문당하고, 감옥에 갇히고, 추방당했습니다. 그 결과 나치 부역자들을 포함한 전통적인 엘리트들이 다시 권력을 잡게 되었고, 나치에 맞서 싸운 농민과 노동자로 이루어진 공산주의가 주도한 세력은 억압당하고 말았습니다. 산업 사회에서였다면 덜 폭력적인 방법으로도 똑같은 목표를 달성할 수 있었겠지요.

하지만 미국이 1970년대 중반에 호주와 이탈리아에서 그랬던 것처럼 선진 산업 민주주의에서도 쿠데타를 조직하는 데 직접 개입한 사례도 있습니다. 맞습니까?

네, 그렇습니다. 1975년에 호주에서 일어난 휘틀럼(Whitlam)이 이끌던 노동당 정부를 전복시킨 쿠데타와 다름없는 사건에 CIA가 개입했다는 증거가 있습니다. 휘틀럼이 호주에 있는 미국의 군사 및 정보 기지에 간섭할지도 모른다는 우려가 있었기 때문입니다. 1976년에 의회의 '파이크 보고서(Pike Report)'가 유출된 이후 CIA가 큰 규모로 이탈리아의 정치에 개입했다는 사실은 널리 알려졌습니다. 보고서에는 1948년부터 1970년대 초까지 미국의 승인을 받은 정당과 그 관계기관들이 6,500만 달러가 넘는 액수를 지급받았다고 적시되어 있었습니다. CIA가 반공산주의자인 후보들을 지지하는 데 600만 달러를 썼다는 사실이 알려지고 나서 1976년에 알도 모로(Aldo Moro) 정권이 무너진 일도 있었습니다. 당시에 유럽의 공산당은 다원적이고 민주적인 성향(유러코뮤니즘)을 드러내며 독립적인 활동을 향해 나아가고 있었는데요, 워싱턴과 모스크바 모두 이런 추세를 반기지 않았습니다. 그런 이유로 두 국가는 스페인의 공산당이 합법화되는 것과 이탈리아에서 공산당의 영향력이 커지는 데 반대했고, 프랑스의 중도 우파 정부를 선호했습니다. 미 국무 장관이었던 헨리 키신저는 서방 동맹국에서 나타나고 있던 "커다란 문제"에 대해 "여러 유럽 국가 내부에서 내재적 진화"가 진행되고 있다고 표현했습니다. 이런 변화의 움직임으로 해서 서방의 공산당들이 대중에게 보다 매력적으로 다가갈 가능성이 있었습니다. 독립을 향한 움직임을 촉진하고 NATO 연합을 위협할 우려도 있었고요.

미국이 다른 국가의 정치 문제에 개입하는 것은 항상 도덕적으로나 정치적으로나 미국식 민주주의를 전파한다는 명목으로 정당화되었습니다. 하지만 실제 이유는 당연히 자본주의를 전파하고 자본주의 비즈니스 규칙의 지배를 강화하기 위한 것인데요, 민주

주의를 전파한다는 이런 신조가 설득력이 있었던 경우가 있습니까?

미국의 외교 정책에 관한 믿음 중 미국식 민주주의의 전파보다 더 확고한 믿음은 없습니다. 이런 신조는 보통의 경우 그것이 무엇인지에 대해 명백하게 표현되지도 않으면서도 세계에서의 미국의 역할에 대한 논의의 기반으로서 당연시되고 있습니다.

사람들이 이런 신조를 믿는다는 사실이 놀라울지도 모르겠습니다. 하지만 정책 원칙 보호의 측면에서는 그런 믿음에도 일리는 있습니다. 만일 "미국식 민주주의"가 선거는 규칙적으로 치르지만 비즈니스 규칙이 심각한 도전을 받지는 않는 정치 체제를 뜻한다면 미국의 정책 입안자들은 이런 체제가 전 세계적으로 확립되길 갈망할 것입니다.

그렇다면 새로운 세계 질서를 확립하기 위해 미국의 정책 수립자들이 생각하는 민주주의의 개념에 관해서 우리가 어떤 교훈을 얻을 수 있을까요?

제2차 세계대전 이후에 여러 지역이 파시즘의 손아귀로부터 해방되면서 문제가 한 가지 생겼습니다. 전통적인 엘리트층은 대중의 신임을 잃은 반면 저항 운동가들은 명망과 영향력을 얻은 것입니다. 저항 운동은 대체로 노동자 계급, 빈곤층과 호응하였고, 종종 급진적 민주주의 실현을 위해 전념했습니다. 처칠이 신임했던 고문인 남아프리카 공화국의 총리 얀 크리스티안 스뮈츠(Jan Christiaan Smuts)는 1943년에 남유럽에 관해 언급하면서 엘리트층의 근본적인 곤경에 관해 이렇게 설명했습니다. "정치가 대중의 마음대로 돌아가기 때문에 무질서와 전면적인 공산주의가 찾아올지도 모릅니다." 여기서 '무질서'라는 말은 특권층의 이익에 가해지는 위협으로 이해하시면 됩니다. 그리고 '공산주의'는 관습적으로 쓰이는 의미와 마찬가지로 '민주주의'를 엘리트층의 지배로 해석해주지 않는 것을 뜻합니다. '공산주의자'들이 전념하는 이 밖의 다른 과제가 무엇이든 관심 밖입니다. 정치적 통제력이 느슨해지면 특권층이 보기에는 우리 모두가 "민주주의의 위기"를 겪고 있는 것입니다.

간단히 말해서, 미국은 그 당시에 여러 산업국가에 정치적으로 개입하면서 고전적인 딜레마에 빠지게 됩니다. 제3세계에 개입할 때와 같은 전형적인 딜레마였죠. 미국의 입장은 군사적·경제적으로는 강했지만 "정치적으로는 약했습니다." 전략을 선택할 때는 자신의 강점과 약점을 평가해야 하죠. 그래서 미국은 자연히 군사력을 뽐낼 수 있는 활동 무대와 경제 전쟁 및 경제적으로 옭죄기가 가능한 조치들을 선호했습니다.

마셜 플랜이 제2차 세계대전 이후에 유럽에 자본주의를 강화하고 (자본주의) 경영 규칙을 전파하기 위한 도구로 쓰이지 않았습니까?

네, 맞습니다. 예를 들면 프랑스와 이탈리아에 마셜 플랜에 의한 원조를 확대하는 계획은 두 국가의 정부로부터 공산주의자를 배제하는 것에 전적으로 연계되어 있었습니다. 여기서 말하는 '공산주의자'에는 반파시스트 저항 운동가와 노동당원들도 포함되어 있었습니다. 즉, 이 계획은 일반적 의미의 '민주주의'를 실현하기 위한 것이었습니다. 미국의 원조는 경제적으로 시달리는 유럽인들에게 초기에 대단히 중요한 역할을 했던 만큼 강력한 조종 수단이었습니다. 미국 기업의 이익과 미국의 장기적인 계획에 상당히 중요한 의미를 띠기도 했고요. 워싱턴에서 두려워했던 것은 금융 원조가 없으면 이탈리아와 프랑스에서 공산주의 좌파가 승리를 거둘지 모른다는 것이었습니다.

마셜 플랜을 발표하기 전날 주불 미국 대사였던 제퍼슨 캐프리(Jefferson Caffrey)는 국무 장관이었던 마셜에게 만일 프랑스에서 열리는 선거에서 공산주의자들이 승리한다면 암울한 결과가 예상된다고 경고했습니다. "소련이 서유럽, 아프리카, 지중해, 중동으로 침투하기가 훨씬 쉬워질 것입니다(1947년 5월 12일)." 도미노는 쓰러질 준비가 되어 있었습니다. 그해 5월에 미국은 프랑스와 이탈리아의 정치 지도자들에게 공산주의자들을 배제하고 연립 정부를 구성하도록 압박을 가했습니다. 미국은 원조가 조건부임을 분명히 했습니다. 좌파와 노동당이 집권할 우려가 있는 공개적인 집권경쟁을 해서는 안 된다는 조건과 연계된 원조라는 거죠. 1948년 내내 마셜을 비롯한 여러 인사들이 공산주의자들이 정권을 장악할 경우 미국의 원조는 중단될 것이라고 공개적으로 강조했습니다. 이는 당시에 유럽이 처해 있던 상황을 떠올려보면 결코 가볍게 넘길 수 없는 위협이었습니다.

미국은 전쟁이 끝나고 나서 빈곤해진 프랑스의 상황을 이용하여 프랑스의 노동운동을 약화시켰고, 직접적인 폭력을 행사하기도 했습니다. 프랑스가 절박하게 필요로 했던 식료품 배급을 보류하며 복종을 강요했고, 폭력배를 조직화하여 폭력단과 파업 파괴자로 이용한 것입니다. 미국의 노동사를 다룬 반관적인(semiofficial) 역사책들을 보면 이런 사실이 약간의 자부심이 담긴 어조로 기록되어 있습니다. 그런 기록에서는 유럽을 구하는 데 도움이 되었다며 미국 노동 총동맹(AFL: American Federation of Labor)의 공을 높이 평가합니다. AFL이 노동운동을 와해시키고 약화했으며 그 결과 (근거 없는) 소위 구소련의 음모를 좌절시킬 수 있었다는 것입니다. 또한 인도차이나로의 무기 통로를 확보하여 인도차이나를 재점령하려는 프랑스의 전쟁 수행을 도왔다는 것입니다. 이것 역시 미국 노동 관료들의 중요한 목적 중 한 가지였습니다. CIA는 바로 이런 목적으로 초기 작전을 통해 마피아를 재구성했습니다. 마피아는 그 대가로 헤로인 무역의 부활을 약속받았습니다. 그 후로도 미국 정부와 마약의 폭발적인 증가 사이의 관련성은 수십 년 동안 지속되었습니다.

미국과 이탈리아의 외교 관계는 제2차 세계대전을 치르면서 중단되었다가 전쟁이 끝나고 나서 다시 재개되었습니다. 미국은 무솔리니(Mussolini)의 파시즘을 무솔리니가 정권을 탈취한 1922년부터 1930년대까지 지지했습니다. 하지만 무솔리니가 전시에 히틀러와 동맹을 맺으면서 미국과의 우호 관계는 끝나고 말았습니다. 그러나 미군이 1943년에 이탈리아 남부를 해방하면서 관계는 다시 이어졌습니다. 미국은 육군 원수인 피에트로 바돌리오(Pietro Badoglio), 그리고 파시스트 정부와 협력했던 왕실의 집권을 도왔습니다. 연합군은 북부 지역을 향해 전진하면서 반파시스트 저항 운동과 독일로부터 해방된 지역에 새로운 민주 국가를 형성하려는 시도로 결성되었던 지방자치단체를 와해시켰습니다. 결국 신(新)파시스트가 참여한 중도 우파 정부가 탄생했으며, 좌파는 곧 배제되었습니다.

여기에서도 계획은 노동자 계급과 빈곤층이 재건에 따르는 부담을 지게 하는 것이었습니다. 정부는 임금을 낮추고 그들을 광범위하게 해고했습니다. 미국의 원조는 공산주의자와 좌파 사회주의자들을 정부에서 제거하는 것을 전제조건으로 했습니다. 그들이 노동자들의 이익을 옹호하여 미 국무부가 원하는 재건 방식에 장애물로 작용했기 때문이죠. 미국이 보기에 공산당은 적과의 내통자 집단이었습니다. 잔프란코 파스키노(Gianfranco Pasquino)의 말처럼 공산당의 입장은 "기본적으로 모든 개혁은 이탈리아의 해방을 위해서만 의미가 있고, 북부 지역에 되돌릴 수 없는 정치적인 변화나 산업체 소유권의 변경이 일어나지 않도록 하는 것"이었습니다. 공산당은 공장을 빼앗으려는 노동자 집단을 배척하고 단념시키기도 했습니다. 하지만 공산당은 실제로 빈곤층의 일자리, 임금, 생활수준을 보호하려고 노력했습니다. 그러니까 역사학자 존 하퍼(John Harper)가 언급한 것처럼 "잠재적인 유럽 부흥 계획에 정치적·심리적인 장벽을 형성한" 것입니다. 케넌(Kennan)과 다른 역사학자들은 하퍼가 "민주적인 노동자 계급"이라고 부른 집단을 대표하는 사람들을 포함하는 것이 "바람직할 것"이라는 주장에는 동의했지만 공산주의자들이 정부에서 배제되어야 한다고 강력하게 주장했습니다. 부흥은 노동자 계급과 빈곤층의 희생을 전제로 한 것이었습니다.

공산당은 노동자 계급과 빈곤층의 욕구에 반응을 보인다는 이유로 미국의 선전 과정에서 "극단적"이고 "비민주적"이라고 낙인찍혔습니다. 미국은 증명되지 않은 구소련의 위협도 능숙한 솜씨로 조작했었죠. 미국의 압력 아래 기독교 민주당원들은 전시에 약속한 작업장 민주주의를 포기했고, 때때로 전 파시스트의 통제 아래 있었던 경찰은 노동 활동을 억압했습니다. 바티칸은 1948년에 열린 선거에서 공산주의자들에게 투표하는 사람은 성체를 받지 못할 것이라고 발표했습니다. 그리고 'O con Cristo o contro Cristo(그리스도와 함께하거나 그리스도에 반대하거나)'라는 슬로건 아래 보수적인 기독교 민주당원들을 지지했습니다. 1년 후에는 교황 비오(Pius)가 모든 이탈리아 공산주의자를 가톨릭교에서 파문하기도 했습니다.

폭력, 원조를 이용한 조종과 다른 위협들, 그리고 대규모 선전 캠페인은 1948년에 열린 중요한 선거의 결과를 결정하기에 충분했습니다. 선거 결과는 사실상 미국이 개입하고 압력을 가해서 얻어낸 것이었습니다.

이탈리아의 선거를 조종하기 위한 CIA의 작전은 1947년 12월에 국가안보회의(NSC)의 허가를 받았습니다. 그 작전은 새로 설립된 CIA의 첫 대규모 비밀 작전이었습니다. 그 후로 이탈리아의 민주주의를 전복시키기 위한 CIA의 작전은 상당한 규모로 1970

년대까지 이어졌습니다.

주로 미국 노동 총동맹(AFL)에 소속되어 있는 미국 노동당 간부들이 다른 국가와 마찬가지로 이탈리아에서도 노동운동을 분열시키고 약화하는 데 적극적인 역할을 했습니다. 또한 고용주들이 이익을 많이 취하는 동안 노동자들은 긴축 정책을 받아들이도록 유도하기도 했습니다. 프랑스에서는 미국 노동 총동맹이 미국의 기업들로부터 돈을 받은 이탈리아인 파업 파괴자들을 수입하여 항만 파업을 무산시켰던 적이 있습니다. 미 국무부는 AFL의 간부들에게 이탈리아에서도 노동조합을 해체하는 재능을 발휘해 달라고 부탁했고, AFL은 이에 기쁜 마음으로 응했습니다. 이탈리아의 파시즘과 연관이 있다는 이유로 신임을 잃었던 기업들은 자신감을 새롭게 얻어 혹독한 계급투쟁을 치렀습니다. 결국 노동자 계급과 빈곤층이 전통적인 지배자들에게 복속되는 것으로 투쟁은 일단락되었습니다.

보다 최근의 정치 해설자들은 미국이 프랑스와 이탈리아에서 민주주의를 전복시킨 행동이 민주주의를 수호한 것으로 보는 경향이 있습니다. CIA와 미국의 민주주의에 관한 저명한 연구에서 로드리 제프리스 존스(Rhodri Jeffreys-Jones)는 "CIA의 이탈리아 모험"은 프랑스에서와 마찬가지로 "민주주의를 지원하는 작전"이었다고 묘사합니다. 하지만 제프리스 존스는 미국이 "각별한 관심을 가지고 이탈리아를 선정한 것은 민주주의 원칙 때문만은 아니었다."라고 인정합니다. 민주주의에 대한 미국의 열의는 이탈리아의 전략적 중요성 때문에 강화된 것입니다. 미국 정부는

"민주주의 원칙"을 고수하기 위해 여러 국가에 자신이 선택한 사회적·정치적 제도를 강요했고 그러는 가운데 미국은 막강한 힘과 전쟁 피해자들의 궁핍한 상황과 괴로움을 이용했는데요, 여기서 쓰인 '민주주의 원칙'의 의미에 주목해야 합니다. 진짜 민주주의를 얻기 위해서는 전쟁의 피해 당사자들은 고개를 쳐들지 않는 법을 배워야 한다는 뜻입니다.

제임스 밀러(James Miller)의 경우 이탈리아에 대한 미국의 외교 정책에 관해 쓴 논문에서 보다 완화된 입장을 취하고 있습니다. 그는 자신의 논문을 요약하며 이런 결론을 내렸습니다.

> 돌이켜 생각해보면 미국이 이탈리아의 안정화에 개입한 것은 마음은 불편할지언정 의미 있는 성과였다. 미국의 힘은 이탈리아 국민에게 미래의 정부 형태를 선택할 권리를 제공하는 동시에 그들이 반드시 민주주의를 선택하도록 하는 데 쓰였다. 미국은 실제로 존재하기는 했지만 과장된 것으로 여겨지는 대내외적인 위협에 맞서 그러한(타의에 의해 선택되는) 유형의 민주주의를 수호하기 위해 이탈리아 정부의 정당성을 약화하는 비민주적인 전략을 동원했다.

밀러가 언급한 것처럼 "대외적인 위협"은 거의 없다시피 했습니다. 구소련은 미국이 1948년에 실시된 선거를 뒤엎고 전통적인 보수 질서를 회복시키는 동안 먼발치에서 지켜봤습니다. 처칠과 맺었던 전시 협정을 준수하며 이탈리아를 서방의 관리 하에 남겨두었습니다. "대내적인 위협"은 민주주의의 위협이었습니다.

미국이 이탈리아인들에게 선택의 자유를 주면서도 그들이 반드시 (미국이 사용하는 특수한 의미로서의) '민주주의'를 선택하게 한 행동은 마치 극온건파가 라틴아메리카를 상대로 보였던 태도를 연상시킵니다. 라틴아메리카 사람들은 자유롭고 독립적으로 선택할 수 있어야 한다는 것이었죠. 그들의 선택이 미국의 이익에 반하지 않는 한.

국내에서든 국외에서든 미국이 생각하는 민주주의적 이상은 간단하면서도 명료합니다. 당신은 무엇을 원하든 자유입니다. 당신의 선택이 우리가 원하는 것인 한.

오바마의 유산

C. J. 폴리크로니우: 버락 오바마는 낙관주의의 물결을 타고 2008년에 미국 대통령으로 당선되었습니다. 하지만 오바마 본인이 언급한 것처럼 그 당시에 미국은 "전 세계적으로 여러 금융 기관과 월 스트리트의 무모한 행동"이 야기한 금융 위기의 절정에 치달아 있었습니다. 오바마가 권력을 잡게 된 과정은 기록으로 잘 남아 있는데요, 그중에는 오바마가 일리노이 주에서 활동할 당시에 정치 커리어를 위해 자금을 지원받았던 기록도 있습니다. 자금을 지원해준 사람은 다름 아닌 토니 레즈코(Tony Rezko)였죠. 레즈코는 잘 알려진 시카고 출신의 부동산 개발업자이자 장사꾼입니다. 반면, 오바마가 대통령으로서 남긴 유산은 아직 기록되지 않았는데요, 박사님께서 보시기에 오바마가 미국 경제가 붕괴되는 것을 막았다고 생각하십니까? 그리고 또 한 가지 질문은 오바마가 "금융인들의 무모한 행동"이 반복되지 않도록 적절한 조치를 취했다고 보십니까?

노엄 촘스키: 첫 번째 질문부터 답하자면 오바마가 대통령으로서 남긴 유산에 관해서는 의견이 분분한 것 같습니다. 어떤 경제학

자들은 심각한 불경기가 찾아오는 것을 막기 위해서 은행을 구제해줄 필요는 없었다고 주장합니다. 대규모 은행 몇 개가 해체되었을지도 모르지만 금융 시스템은 회복했을 거라는 거죠. 딘 베이커(Dean Baker)가 그런 경제학자 중 한 명입니다. 저는 이 문제에 관해서 분명한 입장을 밝힐 수 있을 만큼 제 판단을 믿지 못하겠군요.

이제 두 번째 질문으로 넘어가봅시다. 도드 프랭크(Dodd-Frank) 법안*이 금융 시스템의 투명성을 높이고 은행의 자금 비축량을 늘리게 하는 등 발전을 불러온 것은 사실입니다. 하지만 의회의 개입으로 규제가 일부 줄어들고 말았습니다. 예를 들면 파생 상품 거래에 관한 규제가 약해지는 바람에 국민의 원성이 자자하기도 했습니다. 맷 타이비(Matt Taibbi)와 같은 몇몇 경제 해설자는 월 스트리트와 의회가 공모한 탓에 금융 개혁이 처음부터 힘을 받지 못했다고 주장했습니다.

2008년도에 금융 위기를 불러왔던 실제 요인들이 무엇이었다고 생각하십니까?

금융 위기의 직접적인 원인은 주택 버블이었습니다. 위험 부담이 대단히 큰 서브프라임 모기지 론(비우량 주택 담보 대출)과 리스크를 분산하기 위해 고안된 실험적인 금융 상품에 크게 의지한 것이 문제였습니다. 그 결과 거래 상황이 하도 복잡해져서 누가 누구에게 무엇을 갚아야 하는지 명확하게 아는 사람이 드물 지경

* [역주] 오바마 행정부가 2008년 발생한 금융위기의 재발을 막기 위해 2010년 7월에 발표한 광범위한 금융개혁법안

이었습니다. 금융 위기가 닥쳤던 보다 근본적인 이유는 시장의 기본적인 비효율성과 관련이 있습니다. 저희가 거래를 하기로 합의한다고 가정해봅시다. (질문자께서 저에게 자동차를 판매하신다고 생각해보죠.) 그럴 경우 저희는 거래를 만족스럽게 성사시키지만 그 거래가 다른 사람들에게 미칠 영향(공해, 교통 체증, 유가 상승 등)에 대해서는 생각하지 않습니다. 소위 외부효과는 대단히 클 수 있습니다. 금융 기관의 경우 '체계적인 리스크'를 무시함으로써 외부효과 리스크를 적정 수준보다 낮게 평가하는 것으로 나타납니다. 그러니까 만일 골드만 삭스가 돈을 빌려준다 했을 때 그들은 돈을 빌려가는 사람이 갚지 못할 경우 자신들이 감수해야 할 잠재적인 리스크만 고려하고 금융 시스템 전체에 대한 미치는 리스크는 고려하지 않는다는 것입니다. 그러다 보니 결과적으로 리스크는 적정 수준보다 낮게 책정됩니다. 건전한 상태의 경제가 감당하기에는 리스크가 너무 큽니다. 이론상으로는 적절한 규제를 통해 리스크를 통제할 수 있지만 금융자본화한 경제는 "효율적인 시장"과 "합리적인 선택"이라는 개념을 바탕으로 규제의 완화 또는 철폐를 동반하기 때문에 현실적으로는 리스크를 통제하기가 어렵습니다. 흥미로운 점은 이런 파괴적인 정책에 주된 책임이 있는 여러 인물(로버트 루빈(Robert Rubin), 래리 서머스, 팀 가이트너(Tim Geithner) 등)이 오바마가 백악관에서 첫 임기를 보내는 동안 그의 대표적인 경제 정책 고문이었다는 것입니다. 또한 몇 년 전만 하더라도 위대한 영웅으로 칭송받았던 앨런 그린스펀은 결국 시장이 어떻게 돌아가는지 이해하지 못했다고 조용히 인정했습니다. 상당히 놀라운 일이었죠.

리스크가 너무 낮게 책정되는 다른 원인들이 있습니다. 기업의 지배 구조에 대한 정부의 정책이 잘못된 인센티브를 제공하고 있습니다. CEO들은 단기적인 위험 부담에 대해 큰 보상을 받는 한편, 경제가 무너지면 "금으로 만든 낙하산"을 타고 도망쳐버리므로 뒤치다꺼리를 다른 사람들에게 떠넘길 수 있습니다. 그 외에도 여러 가지 이유가 더 있고요.

2008년에 닥친 금융 위기를 보면 자본주의가 기생적인 시스템이라는 사실이 증명된 것 아닙니까?

'실재하는 자본주의'는 이론적인 자본주의와 다르다는 점을 염두에 두어야 합니다. 적어도 부유하고 힘 있는 국가에서는 그렇습니다. 따라서 미국과 같은 선진 경제는 비용과 리스크는 국영화하고 최종 수익은 민영화하기 위해 국가 부문이 능동적으로 정책을 펴나갑니다. 하지만 최종 수익을 거둘 때까지는 시간이 오래 걸릴 수도 있습니다. 현대의 첨단 기술, 경제, 컴퓨터, 인터넷의 경우에는 수십 년이 걸렸으니까요. 여러 가지 근거 없는 믿음을 해체해야 비로소 진지한 질문을 던질 수 있습니다.

기존의 국가 자본주의적인 경제는 실제로 대중에게 '기생'합니다. 기생하는 방법은 앞서 살펴본 것 외에도 긴급 구제(산업국가 체제에서도 매우 흔한 조치이죠.), 정부의 보조금을 받는 기업에게 가격 책정권을 독점할 수 있는 권리를 보장해주는 보호주의적인 '무역' 조치 등이 있습니다.

박사님께서는 오바마가 첫 번째 임기에 의회에서 유달리 적대적인 의원들을 마주해야 했다고 언급하신 일이 있습니다. 그런 추세는 물론 두 임기 내내 계속되었습니다. 그런 어려움이 있기는 했지만 오바마가 진정한 개혁가였습니까? 아니면 불평등이 심화된 시대에, 그리고 미국의 미래에 대해 대중의 불만이 많았던 시대에 국가의 진보적인 분위기를 누그러뜨리기 위해 대중이 듣기 좋아하는 수사를 잘 사용한 대중 조작자에 더 가까웠다고 보십니까?

오바마는 취임하고 나서 첫 2년 동안은 의회의 지지를 받았습니다. 대통령이 세우는 계획의 대부분이 도입되는 시기죠. 저는 오바마가 실질적으로 진보적인 조치를 취할 의도가 있었다는 것을 한 번도 눈치채지 못했습니다. 2008년에 예비 선거가 시작되기 전에 오바마에 관해서 글을 썼었는데요, 오바마가 후보로 이름을 올렸던 웹페이지를 참고했었습니다. 그때 웹페이지에 나와 있던 내용은 인상적인 구석이 하나도 없었습니다. 아주 좋게 말했을 때 그렇다는 것이고, 솔직히 말씀드리면 충격을 받았을 정도였습니다.

오바마와 그의 지지자들이 오바마의 대표적인 업적으로 여기는 '건강보험 개혁법'을 예로 들어봅시다. 처음에 오바마가 공공보험(사실상 국민 의료보험)을 제시했을 때 국민의 거의 3분의 2에 달하는 사람이 찬성하는 모습을 보였습니다. 하지만 그 보험제도는 별다른 숙고 없이 버려지고 말았습니다. 정부가 약값을 협상하지 못하도록 금지하는 이상한 법안은 반대하는 국민이 약

85%나 되었지만 별다른 논의도 없이 법안의 효력이 계속 유지되기도 했습니다. '건강보험 개혁법' 덕택에 미국의 의료보험 제도가 국제적인 조롱거리였던 수준보다는 향상되었지만 그 정도로는 미미하며 근본적인 결점이 있다는 사실은 부인하기 어렵습니다.

이번에는 핵무기를 한번 살펴봅시다. 오바마는 이 문제에 관해서 좋은 말을 많이 했습니다. 노벨 평화상을 수상할 정도로 좋은 말을 많이 했죠. 실제로 진전은 좀 있었지만 역시 그 수준은 미미했고, 현재는 잘못된 방향으로 향해 가고 있습니다.

그러니까 오바마는 대체로 말을 굉장히 잘했고, 긍정적인 조치를 취한 것도 있지만 퇴보시킨 것도 있는 만큼 전반적으로 살펴보면 그다지 인상적인 업적은 아니라고 할 수 있습니다. 제가 보기에는 이것이 공정한 평가인 것 같습니다. 공화당이 기를 쓰고 오바마의 정책에 반대했다는 점을 감안하더라도 말이죠. 공화당은 오바마가 당선되자마자 사실상 한 가지 문제에만 주력하는 정당이라는 점을 분명히 보여주었습니다. 국가와 세상이 어떻게 돌아가든 대통령이 아무것도 하지 못하도록 막는 데만 주력한 거죠. 산업 민주주의 국가에서 이와 유사한 상황은 찾아보기 어렵습니다. 오죽했으면 명망 있는 보수적인 정치 분석가(미국 기업연구소에 소속된 토마스 만과 노먼 온스타인)들이 공화당을 정상적인 의회 정치를 포기한 "급진적인 반군"이라고 표현했겠습니까.

미국의 외교 정책에 관해서 오바마는 새로운 시대를 열기 위해서

노력했다고 주장했습니다. 전임자가 주창했던 군국주의로부터 멀어지고, 국제법을 존중하며 능동적인 외교를 향해 나아가려고 했다는 주장입니다. 오바마 행정부가 수립했던 미국의 외교 전략과 군사 전략을 어떻게 평가하십니까?

오바마는 여러 전임자나 고문에 비해 지상군 투입을 내켜하지 않았던 대통령이었습니다. 그 대신 특수 작전이나 국제 암살 작전(드론)은 급속도로 확대했습니다. 드론 작전은 도덕적인 재앙이나 마찬가지였으며 불법이라는 논란이 있었는데도 말입니다.[1] 다른 영역에서는 명암이 엇갈렸습니다. 오바마는 중동에 비핵 지역(정확히 말하자면 대량 살상 무기가 없는 지역)을 만드는 계획을 계속해서 거부했습니다. 이스라엘이 보유한 핵무기에 대한 철저한 조사를 막아야 할 필요를 느껴서 그랬을 것입니다. 하지만 그 결과 가장 중요한 군축 조약인 핵확산금지조약(Nonproliferation Treaty)을 위기로 몰아넣었는데요, 이 조약의 효력은 비핵 지역의 확립 여하에 달려 있습니다. 아울러 오바마는 이전의 정책을 확장하면서 러시아 국경에서 위험할 만큼 긴장을 고조시킨 바 있습니다. 게다가 1조 달러나 들인 그의 핵무기 시스템 현대화 프로그램은 우리가 나아갈 방향과는 정반대로 향했습니다. 투자자의 권리를 위한 협정('자유무역협정'이라고 불리는 협정)은 일반적으로 대중에게는 해가 되며 기업에게만 혜택을 안겨줍니다. 다른 국가들의 압력을 받아들이고 쿠바와의 관계 정상화를 위한 조치를 취한 것은 그나마 현명한 선택이었습니다. 이 외에도 오바마의 다른 여러 가지 정책을 살펴보면 범죄에 가까운 일부터 약간

개선된 일까지 다양하게 있습니다.

미국 경제의 상황을 보면 2007~2008년에 닥쳤던 금융 위기의 여파가 여전히 남아 있다고 주장할 수 있습니다. 그뿐만 아니라 경제 정책이 노동자 계급의 삶의 질을 여전히 억압하고 있으며 엄청난 경제적 불안감을 조성한다고도 볼 수 있습니다. 이런 현상이 나타나는 이유가 신자유주의와 미국 경제의 본질적인 특성 때문입니까? 아니면 자본의 자유로운 이동, 자동화, 산업화의 종말과 같이 세계적이고 체계적인 힘이 작동하기 때문입니까?

신자유주의는 여전히 대중을 괴롭히고 있는데요, 그나마 유럽보다는 미국에서 그 정도가 덜 한 편입니다. 자동화는 주요 요소는 아니며, 산업화는 끝나가는 것이 아닙니다. 그저 해외로 위탁되어 나가는 것이죠. 금융화는 당연히 신자유주의 시대에 폭발적으로 일어났고, 그 일반 정책들은 대체로 글로벌한 성격을 띠고 있는데요, 사적 기업의 힘을 증진시키도록 고안되었습니다. 이는 집중된 부가 집중된 정치권력으로 이어지는 악순환을 낳으며, 결국 이런 과정을 지속시킬 수 있는 법안과 행정 절차의 확립으로 이어집니다. 여기에 대항하는 세력도 있습니다. 앞으로 그 세력이 더 강해질 수도 있고요. 샌더스의 선거 운동, 그리고 트럼프의 선거 운동에서도 볼 수 있듯이 잠재력은 분명히 있습니다. 만일 트럼프가 지지를 호소했던 백인 노동자 계급이 적에게 사로잡히는 대신 스스로 조직화하여 자신들의 실질적인 이익에 초점을 맞춘다면 말입니다.

트럼프가 추진하는 여러 가지 계획에 일관성이 있다고 치고 그의 계획을 살펴보면, 폴 라이언의 계획과 똑같은 카테고리에 속합니다. 라이언은 친절하게도 우리를 위해서 자신의 계획에 어떤 목적이 있는지 자세히 설명해주었습니다. 군비는 늘리고, 새로운 재원도 없이 부유층에게 부과하는 세금은 줄이는 것입니다. (미국은 이미 재량 지출액의 절반 이상을 군사비에 쓰고 있으며, 다른 국가들을 전부 합친 것과 비슷할 만큼 군사비 지출액이 막대합니다.) 그러다 보니 간단히 말해서 일반 대중과 세계에 도움이 될 만한 정부 계획에 쓸 수 있는 예산이 거의 안 남습니다. 트럼프는 워낙 독단적이고 자기 모순적인 선언을 많이 하기 때문에 특정한 계획을 그와 연관시키기는 어렵습니다. 하지만 전반적으로 살펴보면 일반 대중에게 돌아갈 돈은 없다는 말입니다. 그러니까 트럼프가 사회 보장 제도와 노인 의료보험 제도를 지지한다는 주장은 아무 의미도 없는 말입니다.

"급진적인 반군"인 공화당은 자신들의 '실제' 계획을 추진하는 데 백인 노동자 계급을 직접 동원할 수는 없기 때문에 종교, 공포, 인종차별주의, 민족주의와 같은 "사회문화적인 문제"를 걸고넘어집니다. 백인 노동자 계급이 민주당으로부터 버림받았기 때문에 이런 식으로 호소하기는 어렵지 않습니다. 민주당은 그들에게 "매번 비슷한 것"만 아주 조금씩 제공할 뿐이니까요. 더군다나 자유주의적인 상위 중산층 계급은 백인 노동자 계급을 인종차별과 그 밖의 여러 가지 죄목으로 밥 먹듯이 비난합니다. 더 자세히 들여다보면 깊이 뿌리박힌 사회의 이런 병리현상은 다양한 계층에서 다양한 형태로 나타나는 것일 뿐인 경우가 많습니다.

오바마의 카리스마와 특별한 언변은 그가 권력을 잡는 데 커다란 도움이 되었습니다. 반면 도널드 트럼프는 성격이 외향적이고 강하며, 일을 똑바로 할 줄 안다는 이미지를 대중에게 심어주고 싶어 하는 인물입니다. 비록 미국의 리더로서 자신의 이미지를 원하는 대로 만들어 내기 위해 말을 범속하게 하지만요. 우리가 살고 있는 시대에 정치인의 성격이 중요한 역할을 한다고 보십니까?

저는 개인적으로 카리스마가 있는 리더를 아주 안 좋아합니다. 강한 리더의 경우에는 그 사람이 무엇을 위해 일하는지에 따라 다르고요. 제가 보기에 미국과 같은 사회에서는 루스벨트 대통령과 같은 리더가 가장 잘 어울리지 않나 싶습니다. 실질적인 개혁을 원하는 민중 운동에 반응하고, 대중에게 연민을 느끼고, 그런 운동을 격려하는 리더가 필요합니다. 적어도 가끔이나마 말이죠.

어차피 대통령에 당선되고 싶어 하는 정치인들은 상당히 뛰어난 연기자여야 할 것 같습니다. 그렇지 않습니까?

선거 운동은 특히 미국의 경우 광고업계에 의해 진행됩니다. 버락 오바마의 2008년 선거 운동은 광고업계로부터 그해의 가장 훌륭한 마케팅 캠페인으로 선정되기도 했습니다.

오바마는 마지막 연두교서*에서 마치 7년 이상 대통령으로 집무한 사람이 아니라 대통령 선거에 출마하는 사람처럼 이야기했습니다. 이런 점에 대해서 어떻게 생각하십니까? 오바마가 제시하는 미국의 8~10년 후의 미래 비전에 대한 박사님의 생각이 궁금합니다.

오바마는 마치 8년 전에 대통령으로 당선된 사람이 아닌 것처럼 이야기했습니다. 미국이 나아갈 방향을 직접 바꿀 기회가 굉장히 많았었습니다. 앞서 지적했던 것처럼 오바마의 '대표적인' 업적인 의료보험 제도 개혁마저도 색이 바래진 버전에 불과합니다. 의료보험에 대한 정부의 개입을 맹렬하게 비난하는 대규모 선전 공세와 그에 대항하는 정부의 대단히 제한적인 대응에도 불구하고 인구의 다수(와 민주당원의 대다수)는 국민 의료보험 제도에 여전히 찬성합니다. 그런데도 오바마는 의회의 지지가 있을 때도 노력조차 하지 않았습니다.

핵무기와 기후 변화가 인류가 직면한 가장 큰 위협이라고 주장하셨습니다. 그렇다면 나오미 클라인(Naomi Klein)처럼 기후 변화가 자본주의의 직접적인 결과라고 생각하십니까? 아니면 영국의 철학자 존 그레이(John Gray)처럼 기후 변화가 인류의 일반적인 생활과 진보와 관련이 있다고 생각하십니까?

지질학자들은 지구의 역사를 시대별로 구분합니다. 최신세(플라이스토세)는 수백만 년 동안 계속되었고, 그 후에는 완신세가 1만

---

* [역주] 미국 대통령이 매년 1월에 의회를 상대로 진행하는 국정 보고

년 전에 농업 혁명이 일어날 때쯤 찾아왔습니다. 최근에는 산업화의 시대에 해당하는 인류세가 도래했고요. 우리가 '자본주의'라고 부르는 것(실제로는 국가자본주의의 다양한 버전들)은 거래에 있어서 비시장적인 요소를 무시하는 시장 원칙을 고수하려는 경향이 다분합니다. 이때의 비시장적인 요소란 이른바 외부효과를 뜻합니다. 빌과 해리가 거래를 할 때 톰이 치러야 할 대가를 말하는 것입니다. 외부효과는 금융 시스템의 체계적인 리스크와 마찬가지로 언제나 심각한 문제인데요, 납세자가 '시장의 실패'를 수습해야 하기 때문입니다. 또 다른 경제 효과는 환경의 파괴입니다. 하지만 이 경우에는 납세자가 시스템을 복구하기 위해 뛰어들 수도 없습니다. 문제는 "인류의 생활과 진보"가 아니라 사회와 경제가 특정한 형태로 발전해가는 것에 있습니다. 그것이 반드시 자본주의에 국한된 것은 아니며, 독재적인 러시아의 국가통제주의(사회주의가 아님)는 자본주의보다도 더 심합니다. 기존의 시스템 안에서 취할 수 있는 중요한 조치들도 있습니다. (탄소세, 대체 에너지, 환경 보호와 같은 것들이죠.) 그런 조치는 최대한 많이 강구할수록 좋고, 권력과 수익이 아닌 인간의 필요에 봉사하도록 사회와 문화를 재구성하려는 노력이 동반되어야 합니다.

환경을 되살리기 위한 지구공학 프로젝트에 관한 이야기가 나오고 있는데요, 어떻게 생각하십니까? 그중에는 공기 중에 있는 탄소를 빨아들이는 탄소 저감 기술도 있던데요.

이런 프로젝트는 대단히 신중하게 평가되어야 합니다. 대단히 기술적인 면부터 상당히 복잡하고 이해하기 어려운 대규모 사회적·환경적 영향에 이르기까지 다양한 부분에 신경을 써야 하겠죠. 공기 중의 탄소를 빨아들이는 일은 나무를 많이 심는 방식으로 이미 오래 전부터 진행 중이지만 훨씬 큰 규모로 추진하여 좋은 결과를 낼 수 있을 것으로 여겨집니다. 하지만 제가 확실한 대답을 드릴 수 있을 만큼의 전문지식이 부족하군요. 보다 이색적인 다른 여러 가지 계획도 각각의 가치를 고려하여 매우 신중하게 살펴봐야 하겠습니다.

사우디아라비아를 비롯하여 몇몇 주요 산유국은 경제를 다각화하는 과정을 거치고 있습니다. 화석 연료의 시대가 곧 저물 것이라는 사실을 완벽하게 인지하고 있는 것처럼 보이는데요, 그렇다면 중동에 대한 미국의 외교 정책이 급격하게 변할 것이라고 보십니까? 지금까지 귀한 자원이었던 석유가 더 이상 소중해지지 않을 테니까요.

사우디아라비아 지도자들의 이 문제에 대한 논의는 너무 늦은 감이 있습니다. 이런 계획은 수십 년 전부터 진지하게 추진되었어야 합니다. 현 추세가 계속된다면 사우디아라비아와 여러 걸프 지역 국가가 머지않은 미래에 사람이 살 수 없는 곳으로 변해버릴지도 모릅니다. 아이러니도 이런 아이러니가 없는데요, 중동 국가들은 결국에는 자신들을 파괴할 독을 생산하면서 지금까지 살아왔습니다. 이런 아이러니는 사실 우리 모두에게 간접적으로

나마 적용됩니다. 중동 국가들이 세우는 계획이 얼마나 진지한지는 아주 명확하진 않습니다. 회의론자도 많은데요, 한 트위터 이용자는 그들이 감전당할까 무서워서 전력부와 수자원부를 분리했다고 말했습니다. 그런 코멘트가 사람들의 일반적인 의견을 함축적으로 나타내는 것 같습니다. 그들의 논의에서 놀라운 결론이 도출되면 좋겠습니다.

메디케어 스캔들

C. J. 폴리크로니우: 트럼프와 공화당은 어떻게든 오바마케어를 폐지하기로 작정한 것 같습니다. 2010년에 탄생한 환자 보호 및 부담 적정 보험법이 기존의 건강보험 제도보다 향상된 것 아닙니까? 그리고 공화당이 이 제도를 무엇으로 대체하려고 하는 것일까요?

노엄 촘스키: 우선 저는 '오바마케어'라는 용어가 항상 좀 불편하게 느껴졌다고 말씀드리고 싶습니다. '메디케어(Medicare)'를 '존슨케어(Johnsoncare)'라고 부른 사람은 없지 않습니까? 부당한 생각일지도 모르겠지만 이름에 공화당 스타일의 저속한 경멸조 내지는 인종차별주의가 약간 담긴 것 같아서요. 하지만 명칭 문제는 이쯤 하기로 합시다. 말씀하신 대로 건강보험 개혁법은 기존의 의료보험 제도에 비해서는 확실히 낫지만 대단한 칭송을 받을 만한 것은 아닙니다. 미국의 의료보험 제도는 국제적인 스캔들 수준이며, 1인당 비용이 다른 부유한 OECD 국가들에 비해 약 두 배나 많은데도 결과는 상대적으로 만족스럽지 못합니다. 그러나 건강보험 개혁법이 실제로 여러 가지 면을 개선한 것은 사실입니

다. 보험이 없었던 국민 수천만 명에게 보험을 제공했고, 장애가 있는 사람들에게 보험을 제공하는 것을 거부하지 못하도록 금지했습니다. 다른 개선점도 많았는데요, 건강보험 개혁법은 건강보험 지출액의 상승률 감소에도 기여한 것으로 보입니다. 정확하게 판단하기는 어렵지만요.

(소수의 유권자를 등에 업고도) 공화당이 장악하고 있는 하원은 오바마케어를 폐지하거나 약화하기 위해서 지난 6년 동안 50회 이상 관련 법안에 반대표를 던졌습니다. 그렇다고 해서 타당한 대안을 제시한 것도 아닙니다. 공화당의 그런 행동이 그다지 놀랍지도 않습니다. 오바마가 대통령으로 당선된 후로 공화당은 "반대(No)"만 외치는 정당으로 전락했으니까요. 공화당은 이제 아마도 냉소적인 폴 라이언 스타일의 책임회피 전술을 채택할 것입니다. 오바마케어를 폐지하고, 대안을 찾는 시기를 미룰 것입니다. 정치인으로서 국민에게 한 열렬한 맹세를 지키는 척하면서 의료보험 제도의 잠재적인 붕괴와 부풀려진 비용이 낳을 결과를 한동안 회피하려 하겠죠. 물론 확실한 것은 알 수 없습니다. 다만 예상할 수 있는 것은 이것저것 갖다 붙인 대안을 대충 만들어내거나, 극우파이자 열성당원들의 모임인 "프리덤 코커스*"가 대안도 없이 일단 오바마케어의 즉각적인 폐지를 요구하는 것 정도일 것입니다. 정부의 예산이나 국민이 입을 타격은 안중에도 없을 것입니다.

의료보험 제도 중에서 타격을 입을 가능성이 큰 것은 바로 '메

* [역주] Freedom Caucus: 공화당 내의 강경 보수파 모임

디케이드'*입니다. 아마도 연방 정부가 주에 지급하는 정액 보조금이 줄어들 것이고, 공화당의 손아귀에 있는 주는 '메디케이드'를 끝장내버릴 기회를 얻게 될 것입니다. '메디케이드'는 "중요하지 않은" 빈곤층에게만 도움이 되고, 그들은 어차피 공화당에게 투표하지도 않습니다. 따라서 공화당의 논리에 따르면 부유층이 왜 '메디케이드'를 유지하기 위해서 세금을 내야 하겠습니까?

세계 인권 선언 제25조에 따르면 의료 복지를 누릴 권리 역시 하나의 인권입니다. 하지만 건강보험 개혁법이 시행된 이후에도 3천만 명에 달하는 미국인이 의료보험이 없는 상태입니다. 미국이 무상 의료보험을 제공하지 못하는 데 어떤 핵심적인 문화적, 경제적, 정치적 요소가 작용한다고 보십니까?

우선 미국이 세계 인권 선언을 인정하지 않는다는 점을 기억하는 것이 중요합니다. 비록 엘리너 루스벨트(Eleanor Roosevelt)가 여러 국가의 참여를 등에 업고 추진한 프로젝트이지만 말입니다. 그녀는 세계 인권 선언의 초안을 작성하는 위원회의 의장을 맡기도 했습니다.

세계 인권 선언은 위상이 동등한 세 가지 요소로 구성되어 있습니다. 바로 시민적·정치적 권리, 사회경제적 권리, 문화적 권리입니다. 미국은 공식적으로 첫 번째 권리만을 인정하고 있지만 그 권리에 관한 조항마저도 위반한 경우가 많습니다. 미국은 세 번째 권리는 사실상 무시하며, 우리가 다루는 주제와 관련이 있

* [역주] Medicaid: 미국 저소득자에 대한 의료 보장 제도

는 사회경제적 권리(제25조 포함)는 공식적으로, 그리고 강하게 규탄했습니다.

제25조에 대한 반대는 레이건과 조지 H. 부시 시대에 특히 맹렬하게 나타났습니다. 이 두 정권이 집권하던 시기에 국무부 차관을 지내며 인권과 인도주의에 관한 일을 총괄했던 파울라 도브리안스키(Paula Dobriansky)는 "경제적 권리와 사회적 권리가 인권에 해당"한다는 세계 인권 선언의 일부 내용은 "근거 없는 신화"에 불과하다고 일축했습니다. 그녀는 레이건 시절에 유엔 대사를 지냈던 커크패트릭(Kirkpatrick)의 선례를 따른 것입니다. 커크패트릭은 선언문이 "막연한 희망과 유아적 기대감만을 담아낼 수 있는 빈 깡통과 다르지 않은 수준"이라며 신화에 대해 조롱을 퍼부었습니다. 구소련의 대사였던 안드레이 비신스키(Andrei Vyshinsky) 역시 그것이 "실현되기 어려운 일을 담은 문장의 나열"일 뿐이라고 말했습니다. 모리스 에이브럼(Morris Abram) 대사의 경우에는 제25조에서 명시하는 개념이 "터무니없으며" 사람들을 "위험하게 선동"한다고 의견을 밝혔습니다. 그는 조지 H. 부시 시절에 유엔 인권위원회(UNCHR)에서 미국 대표를 지낸 저명한 법조인입니다. 에이브럼은 세계 인권 선언의 제25조와 유사한 내용이 담긴 유엔 발전권 선언(UN Right to Development)에 유일하게 거부권을 행사했습니다. 조지 W. 부시 정권 역시 식량권과 가능한 한 최고 수준의 신체적·정신적 건강을 유지할 권리에 관한 유엔의 결의문에 유일하게 거부 표를 던져 그 전통을 유지했습니다. (해당 결의안은 52 대 1로 통과되었습니다.)

그렇다면 제25조를 거부하는 것은 신조의 문제입니다. 실천의 문제이기도 하고요. 사회 정의를 비교해보면 미국은 OECD 31개국 중 고작 27위를 차지합니다. 그 밑에는 그리스, 칠레, 멕시코, 터키가 자리하고 있습니다.[1] 이런 현상이 타의 추종을 불허할 만큼 많은 이점을 누리고 있는 세계 역사상 가장 부유한 국가에서 일어나고 있는 것입니다. 미국은 아마도 18세기 때부터 세상에서 가장 부유한 지역이었을 것입니다.

이 문제에 관해 레이건-부시-비신스키의 어깃장에 대한 체면치레로 세계 인권 선언을 공식적으로 지지한다고 해서 실천을 잘할 것을 기대하는 것은 어렵다는 점을 인식할 필요가 있습니다. 신조 따로 실천 따로이니까요.

미국이 신조 면에서나 실천적인 면에서나 국민의 권리를 무시하는 행태는 비단 세계 인권 선언에서만 나타나는 것이 아닙니다. 노동권에 대해서 한번 생각해봅시다. 미국은 "결사의 자유와 단결권의 보호"를 명시하는 국제노동기구(ILO) 협약 제1조 역시 비준하는 데 실패했습니다. 《미국 국제법 저널(American Journal of International Law)》에 실린 한 사설에서는 국제노동기구 협약의 이 조항을 "미국 정치에서 손댈 수 없는 협약"이라고 표현했을 정도입니다. 사설에 따르면 미국은 이 조항을 워낙 강경하게 거부하는 나머지 국내에서 이 문제에 관한 논의조차 있었던 적이 없습니다. 워싱턴이 국제노동기구 협약을 거부하는 태도는 명칭조차 잘못된 "자유무역협정"의 극히 보호무역주의적 요소들을 옹호하는 태도와는 완전히 다릅니다. 자유무역협정은 그럴싸한 이유를 내세워서 기업의 가격 책정권('지적 재산권')의 독점을 보장하기 위해 고안되었습니다. 일반적으로 FTA는 "투자자 권리 협정"이라고 부르는 것이 더 정확할 것입니다.

정부가 기본적인 노동권을 대하는 태도와 유력가 개인의 지나친 권리를 대하는 태도를 비교해보면 미국 사회의 본질에 관해서 많은 것을 알 수 있습니다.

게다가 미국의 노동사는 유달리 폭력으로 물들어 있습니다. 수백 명의 미국 노동자가 파업 중에 민간 또는 주에 소속된 치안 부대의 손에 목숨을 잃었습니다. 퍼트리샤 섹스톤(Patricia Sexton)은 미국의 노동사에 관해 글을 쓰면서 1877년부터 1968년까지 700명의 노동자가 사망하고 수천 명이 부상을 당한 것으로 추정했습니다. 미국과 비슷한 다른 여러 국가를 살펴보더라도 이런 일은 찾아볼 수 없습니다. 그녀는 이 문제에 관한 진지한 연구가 없다고 밝히며, 이런 집계가 "실제 사상자 수를 한참 밑돌지도" 모른다고 결론을 내렸습니다. 반면, 영국의 경우 1911년 이후 파업 중에 목숨을 잃은 노동자는 단 한 명뿐입니다.

자유를 위한 투쟁이 승리로 이어지고 사용할 수 있는 폭력적인 수단이 줄어들면서 기업들은 보다 부드러운 조치를 취하게 되었습니다. 예를 들면 선두적인 산업으로 등장한 "파업을 깨는 과학적인 방법"을 동원하는 것이었습니다. 이와 거의 비슷한 방식이 개혁정권의 전복을 위해서도 사용됩니다. 한때 일상적으로 일어났던 폭력을 이용한 쿠데타가 최근에 브라질에서 벌어진 쿠데타처럼 "부드러운 쿠데타"로 대체되었습니다. 그러나 가능할 경우 여전히 폭력을 이용한 쿠데타가 벌어집니다. 오바마는 2009년에 온두라스에서 일어난 군사 쿠데타를 지지했는데요, 전 세계적으로 미국이 거의 유일하게 그 쿠데타를 지지한 국가였습니다. 비슷한 다른 사회에 비해 미국 사회에서는 노동조합이 여전히 상대적으로 힘이 약한 편입니다. 레이건의 집권 이후 유달리 강해진 공격에 시달리면서 의미 있는 조직화된 세력으로서 사회에서 살아남기 위해 끊임없이 분투하는 실정입니다.

이 모든 설명은 미국의 의료보험 제도가 왜 다른 OECD 국가들이나 그보다도 수준이 더 낮은 국가들과 비교했을 때 형편없는지 부분적으로 보여줍니다. 하지만 의료보험 제도와 사회 정의의 측면에서 미국이 뒤처진 데는 보다 심오한 이유가 있습니다. 이런 이유는 미국 역사의 독특한 특징에 기인합니다. 국가 자본주의 및 산업 민주주의를 표방하는 다른 선진국들과 달리 미국의 정치 경제와 사회 구조는 거의 백지 상태에서 발전했습니다. 미국의 정착민은 토착민들을 추방하거나 대량 학살하여 그들의 땅을 빼앗았습니다. 그 결과 어마어마한 자원과 비옥한 땅을 마음대로 이용할 수 있었고, 지리적인 위치와 힘으로 인해 안전도 확보할 수 있었습니다. 이는 개별적인 농민 집단의 번영으로 이어졌고, 그들은 노예 제도 덕택에 산업 혁명에 활기를 불어넣은 목화의 생산을 통제할 수 있었습니다. 목화는 미국과 영국에서 제조업, 은행업, 상업, 소매업의 토대가 되었습니다. 미-영에서보다는 간접적이긴 하지만 다른 유럽 국가에서도 비슷한 영향을 끼쳤고요. 미국이 500년 동안 거의 쉴 새 없이 전쟁을 치렀다는 점도 연관이 있습니다. 학자인 월터 힉슨(Walter Hixson)이 상세히 기록한 것처럼 이런 역사가 결국 "세계 역사상 가장 부유하고, 강력하고, 군사화된 국가"를 낳은 것입니다.[2]

이와 비슷한 이유로 미국 사회에서는 유럽에서 볼 수 있는 전통적인 사회적 계층화와 전제적인 정치 구조를 찾아볼 수 없었습니다. 뿐만 아니라 우여곡절 속에서 발전해 온 사회적인 지원을 위한 다양한 조치도 없었습니다. 국가가 경제에 처음부터 자주 개입하기는 했지만, 그리고 최근에는 보다 적극적으로 개입했지만, 일반적인 지원 시스템은 없었습니다.

그 결과 미국사회는 기이할 정도로 기업-주도형 국가가 되었습니다. 미국의 기업들은 계급의식이 대단히 강하며 "기업 정신을 위한 끊임없는 투쟁"에 전념합니다. 기업들은 "대중의 정치적인 힘"을 억누르거나 무너뜨리는 데 혈안이 되기도 했습니다. 이런 힘이 "기업가들에게 위험"하다고 생각하기 때문입니다. (뉴딜 정책이 시행되던 시기에 비즈니스 언론이 애용하던 수사법을 인용해봤습니다. 그 당시에는 기업의 압도적인 권력 독점을 위협하는 세력이 실재하는 것처럼 느껴졌습니다.)

미국의 의료보험 제도에 관한 이례적인 점은 또 있습니다. OECD의 데이터에 따르면 미국은 대부분의 다른 선진국에 비해 의료보험에 훨씬 많은 비용을 들이고 있습니다. 그런데도 미국인들은 건강이 좋지 않고 다른 선진국의 국민에 비해서 만성 질환에 시달리는 비율 또한 높습니다. 그 이유는 무엇입니까?

미국이 의료보험 제도에 투입하는 비용은 OECD 평균의 두 배 정도지만 그 결과는 상대적으로 만족스럽지 못합니다. 유아 사망률을 예로 들어봅시다. CIA의 데이터에 따르면 미국의 유아 사망률은 쿠바, 그리스, 그리고 유럽연합의 전반적인 수준보다 높습니다.

그 이유에 대해서 물어보셨는데요, 이유를 알기 위해서는 사회 정의라는 보다 일반적인 문제로 돌아갈 수도 있지만 엄연히 의료보험과 관련된 특수한 이유도 있습니다. 미국의 의료보험 제도는 이례적인 수준으로 규제를 받지 않는 민영화된 시스템입니다. 보험 회사들은 의료 서비스를 제공하는 것이 아니라 돈을 버는 것이 목적입니다. 설령 의료 서비스를 제공하더라도 환자들에게 최선의 방식으로 제공하지 않거나 서비스가 효율적이지 않을 가능성이 큽니다. '메디케어'보다 의료보험 시스템의 민간 부문에 들어가는 관리비가 훨씬 많은데요, '메디케어' 역시 민간 시스템을 통해야 하기 때문입니다.

다른 국가들과 비교해보면 미국의 민영화된 시스템이 그 어느 국가보다 훨씬 관료주의적이고 관리비도 훨씬 많이 든다는 사실을 알 수 있습니다. 의학 연구원인 스테피 울핸들러(Steffie Woolhandler)가 이끈 연구팀이 10년 전에 미국과 캐나다의 의료보험 제도를 비교한 연구를 살펴보면 두 제도 간에 엄청난 차이가 있다는 사실을 알 수 있습니다. 그녀는 "미국이 관리비를 캐나다의 수준까지 줄인다면 연간 최소 2,090억 달러를 아낄 수 있으며, 그 돈이면 보편적 의료보험을 실현할 수 있을 것이다."라고 결론을 내렸습니다. 미국의 시스템이 갖춘 또 다른 이례적인 특징은 정부가 약값을 협상하지 못하도록 막는 법이 있다는 것입니다. 그것이 바로 다른 국가와 비교했을 때 미국의 약값이 훨씬 비싼 이유입니다. 그런 효과는 "무역 협정"을 통해 제약업계에 부여된 과도한 특허권으로 인해 더욱더 확대됩니다. 제약업계가 이윤을 독점할 수 있게 되는 것이죠. 게다가 이윤을 추구하는 것이 목적인 시스템에서는 예방 치료보다는 값비싼 치료를 시행할 때 인센티브가 더 큽니다. 반면 쿠바의 경우 놀랍도록 효율적이고 효과적인 의료보험 제도를 통해 예방 치료에 주력하고 있습니다.

왜 미국인들은 단순히 여론 조사에서 자신들의 의견을 밝히기만 할 뿐 보편적인 의료보험 제도를 요구하지 않는 것입니까?

미국인들이 오랫동안 자신들의 의견을 밝힌 것은 사실입니다. 예를 한 가지만 들자면 레이건의 집권 말기에 미국 성인의 70%가 의료보험이 헌법상으로 보장되어야 한다고 생각했습니다. 게다가 성인의 40%는 그런 권리가 헌법에 이미 명시되어 있다고 잘못 알고 있었습니다. 너무나 당연한 권리라고 생각했기 때문입니다. 여론 조사 결과는 표현과 뉘앙스에 따라 약간의 차이는 있지만 미국인들은 수년 동안 제법 일관되게 보편적인 의료보험 제도를 강력하게 지지하는 모습을 보였습니다. 그런 제도는 '캐나다 스타일'이라고 자주 불리는데요, 캐나다의 의료 시스템이 최고여서가 아니라 캐나다가 가깝고 관찰하기 쉽기 때문입니다. 초기의 '건강보험 개혁법'은 공공 보험을 요구했고, 인구의 3분의 2에 가까운 국민의 지지를 받았습니다. 하지만 그런 계획은 별다른 숙고 없이 버림받았는데요, 아마도 금융 기관과의 합의가 있었을 것으로 추정됩니다. 정부가 약값을 협상하지 못하도록 금지하는 법안 역시 인구의 85%가 반대했는데도 무시되었습니다. 이번에도 아마도 대형 제약업체들의 반발을 사지 않기 위한 조치였을 것이라고 생각합니다. 미국인들이 보편적인 의료보험 제도를 선호한다는 사실은 매우 두드러진 현상입니다. 일반 대중을 겨냥한 매체에 그런 제도를 지지하거나 옹호하는 내용을 거의 다루지 않고 공공 부문에서 그런 제도에 관한 논의 역시 사실상 전무하다는 점을 생각하면 정말 놀라울 정도입니다.

미국인들이 보편적인 의료보험 제도를 지지한다는 사실은 흥미로운 방식으로 가끔씩 관심을 받습니다. 《뉴욕타임스》에 따르면 민주당원인 존 캐리가 2004년에 대통령 후보였을 때 "의료보험에 대한 접근권을 확대하려는 (자신의) 계획이 새로운 정부 프로그램으로 이어지기는 어려울 것이라고" 말했습니다. 미국의 의료보험 시장에 정부가 개입하는 문제를 두고 정계에서 지지하는 목소리가 거의 없었기 때문입니다. 하지만 《월 스트리트 저널》, 《비즈니스 위크》, 《워싱턴 포스트》를 비롯한 여러 언론에 실린 여론 조사에 따르면 정부가 국민 모두에게 "기술이 제공할 수 있는 가장 선진적인 최고의 의료 서비스"를 보장해주길 바라는 국민의 비율이 압도적으로 높습니다.

하지만 그것은 대중의 지지에 불과합니다. 언론은 이 문제에 관해 "정계의 지지"가 거의 없고 대중이 원하는 것은 "정치적으로 불가능하다."라고 정확한 현실을 보도했습니다. 그것은 금융기관과 제약업체들이 그런 꼴을 두고 보지 않을 것이라는 사실을 우회적으로 표현한 것이죠. 미국식 민주주의에서는 그게 중요한 것입니다.

질문하신 내용으로 돌아가자면 이런 점은 미국의 민주주의에 관해 중요한 문제를 제기합니다. 대중이 왜 그토록 강력하게 원하는 것을 '요구'하지 않는 것입니까? 대체 왜 집중된 사적 자본이 인간의 삶에 반드시 필요한 것들을 이윤과 권력을 위해 약화하도록 내버려두는 것입니까? 대중의 '요구'가 비현실적인 것도 아닙니다. 다른 국가에서는 흔히 실현되는 요구이며, 미국 내에서도 그런 혜택을 누리는 사람들이 있습니다. 게다가 중대한 법적 돌파구 없이도 국민의 요구를 손쉽게 시행할 수도 있습니다. 예를 들면 '메디케어'의 가입 연령을 점진적으로 낮추면 됩니다.

이 문제는 원자화된 사회에서 나타나는 민주주의의 심각한 결함으로 우리의 관심을 돌립니다. 대중이 정치, 사회, 경제 문제를 결정하는 데 의미 있는 방식으로 참여할 수 있게 해주는 대중적인 협회와 조직이 없는 것입니다. 그런 조직에는 막강한 참여적 노동운동과 대중의 숙고와 참여를 바탕으로 성장하는 정당이 반드시 포함되어야 합니다. 정당의 탈을 쓴, 엘리트층이 선택한 후보가 즐비한 집단이 아니라요. 결국 남는 것은 유권자의 다수(떠들썩한 대통령 선거 때도 인구의 절반도 참여하지 못하며, 다른 선거에는 더 적게 참여함)가 말 그대로 권리를 박탈당한 탈정치화된 사회입니다. 여러 연구가 끊임없이 밝혀내듯이 유권자를 대표하는 사람들이 유권자가 원하는 것을 무시하고, 실제적인 의사 결정은 집중된 부와 기업 권력을 누리는 소수의 손에 달려 있는 것입니다.

이런 상황은 미국의 선두적인 20세기 철학자 존 듀이(John Dewey)의 말을 떠올리게 합니다. 그의 연구는 대체로 민주주의 및 민주주의의 실패와 약속에 중점을 두었습니다. 듀이는 "기업들이 언론, 언론 홍보 담당자, 그리고 홍보와 선전을 위한 다른 수단을 등에 업고 은행업, 토지, 산업을 개인적으로 통제하여 개인적인 이윤"을 창출하는 현실을 개탄했습니다. 그리고 민주적인 틀이 설령 유지되더라도 "오늘날에는 권력이 생산, 교환, 홍보, 이동, 통신 수단을 통제하는 데 있으며, 그런 것들을 차지하는 자가 국가의 삶을 지배한다."라고 의견을 밝혔습니다. 듀이는 그런 기관들이 대중의 손에 넘어갈 때까지 정치는 "대기업의 큰손들이 사회에 드리우는 그림자"로 남을 것이라고 덧붙이기도 했습니다. 이는 주류에서 내몰린 극좌파의 목소리가 아니라 주류에 속했던 자유주의자의 목소리였습니다.

질문해주신 내용으로 되돌아가 보자면 약 250년 전에 쓰인 데이비드 흄(David Hume)의 명저《정부의 기본 원칙에 관하여(Of the First Principles of Government)*》에서 제법 포괄적인 대답을 찾을 수 있습니다. 흄의 대답은 오늘날 서방 민주주의 국가에도 적용될 수 있습니다. 그는 다음과 말합니다.

---

* [역주] 국내에 아직 출간되지 않아 역자 임의로 지은 제목

> 다수가 소수에 의해 얼마나 쉽게 통치 받는지를 보는 것보다 놀라운 일은 없다. 사람들이 자신의 감정과 열정을 포기하고 통치자의 감정과 열정을 위해 암묵적으로 복종하는 모습을 관찰하는 것 역시 마찬가지다. 이런 놀라운 현상이 어떻게 야기되었는지 조사해보면 '힘'은 항상 피통치자의 편에 있으므로 통치자는 의견 외에는 그들을 지지할 수단이 없다는 사실을 알아낼 것이다. 따라서 정부는 오직 의견에만 바탕을 두고 형성되며, 이런 금언은 가장 독재적이고 가장 군사적인 정부뿐만 아니라 가장 자유롭고 가장 인기 있는 정부에도 해당된다.

암묵적인 복종은 자연의 법칙이나 정치 이론에 의해 강요되는 것이 아닙니다. 이는 적어도 미국과 같은 사회에서는 하나의 선택이며, 우리의 선조들이 투쟁 끝에 얻어낸 유산입니다. 미국에서는 실제로 힘이 "피통치자의 편에" 있습니다. 그들이 힘을 얻고 행사하기 위해서 조직화되고 행동한다면 말입니다. 이는 비단 의료보험 제도뿐만 아니라 다른 수많은 문제에도 적용됩니다.

시장 주도 페다고지

C. J. 폴리크로니우: 적어도 계몽시대 이후부터는 교육이 인류가 무지의 베일을 벗고 더 나은 세상을 만들 수 있게 해주는 몇 안 되는 기회 중 하나였습니다. 민주주의와 교육 간에 실제로 어떤 상관관계가 있습니까? 아니면 닐 포스트만(Neil Postman)이 《교육의 종말(The End of Education)》에서 언급한 것처럼 둘의 연관성은 주로 근거 없는 믿음에 바탕을 두고 있을 뿐입니까?

노엄 촘스키: 이 질문에 간단한 대답은 없는 것 같습니다. 이런 점에 관해서는 교육의 실상이 긍정적인 요소와 부정적인 요소를 모두 갖추고 있습니다. 제대로 기능하는 민주주의를 위해서는 교육받은 대중의 존재가 반드시 필요한 전제조건이겠죠. 여기서 말하는 "교육받은"의 의미는 단순히 많이 아는 것이 아니라 자유롭고 생산적인 방식으로 묻고 탐구할 줄 안다는 것입니다. 그것이 바로 교육의 주된 목적인데요, 실제로는 그런 목적에 진전이 있을 때도 있고 퇴보가 있을 때도 있습니다. 그 균형을 올바른 방향으로 이동하는 것 역시 커다란 과업입니다. 미국에게는 그런 과업이 유달리 중요한 문제입니다. 그 이유는 미국이 보유한 어마

어마한 힘 때문이기도 하고, 여타 선진국들과는 다른 미국의 여러 가지 특성 때문이기도 합니다.

미국이 비록 제2차 세계대전을 치를 때까지 오랫동안 세계에서 가장 부유한 국가였지만 문화적으로는 오지(奧地)나 마찬가지였다는 점을 기억하는 것이 중요합니다. 만일 고등 과학이나 수학을 공부하거나 작가나 화가가 되고 싶으면 유럽으로 가길 희망하는 경우가 많았습니다. 그런 추세는 제2차 세계대전이 발발하면서 달라지기는 했으나 모든 면에서 그러한 추세가 바뀐 것은 아닙니다. 인류의 역사상 가장 중요한 문제일 수 있는 기후 변화에 대처하는 자세만 하더라도 미국에서는 인구의 40%가 기후 변화를 문제로 인식하지 않을 만큼 후진적입니다. 예수가 수십 년 내에 돌아올 것이라고 생각하기 때문입니다. 이는 미국의 사회와 문화가 갖춘 여러 전근대적인 특징 중 하나입니다.

오늘날에는 대체로 시장이 주도하는 교육이 이루어지고 있는데요, 이런 교육은 대중적 가치를 파괴하고 민주주의라는 문화를 약화합니다. 경쟁, 사유화, 이윤 창출에 중점을 두기 때문입니다. 이런 상황에서 어떤 교육 모델이 보다 평화롭고 나은 세상을 건설하는 데 도움이 가장 많이 될까요?

현대 교육 체제의 초기에는 두 가지 모델이 이따금씩 대치 구도를 형성했습니다. 첫 번째 모델은 교육을 물을 부어 넣을 수 있는 통으로 인식했습니다. 우리 모두 알다시피 그 통은 물이 아주 잘 새지만요. 두 번째 모델은 교육이란 교사가 제공하는 실이라는 생각이 바탕이 되었습니다. 학생들이 그 실을 이용하여 각자의 길을 가면서 "탐구하고 창조"하는 능력을 개발한다는 것입니다. 이 모델은 현대의 대학 시스템을 고안한 빌헬름 폰 훔볼트(Wilhelm von Humboldt)가 주창했습니다.

존 듀이와 파울로 프레이리(Paulo Freire)*를 비롯하여 진보적인, 그리고 비판적인 교육학을 주창하는 여러 전문가의 교육 철학은 훔볼트의 구상을 더 발전시킨 것으로 볼 수 있다고 생각합니다. 훔볼트가 내세웠던 교육 철학은 연구를 중심으로 하는 대학에서는 당연한 것으로 도입되는 경우가 많습니다. 고등교육과 연구, 특히 과학에 대단히 중요하기 때문입니다. MIT에서 강연을 하는 어느 유명한 물리학자는 신입생들에게 "우리가 다루는 주제가 중요한 것이 아니라 여러분이 알아내는 것이 중요합니다."라는 이야기를 하는 것으로 알려져 있습니다.

이와 일맥상통하는 여러 아이디어가 창의적인 방식으로 발전해 나가면서 유치원 단계까지 뻗어 내려갔습니다. 이런 교육법은 교육 체제의 어디에나 적합하며, 당연히 과학에만 국한되지 않습니다. 저는 개인적으로 만 열두 살까지 실험적인 듀이식 학교에 다니는 행운을 누렸는데요, 대단히 보람 있는 경험이었습니다. '물을 통에 넣는' 모델에 해당했던 제가 다니던 일반 고등학교와는 많이 달랐습니다. 요즈음 유행하는 '가르치고 시험 보기' 방식의 프로그램도 그런 식이죠. 이와는 다른 대안 모델이야말로 우리가 추구해야 하는 유형의 모델입니다. 그래야만 진정으로 교육

---

* [역주] 브라질의 교육자로 20세기 대표적 교육 사상가

받은 (이 말이 담고 있는 모든 차원에서) 국민이 당면 현안과 관련된 중요한 문제들에 대처해 나갈 수 있는 희망이 생겨납니다.

말씀하신 것처럼 시장이 주도하는 교육이 성행하는 현상은 안타깝게도 사실이며 매우 해롭습니다. 제 생각에는 이런 현상 역시 대중을 향한 신자유주의의 전면적인 공격 중 일부라고 봐야 할 것 같습니다. 비즈니스 모델은 '효율성'을 추구하는데요, '노동 유연성'을 강요한다는 의미이지요. 또한 앨런 그린스펀이 자신이 운용하던 '위대한 경제'를 자화자찬하면서 "노동자들의 커지는 불안"이라고 표현한 것이기도 합니다. (그린스펀이 말하던 경제는 결국 무너지고 말았죠.) 그래서 학교에서도 장기적으로 고용하는 교직원의 비율을 줄이고 값싸고 손쉽게 이용할 수 있는 임시 인력(조수, 대학원생)에 의지하게 된 것입니다. 이런 변화는 교직원과 학생들뿐만 아니라 연구와 조사에도 해를 끼칩니다. 사실 고등교육이 달성하기 위해 노력해야 하는 모든 목표가 타격을 받는다고 볼 수 있습니다.

고등교육 체제를 민간 부문에 봉사하는 방향으로 몰아가려는 시도들은 거의 코미디 수준일 때도 있습니다. 예를 들면 위스콘신 주에서는 스콧 워커(Scott Walker) 주지사와 다른 반동분자들이 한때 훌륭한 대학이었던 위스콘신 대학교를 위스콘신 주의 기업들이 필요로 하는 것을 제공하는 기관으로 바꾸려는 시도를 했습니다. 그들은 예산도 삭감하고 임시 인력('유연성')에 점점 더 많이 의지하기도 했습니다. 한번은 주 정부가 대학의 전통적인 임무마저도 바꾸려고 했습니다. '진실 탐구'에 전념하는 것은 위스콘신 주의 기업에 유용하게 쓰일 인재를 배출하는 기관에게는 시간 낭비라고 생각했기 때문입니다. 결국 이런 계획은 너무 충격적인 나머지 신문에 실렸고, 그들은 그것이 오보(誤報)였을 뿐이라고 변명하고는 계획을 철수해야 했습니다.

그러나 이 일화는 미국뿐만 아니라 다른 여러 국가에서도 벌어지고 있는 상황을 잘 보여줍니다. 스테판 콜리니(Stefan Collini)는 영국에서 일어나고 있는 상황에 대해 언급하면서 토리(Tory) 정부가 일류 대학을 삼류 상업 기관으로 바꿔놓으려고 한다고 결론을 내렸습니다. 그러니까 예를 들면 옥스퍼드 대학의 고전학과가 자신들이 시장성이 있다는 사실을 증명해야 하는 것입니다. 만일 시장 수요가 없다면 사람들이 왜 그리스 고전 문학을 공부하고 연구해야 하냐는 거죠. 기업들이 국가 자본주의의 원칙을 사회 전체에 강요하기 때문에 이런 끔찍한 비속화가 벌어지고 있습니다.

미국에서 무상 고등교육 체제를 제공하기 위해서는 어떤 조치가 취해져야 합니까? 더 나아가서는 군산 복합체와 감산(감옥과 산업) 복합체에 들어가는 지원금을 교육으로 돌리기 위해서는 어떻게 해야 합니까? 이런 일을 시도했다가는 역사적으로 팽창주의와 간섭주의를 실천해온 인종차별적인 미국의 정체성이 흔들리기라도 하게 될까요?

그렇게까지 심오하게 생각할 문제는 아닌 것 같습니다. 미국은 건국 초기에도 지금만큼이나 팽창주의, 간섭주의, 인종차별주의가 심했지만 대중교육을 발전시키는 데는 앞장섰습니다. 그 대중교육의 동기는 부정적인 경우(자작농들을 대량생산 산업의 톱니바퀴로 이용하려는 의도로 해서 그들이 크게 분개한 일)도 있었지만 분명히 긍정적인 면도 많았습니다. 보다 최근에 와서는 고등교육이 사실상 무상이나 마찬가지였고요. 제2차 세계대전 이후 제대군인원호법(GI Bill)은 재정적인 지원이 없었더라면 대학을 가지 않았을 제대 군인 수백만 명에게 대학 등록금과 보조금을 지급했습니다. 이는 그 사람들에게도 큰 도움이 되었을 뿐만 아니라 전후시기에 눈부셨던 경제 성장에도 기여했습니다. 사립대학도 그 당시의 기준으로 생각해보면 등록금이 매우 저렴했습니다. 국가가 오늘날보다 훨씬 가난했는데도 말이죠. 독일(여론 조사에 따르면 세상에서 가장 존경받는 국가)이나 핀란드(성취도 부문에서 일관성 있게 높은 순위를 차지)와 같이 부유한 국가에서도 고등교육이 전부 또는 거의 무상입니다. 멕시코와 같이 훨씬 가난한 국가에서도 고등교육 체제의 질이 높습니다. 그렇게 생각하면 무상 고등교육이 커다란 경제적 또는 문화적 어려움 없이도 가능한 것처럼 보입니다. 이런 점은 미국과 비교할 수 있는 여러 국가에서 시행 중인 합리적인 공공 의료보험 제도에도 똑같이 적용될 수 있습니다.

산업화 시대에는 자본주의의 세계 곳곳에서 노동자 계급의 많은 사람들이 정치, 역사, 정치 경제학 공부에 심취했습니다. 그들은 비공식적인 교육과정을 이용했는데요, 이는 계급투쟁을 통해 세

상을 이해하고 바꾸려는 노력의 일환이었습니다. 하지만 오늘날에는 상황이 많이 달라 보입니다. 노동자 계급의 사람들은 대체로 공허한 소비지상주의를 포용하고 정치에 관심을 보이지 않습니다. 그것보다 더 큰 문제는 그들이 법인자본주의와 금융자본주의를 확고하게 지지하고 노동자 계급에 반하는 계획을 추진하려는 정당과 후보들을 지지하는 경우가 많다는 것입니다. 노동자 계급의 의식이 이렇게 급격하게 달라진 현상을 어떻게 설명할 수 있을까요?

변화는 분명하게 나타났고, 그것은 아주 안타까운 일이었습니다. 제도권 밖에서의 자구적 노력은 흔히 노동조합과 그 밖의 노동자 계급 조직을 바탕으로 전개되었고 여기에 좌파 지성인들이 참여했었죠. 이들은 모두 냉전 시대의 탄압과 선전, 그리고 기업자본 계급이 노동 단체 및 대중 조직을 상대로 벌인 격렬한 계급투쟁에 시달린 피해자들이었습니다. 그런 투쟁은 특히 신자유주의 시대에 치열하게 나타났습니다.

이쯤에서 산업 혁명 초기의 분위기를 기억해볼 필요가 있습니다. 당시의 노동자 계급 문화는 생동감이 있었고 번창했습니다. 이 주제를 다룬 명저가 있는데요, 바로 조나단 로즈(Jonathan Rose)가 집필한 《영국 노동자 계급의 지적 생활(The Intellectual Life of the British Working Class)*》입니다. 이 책은 그 당시의 노동자 계급의 독서 습관에 관한 기념비적인 연구를 담고 있습니다. 로즈는 "지식 추구에 열정을 보이는 프롤레타리아 계급 출신

* [역주] 국내에 아직 출간되지 않아 역자 임의로 지은 제목

의 독학자"와 "교양 없는 영국 귀족"을 대비했습니다. 미국에서도 노동자 계급이 많은 새로운 도시에서 비슷한 광경을 볼 수 있었습니다. 예를 들면 매사추세츠 주 동부에 사는 아일랜드 출신의 대장장이가 일하는 동안 자신에게 고전 문학을 읽어줄 남자아이를 고용하거나, 공장에 다니는 젊은 여자들이 당시에 최고로 여겨지던 현대 문학 작품을 읽는 식이었습니다. 우리는 이제 그런 작품을 고전으로 분류하고 학교에서 배우죠. 노동자들은 자신들의 자유와 문화를 빼앗는 산업 체계를 비난하기도 했습니다. 이런 일은 오랫동안 계속되었고요.

저는 나이가 있는 만큼 1930년대의 분위기를 기억하고 있습니다. 저희 가족은 대체로 실업 노동자들이었습니다. 학교를 나온 사람도 많이 없었지만 그 당시의 고급문화에 참여했습니다. 가족이 모이면 최신 연극, 부다페스트 현악 4중주단(Budapest String Quartet)의 공연, 각종 정신분석 이론, 떠올릴 수 있는 모든 정치 운동에 관해 이야기를 나누었습니다. 선두적인 과학자와 수학자들이 직접 참여하는 노동자 교육 시스템이 매우 활발하게 운영되기도 했습니다. 이제는 이런 것이 많이 없어졌습니다. 하지만 다시 되살릴 수 있는 일이며, 영원히 없어진 것도 아닙니다.

신자유주의 신화

C. J. 폴리크로니우: 정부는 걸림돌이고, 사회는 존재하지 않고, 개인들은 각자 자기 자신의 운명을 책임져야만 한다고 신자유주의는 주장합니다. 그러나 거대 기업과 부자들은 여전히 국가의 개입에 의존하여 경제에 대한 지배권을 유지하고 더 큰 파이 조각을 얻으려고 합니다. 신자유주의는 이데올로기적 산물에 지나지 않는 신화일 뿐입니까?

노엄 촘스키: "신자유주의(neoliberal)"라는 용어는 오해를 불러일으킬 수 있습니다. 신자유주의 정책은 새롭지도(neo) 않고 자유롭지도(liberal) 않습니다. 말씀하신 것처럼, 거대 기업들과 부자들은 경제학자 딘 베이커(Dean Baker)가 "보수적인 유모국가*" 라고 부른 개념에 크게 의존하고 있습니다. 한 마디로 유모 노릇을 하는 국가에 자기네가 자양분을 댄다는 거죠. 아이러니컬하게도 유모국가의 개념은 마치 드라마처럼 금융 기관들에 있어서 딱 들어맞습니다. 최근의 IMF가 실시한 한 연구에서는 거대 은행의 이익이 거의 전적으로 국영 보험 정책에 의존하고 있다는 사실이

* the conservative nanny state

밝혀졌습니다. 이것이 바로 "대마불사(大馬不死)*"라는 겁니다. 단지 널리 공표된 긴급 구제뿐만이 아닙니다. 국가 보증을 기반으로 한 값싼 융자와 유리한 신용등급 등등도 그러합니다. 생산적인 실물경제에 있어서도 마찬가지입니다. 현재 경제를 주도하고 있는 IT 혁명은 국가 기반의 R&D, 공공 물자조달과 다른 제도장치들에 매우 크게 의존했습니다. 그리고 이러한 패턴은 영국 산업화의 초기까지 거슬러 올라갑니다.

그러나 그 희생자들에게는 "신자유주의"도, 그것의 이전 형태인 "자유주의"도 신화와는 거리가 멀었습니다. 경제 역사학자인 폴 베어록(Paul Bairoch)은 "19세기 제3세계에 경제적 자유주의가 강제적으로 도입된 것이 바로 그 국가들에서 산업화가 늦어졌던 주요 원인"이라고 말합니다. 사실 산업화가 아니라 "산업공동화(deindustrialization)"였고, 이것은 여러 가지 외피를 두르고 현재까지 이어져오는 이야기입니다.

간략히 말하자면, 자유주의와 신자유주의는 갖은 방법으로 시장의 힘을 이용해 스스로를 보호하고자 하는 가진 자들에게는 "신화"이지만, 그들의 잔인한 행위로 황폐해진 가난하고 약한 이들에게는 "현재의 이야기"인 것입니다.

대공황(Great Depression) 이후로 자본주의의 가장 심각한 위기를 겪은 지금에도 시장 중심 지배와 약탈적 금융이 맹위를 떨치고 있습니다. 이 상황을 어떻게 설명할 수 있습니까?

---

* too big to fail

기본적으로 한 가지 설명이 가능한데요, 바로 부유하고 힘 있는 이들에게는 꽤나 효과적으로 작동한다는 점입니다. 예를 들어 지금 미국에서는 수천만 명이 실직 상태에 있으며 헤아릴 수도 없는 사람들이 해고를 당하여 이들의 삶의 질뿐만 아니라 수입도 하락하거나 침체된 상태에 있습니다. 그렇지만 최근의 금융 위기를 초래했던 그 은행들은 어느 때보다도 거대하고 부유합니다. 기업들은 전례 없는 수익을 내고 있으며 이들이 가진 재산은 탐욕의 끝을 넘어 확대되고 있습니다. 그리고 노동조합이 파괴되고 "노동자 불안정성이 증가"함에 따라 노동 분야는 심각하게 약화되어 왔어요. "노동자 불안정성의 증가*"라는 용어는 연준위(FED)의 전 의장 앨런 그린스펀(Alan Greenspan)이 사용한 용어를 따온 것입니다. 그가 아담 스미스(Adam Smith) 이후 가장 위대한 경제학자로 꼽히며 "세인트 앨런"이라고 불리던 당시, 미국의 엄청난 경제적인 성공을 설명하면서 사용했던 용어죠. 그렇지만 곧 그가 주도했던 그 경제구조는 무너졌고, 그것의 바탕이 되었던 경제 이론의 기반 역시 함께 무너졌습니다.

금융 자본의 성장은 산업에서의 수익률 하락과 관련이 있습니다. 또한 노동자들을 더 쉽게 착취할 수 있고 자본에 대한 제약이 가장 약한 곳으로 보다 널리 생산기지를 넓혀나갈 수 있는 새로운 기회와 관련되어 있습니다. 이때 수익은 세율이 가장 낮은 곳으로 이동하게 됩니다. (이것을 "세계화"라고 하죠.) 이러한 과정은 기술적인 발전과 함께 더욱 빨라졌는데요, 바로 "통제 불가능

---

* growing worker insecurity

한 금융 영역"의 성장을 용이하게 만들어주는 과정이었습니다. 영어권 국가에서 가장 존경받는 금융 특파원인 《파이낸셜 타임스》의 마틴 울프(Martin Wolf)의 말을 빌리면, 이 금융의 영역은 "대모벌 애벌레가 자신의 숙주를 먹어치우는 것처럼, 현대의 시장 경제[즉, 생산적 경제]를 내부에서 좀먹어가는 것"입니다.

위에서 언급한 것처럼, "시장 중심의 지배"는 많은 이들에게 가혹한 율법을 강요합니다. 하지만 정작 그 율법의 적용 대상이 되어야 할 소수들은 이미 자기 자신을 보호할 효과적인 수단을 가지고 있습니다.

초국가적인 엘리트의 지배력이 증가하면서 민족국가의 시대가 종말을 고하고 있다는 주장에 대해서는 어떠한 견해를 가지고 계십니까? 특히 민족국가의 종말로 이 새로운 세계 질서(New World Order)가 이미 도래했다는 주장에 대해서 어떤 말씀을 하시겠습니까?

물론 일정 부분 사실이지만 과장돼서는 안 됩니다. 다국적 기업들은 앞으로도 계속 본국에 의존하려고 할 것입니다. 자국의 경제적 군사적 보호, 그리고 기술적인 혁신이 필요하기 때문입니다. 국제적으로 활동하는 기업들은 계속 강대국들의 영향력 하에 놓일 것이고요. 국가 중심의 세계 질서는 어느 정도 유지될 것이라 봅니다.

유럽은 "사회 계약"의 종말을 향해 한 걸음씩 더 가까이 가고 있

습니다. 선생님께서는 이러한 상황이 놀라운 일이라고 보십니까?

사회 계약이란 유럽이 현대 문명에 기여한 가장 큰 것 중 하나라고 말할 수 있을텐데요, 마리오 드라기(Mario Draghi) 전 유럽 중앙은행 총재는 《월 스트리트 저널(Wall Street Journal)》에 "유럽의 전통적인 사회 계약은 이미 구식이며 해체되어야 한다."고 이야기한 적이 있습니다. 그러나 드라기 본인이 바로 그 잔재를 보호하기 위해 가장 많은 노력을 기울인 국제적인 관료 중 한 명입니다. 기업들은 언제나 사회 계약에 반감을 가지고 있었습니다. "공산주의"의 몰락은 새로운 노동력을 제공했는데요, 교육 받고 훈련이 되어 있으며 건강하고, 심지어는 금발에 푸른 눈을 한 노동자들까지 유입되었습니다. 이는 서구 노동자들의 "호화로운 라이프스타일"을 저해할 수 있는 것이었습니다. 이는 경제나 다른 힘들이 작용한 어쩔 수 없는 결과가 아니라 정책 입안자들의 이익에 바탕을 둔 정책 계획의 결과였습니다. 여기서 정책 입안자들은 금융가나 CEO들이겠지요. 그들 사무실을 청소하는 청소부가 아니라요.

오늘날의 진보된 자본주의 세계가 직면하고 있는 가장 큰 문제 중 하나가 바로 공적 또는 사적인 부채 부담입니다. 특히 유로존(Eurozone)의 주변 국가들에서 부채는 재앙적인 결과를 불러왔습니다. 선생님께서 예전에 콕 짚어 지적하셨던 것처럼 결국 "돈을 갚는 것은 언제나 국민들"이기 때문입니다. 오늘날의 운동가들을 위해, 어떤 면에서 부채가 "사회적이고 이데올로기적인 구

조물"인지 설명해주시겠습니까?

여러 가지 이유가 있습니다. IMF의 미국인 상임이사인 카렌 리사커스(Karen Lissakers)는 IMF를 "신용공동체의 집행관"이라고 규정한 바 있습니다. 자본주의 경제에서 만일 당신이 나에게 돈을 빌려주었으나 내가 그것을 갚지 못한다면 그것은 당신의 문제입니다. 나의 다른 이웃이 대신 갚아야 한다고 요구할 수는 없지요. 그렇지만 부유하고 힘 있는 이들은 시장 원리로부터 스스로를 보호할 수 있기 때문에 고위험 대출자에게 은행이 돈을 빌려줄 때에는 상황이 다르게 전개됩니다. 신용등급이 낮은 사람들은 높은 이자율로 돈을 빌리게 되며, 어떤 시점에서는 돈을 갚을 수 없게 되지요. 이러한 상황에서 "신용공동체의 집행관"이 개입해서 어떻게든 빚이 갚아지도록 만드는 것입니다. 구조조정이나 내핍과 같은 정책을 통해 일반 대중에 책임을 전가하는 거죠. 부유층은 이 부채를 지불하고 싶지 않을 때, 이것이 "부당"하며 따라서 효력이 없다고 선언할 수 있어요. 그러면 이 부채에 대한 책임은 여러 가지 부당한 방법으로 약한 자들에게 이동되는 겁니다. 이러한 의미에서 보면 엄청난 양의 빚이 "부당"할 수 있습니다. 그러나 자본주의의 지엄한 잣대와 강력한 제도 장치들을 통과할 일반인들은 얼마 되지 않습니다.

다른 도구들도 많습니다. J. P. 모간 체이스(J. P. Morgan Chase)는 얼마 전 130억 달러의 벌금을 부과받았습니다. 범죄에 해당하는 사기성의 모기지 계획에 대한 벌금이었는데, 벌금의 반은 세금 공제로 되돌려 받을 수 있었습니다. 반면 모기지에 가입한 일반인들만 헤어나올 수 없는 부채의 부담으로 허덕이게 되었습니다.

미국 정부의 구제 금융 프로그램 감찰관인 닐 바로프스키(Neil Barofsky)는 그것이 입법 상의 거래였다고 공식적으로 지적합니다. 범인인 은행들은 구제 금융을 받고, 집을 잃게 된 희생자들인 국민들은 제한적인 보호와 보조만을 받게 하는 조치였다는 거죠. 또한 바로프스키는 이 거래의 앞부분(은행 구제)만이 진중하게 이행됨으로써 해당 조치는 "월 스트리트 경영자들에 대한 증정품"이 되고 말았다고 설명합니다. "실제로 작동하는 자본주의의 방식"을 이해하고 있는 사람들에게는 그리 놀라운 일도 아니지요.

이러한 사례는 끝없이 많습니다.

그리스 금융 위기 이후 세계는 그리스인을 시위하기만을 좋아하는 게으르고 부패한 세금 회피자들로 인식하게 되었으며 이러한 견해가 주류를 이루게 되었습니다. 여기서 여론을 설득하는 데 사용된 메커니즘은 무엇입니까? 그리고 이 메커니즘을 막아낼 방법이 있을까요?

그 초상화(portrayals)는 부와 권력을 가진 이들이 지배적 담론을 형성하기 위해 의도적으로 만들어낸 프레임(frame)입니다. 그러한 왜곡과 기만은 오로지 가진 자들의 힘을 약화시키는 것을 통해, 그리고 대중의 힘을 대표하는 기구를 만드는 것을 통해서 맞설 수 있습니다. 억압과 지배에 대항하는 다른 모든 싸움에서도 마찬가지입니다.

그리스에서 일어나는 일에 대해서는 어떠한 견해를 가지고 계십니까? 특히 소위 "트로이카*"의 계속되는 요구와, 긴축 정책을 계속 진행해나가고자 하는 독일의 굳은 바람을 고려한다면 말입니다.

그리스 금융 위기를 관리하는 과정에서 독일의 모습을 보면 그 궁극적인 목적이 그리스가 가지고 있는 귀중한 것을 모두 빼앗는 것인 듯합니다. 몇몇 독일 정치인들은 그리스에 사실상의 경제적인 노예제를 강요하고자 하는 것 같아 보이고요.

그리스에 급진좌파연합†이 차기 정부로 들어설 것이라고 전망되는데요, 그렇게 된다면 차기 그리스 정부는 유럽연합과 채권자들에 대해 어떤 접근방식을 취할 것이라고 보십니까? 또한 좌파 정부가 가장 생산적인 자본가 계층을 안심시켜야 할까요? 아니면 전통적인 노동자주의자(workerist)‡-포퓰리스트 이데올로기의 핵심을 도입해야 할까요?

답하기 어려운, 실제적인 질문이네요. 제가 바라는 상황을 말하는 건 쉽습니다만 현재의 상황을 전제로 한다면 어떤 상황이 펼

---

* [역주] 유럽에서 '트로이카'란 보통 유럽위원회(European Commission, EC), 유럽중앙은행(European Central Bank, ECB)와 국제통화기금(International Monetary Fund, IMF)로 구성되는 의사 결정체를 의미한다.

† [역주] Coalition of the Radical Left, 약칭 시리자

‡ [역주] 노동자주의(workerism)이란 노동자 계층의 중요성을 부각하는 정치 이론으로 마르크스 사상을 기반으로 안토니오 네그리(Antonio Negri) 등이 주창하였다. 오페라이스모(operaismo)라고도 함.

쳐져도 위험과 비용은 따르게 됩니다. 만일 제가 그 상황을 올바로 평가할 만한 위치에 있다고 하더라도, 치밀한 분석과 증거 없이 정책을 제시한다면 무책임한 일이 되고 말 것입니다.

자본주의의 파괴에 대한 식탐은 의심할 여지가 없는 확실한 사실입니다. 최근 선생님께서 쓰신 글을 보자면 선생님께서는 환경파괴에 점점 더 많은 관심을 가지고 계신 것 같습니다. 선생님께서는 진짜로 인간 문명이 위험에 처해 있다고 생각하십니까?

제대로 된 생존은 위협을 받고 있다고 생각합니다. 언제나 그렇듯이 가장 약한 이들이 가장 먼저 희생됩니다. 얼마 전 폴란드 바르샤바에서 열린 기후변화협약 당사국 총회(UNFCCC Conference of Parties)에서도 이를 명확하게 확인할 수 있었습니다. 별다른 결실은 없었지요. 이러한 상황은 앞으로도 계속되리라고 예측할 수 있습니다. 미래에 역사학자가 (살아남아 있다면) 지금 우리의 대처 방식을 매우 놀라운 눈으로 바라볼 것입니다.

재앙을 피하려는 노력의 선두에 소위 원시사회라고 불리는 곳들, 즉 캐나다와 남아메리카 원주민들이 있습니다. 또한 환경을 회복하고 보호하기 위한 노력이 그리스에서도 진행되고 있는 것을 확인할 수 있는데요, 할키디키(Chalkidiki)주의 스코리스(Skouries) 주민들은 약탈적 사업행태를 벌이고 있는 엘도라도 골드(Eldorado Gold)*와 다국적 기업을 지원하기 위해 주 정부가 동원한 경찰력에 대항해 영웅적인 저항을 이끌어가고 있습니다.

* [역주] 캐나다의 광업 회사. 터키, 그리스, 루마니아, 브라질, 세르비아 등에 자산을 보유하고 있다.

절벽의 낭떠러지를 향해 맹렬하게 질주해가고 있는 나라들은 가장 부유하고 가장 힘 있는 나라들입니다. 즉 미국과 캐나다처럼 비교 불가한 이점을 가지고 있는 사회들입니다. 이는 소위 합리적 예측과는 정반대입니다. "실재하는 자본가 민주주의"의 정신 나간 합리성은 논외로 하더라도 말입니다.

미국은 여전히 세계의 제국이며, 선생님의 말씀을 빌리자면 "마피아 원칙"에 의해 작동하고 있습니다. 이 원칙 하에서는 대부(代父)가 "성공적인 반항"을 용납하지 않는다는 의미입니다. 미국이라는 제국이 쇠퇴하고 있습니까? 쇠퇴하고 있다면, 이러한 상황이 세계의 평화와 안정에 더 큰 위협이 되고 있다고 보십니까?

미국의 세계 패권은 1945년 역사상 그 정점을 찍었습니다. 그 이후로는 지속적으로 쇠퇴하고 있지요. 미국은 여전히 매우 강대한 국가이며 그 권력은 다양화되고 있습니다. 아직까지 눈에 들어오는 경쟁자는 없어요. 전통적인 마피아 원칙이 끊임없이 적용되고는 있지만 그것을 실행할 능력에는 제약이 커졌습니다. 그렇지만 평화와 안전에 대한 위협은 현재진행형입니다. 한 예를 들자면, 오바마 대통령의 드론 캠페인은 타의 추종을 불허하는 가장 광대하고 파괴적인 테러리스트 작전입니다. 미국과 그 하수인인 이스라엘은 국제법을 위반하고도 전혀 처벌을 받지 않았어요. 예를 들어서 "어떠한 수단도 사용할 수 있다"는 이란에 대한 공격 위협은 유럽연합 헌장의 핵심적인 원칙을 위반하는 것입니다. 가장 최근에 나온 2010년의 미국 《핵태세 검토(Nuclear Posture

Review)》는 그 이전에 나온 보고서보다 더 공격적인 성향을 띠고 있는데요, 무시할 수 없는 경고등이 켜진 것입니다. 다른 영역에서와 마찬가지로, 권력의 집중은 위험합니다.

이스라엘과 팔레스타인 사이의 갈등에 대해서 질문이 있는데요, 선생님께서는 지금까지 줄곧 1국가/2국가 해법에 대한 논의는 적절하지 않다고 말씀하셨습니다.

1국가/2국가 해법에 대한 논의가 부적절한 이유는 1국가 해법은 우리가 선택할 수 있는 사항이 아니기 때문입니다. 사실 부적절한 것 이상으로 나쁜 영향을 미칩니다. 현실을 왜곡할 수 있기 때문이죠.

실제로 우리 앞에 놓여 있는 선택지는 (1) 2국가 체제 또는 (2) 이스라엘이 미국의 도움으로 이어가고 있는 현 상황을 유지하는 것입니다. (2)의 경우는 가자(Gaza) 지구를 웨스트 뱅크(West Bank)와 분쇄 포위하는 것, 다시 말해 웨스트 뱅크에 중요하면서도 팔레스타인인이 많이 거주하지 않는 지역을 체계적으로 접수하고 그것을 이스라엘과 더욱 가깝게 통합하는 것, 즉 팔레스타인인들이 많지 않은 지역들을 접수한 후, 그곳에 거주하고 있는 팔레스타인인을 조용히 내쫓는 것입니다. 그간의 사태 추이나 축출 프로그램에서 그 윤곽을 명확하게 확인할 수 있습니다.

(1)번 선택지를 고려한다면, 이스라엘이나 미국이 1국가 해법에 동의를 해야 할 이유가 없습니다. 물론 국제사회도 1국가 해법을 지지하지 않고요. 인권, 차별 반대 투쟁, "인구학적 문제" 등

등, 사태의 추이와 실재를 인식하지 못한 채 1국가에 대해 말하는 것은 허튼소리이며 암묵적으로는 (2)번 선택지를 지지하는 거나 마찬가지입니다. 싫건 좋건 이것이 이스라엘과 팔레스타인 분쟁 상황의 핵심입니다.

선생님께서는 엘리트 지식인들에 대해 화가 난다고 말씀하셨습니다. 선생님께서 정치와 도덕성을 연결하여 생각하시기 때문입니까?

엘리트 지식인들은 엄청난 특권을 가지고 있습니다. 특권을 가진 이들은 많은 선택지를 가질 수 있지만, 그에 따른 책임도 따르는 것입니다. 더 많은 특권을 가진 사람들은 더 쉽게 정보를 획득할 수 있으며, 이들의 행동은 정책 결정에 영향을 줍니다. 따라서 이들의 역할에 대한 평가도 곧바로 뒤따릅니다.

저는 사람들이 기본적인 도덕적 책무에 따라 삶을 살아야 한다고 생각합니다. 이는 매우 당연한 주장입니다. 그리고 자유롭고 열린사회에서 어떤 누군가는 정직과 통합을 지키기 위해 더 큰 책임을 져야 한다는 점도 당연한 사실입니다. 구소련의 정치 위원들이 스스로 국가 권력에 복속하기로 동의했다면, 그들은 두려움을 구실로 정상 참작을 구할 수는 있겠습니다. 그렇지만 미국처럼 자유롭고 열린사회의 구성원들이라면 자신들이 겁쟁이라는 것밖에는 내세울 근거가 없습니다.

프랑스 영화감독 미셸 공드리(Michel Gondry)의 《키 큰 남자는

행복할까?(Is the Man Who Is Tall Happy)?[*]》가 얼마 전 보기 드물게 뛰어난 평가를 받으며 뉴욕을 포함한 미국의 주요 도시에서 개봉되었습니다. 영화를 보셨습니까? 마음에 드셨나요?

보았습니다. 공드리 감독은 훌륭한 예술가입니다. 영화는 매우 섬세하고 영리했으며, 사회 운동 현장에서도 제대로 이해하지 못하고 있는 몇 가지 중요한 아이디어들을 잘 포착해내고 있습니다. 매우 단순하고 명확한 방식으로 구성되어 있으면서 감독의 개인적인 손길까지 가미되어 그 사려 깊음까지 잘 느낄 수 있었습니다.

* 《키 큰 남자는 행복할까?》는 노엄 촘스키와의 인터뷰를 바탕으로 제작된 애니메이션 형태의 다큐멘터리이다.

가진 자의 사회주의, 못 가진 자의 자본주의

C. J. 폴리크로니우: 박사님, 박사님께서는 미국이 전형적인 자본주의 경제라는 일반적인 시각에 의문을 제기하는 글을 많이 쓰셨습니다. 설명 좀 부탁드립니다.

노엄 촘스키: 네, 이런 문제에 대해 한번 생각해봅시다. 위기가 발생할 때마다 은행과 주요 금융 기관을 구제해주는 것은 다름 아닌 납세자들입니다. 하지만 진짜 자본주의 경제에서라면 그런 일은 일어나지 않을 것입니다. 위험 부담을 많이 안고 투자를 감행했다가 실패한 자본주의자들은 파산할 테니까요. 부유하고 힘이 있는 사람들은 자본주의 체제를 원하지 않습니다. 유모 국가(nanny state)를 원하는 거죠. 그들은 곤경에 처했을 때 납세자들이 구제해줄 수 있는 나라를 운영하고 싶어 합니다. 이에 관해 상투적으로 쓰이는 용어가 '대마불사(大馬不死: Too big to fail)'입니다.

IMF는 몇년 전에 미국의 대형 은행이 창출하는 이익에 관해 흥미로운 연구를 실시했습니다. 연구에 따르면 이익의 대부분은 정부의 지원 덕택에 누릴 수 있는 여러 가지 혜택에서 비롯되었습니다. 암묵적 정부 보증을 기반으로 하는 긴급 구제뿐만 아니라 저리 신용 거래가 가능하다는 점 등이 도움이 된 것입니다. 혜택에는 위험 부담이 큰 거래를 추진했을 때 얻는 인센티브도 있었습니다. 이것은 IMF 연구원들조차도 미처 고려하지 못했던 것으로, 위험 부담이 큰 거래를 밀고 나가면 단기적으로 고수익을 올릴 수 있고, 자칫 일이 잘못되어도 납세자에게서 도움을 받으면 그만입니다. 《블룸버그 비즈니스위크(Bloomberg Businessweek)》는 미국의 납세자들이 이런 식으로 대형 은행을 돕는 데 들이는 비용이 매년 800억 달러가 넘는 것으로 추정하고 있습니다.

경제적 불평등에 관한 이야기가 워낙 많은데요, 현대의 자본주의 시대에 나타나는 경제적 불평등이 미국 역사에서 노예 해방 이후에 찾아온 다른 시기의 경제적 불평등과 차이가 많이 난다고 보십니까?

현대에 나타나는 경제적 불평등은 역사상 거의 전무후무한 수준입니다. 전체적인 불평등을 살펴보면 미국 역사상 가장 심한 경우 중 하나에 해당한다는 사실을 알 수 있습니다. 그러나 조금 더 자세히 들여다보면 불평등이 인구의 극소수가 보유한 부에서 비롯된다는 것이 드러납니다. 제2의 도금 시대(Gilded Age)*로 불릴 만했던 1920년대와 호황기였던 1990년대에도 비슷한 현상이 나

* [역주] 1865년 남북 전쟁이 끝나고 1873년에 시작되어, 불황이 오는 1893년까지 미국 자본주의가 급속하게 발전한 28년간의 시대를 말한다. 마크 트웨인과 찰스 두들리 워너가 쓴 동명의 소설 《도금 시대, 오늘날 이야기》(The Gilded Age: A Tale of Today)에서 유래한다.

타났습니다. 하지만 오늘날의 불평등은 막대한 슈퍼-부자들에서 비롯되었다는 점은 다른 시대와 극단적인 차이가 있습니다. 소득 기준 상위 0.1%에 해당하는 사람들은 그야말로 어마어마한 부자입니다. 이런 사실은 그 자체만으로도 대단히 불공평하지만 민주주의와 훌륭한 사회에 관한 비전을 좀먹는 것이기도 합니다.

그렇다면 아메리칸 드림은 어떻게 되는 것인가요? 이제 끝났다고 봐야 합니까?

'아메리칸 드림'은 한마디로 계급 이동에 관한 것이었습니다. 비록 가난하게 태어났지만 열심히 일하면 가난에서 벗어날 수 있고 자녀들에게 더 나은 미래를 안겨줄 수 있다는 꿈이었습니다. 일부 노동자가 벌이가 괜찮은 일자리를 찾고, 집과 자동차를 사고, 아이의 교육비를 감당하는 것이 가능했습니다. 이제는 다 무너져버린 꿈이지만 예전에도 아메리칸 드림은 과대 포장된 면이 있었습니다. 오늘날 미국의 사회적인 유동성은 다른 부유한 국가들에 비해 낮은 상태입니다.

그렇다면 미국은 명목상으로만 민주주의를 추구하는 것입니까?

미국은 민주주의 체제를 표방하지만 금권정치 국가에 더 가까워졌습니다. 여러 가지를 비교해보면 여전히 개방적이고 자유로운 사회이기는 하지만요. 이쯤에서 민주주의가 정확히 무엇을 의미하는지 짚고 넘어갑시다. 민주주의 체제에서는 대중이 정책에 영향을 끼치고, 정부는 대중이 결정한 조치를 행동으로 옮깁니다.

하지만 미국 정부는 대체로 기업과 금융 기관의 이익에 도움이 되는 조치를 취하죠. 아울러 사회적으로 특권과 권력을 누리는 계층들이 민주주의를 좋아해본 적이 한 번도 없다는 사실을 이해하는 것이 중요합니다. 그들에게는 그럴 만한 온당한 이유가 있습니다. 민주주의는 권력을 자신들에게서 빼앗아서 대중의 손에 넘겨주기 때문입니다. 실제로 미국에서 특권과 권력을 누리는 계급들은 권력이 일반 대중의 손에 넘어가는 것을 제한할 방법을 찾기에 늘 바빴습니다. 그것은 지금도 마찬가지입니다.

집중된 부는 집중된 힘을 낳습니다. 이것은 부인할 수 없는 사실인 것 같은데요, 자본주의가 결국에는 항상 집중된 부로 이어지는 만큼 자본주의가 민주주의와 상반되는 것은 아닙니까?

집중된 부는 자연스럽게 집중된 힘을 낳습니다. 이는 결과적으로 부유하고 권력이 있는 사람들의 이익에 우호적인 법률의 제정으로 이어집니다. 그러면 집중된 권력과 부는 더 증가하는 식입니다. 재정 정책, 규제 완화, 기업 지배 구조에 관한 규칙 등 다양한 정책이 집중된 부와 권력을 키울 수 있도록 고안되었습니다. 그것이 바로 우리가 신자유주의 시대에 봐온 것들입니다. 악순환이 계속 진행되는 것이죠. 국가가 사회적으로 특권과 권력을 누리는 사람들을 지원하고 그들의 이익을 보장하는 동안 나머지 국민은 자본주의의 혹독한 현실을 경험하게 되는 것이죠. 부유층에게는 사회주의가, 빈곤층에게는 자본주의가 적용되는 격입니다.

그런 의미에서 보면 자본주의가 민주주의를 약화시키는 것이

맞습니다. 하지만 집중된 권력과 부의 이런 악순환은 워낙 오래된 인습입니다. 1776년에 아담 스미스 역시 이런 문제를 언급했습니다. 명저 《국부론(Wealth of Nations)》에서 그는 잉글랜드에서는 사회를 장악한 사람들(그 당시에는 상인과 제조업자)이 "정책의 주요 설계자"라고 적었습니다. 그들은 자신들이 주창하고, 정부를 통해 시행하는 정책이 잉글랜드 국민이나 다른 사람들에게 얼마나 극심한 고통을 안겨주든 개의치 않고 자신들의 이익만 챙기기 급급하다는 것입니다.

이제는 사회를 장악하고 정책을 좌우하는 것이 상인과 제조업자가 아니라 금융 기관과 다국적 기업입니다. 오늘날 그런 집단은 아담 스미스가 "인류의 주인(masters of mankind)"이라고 부른 사람들이며, 그가 표현한 것처럼 "모든 것은 우리를 위한 것이며, 다른 사람들에게 줄 것은 아무것도 없다."라는 비도덕적인 격언을 따르고 있습니다. 그들은 자신들에게는 혜택을 주고 다른 모두에게는 해를 끼치는 정책을 추구할 것입니다. 자본주의적인 이해관계에 따르면 그래야 하기 때문입니다. 그것이 자본주의 체제의 본질이며, 이에 대한 대중적 대응이 없는 이상 이런 추세는 계속될 것입니다.

아메리칸 드림 이야기로 돌아가서 미국 정치 체제의 기원에 대해 이야기해봅시다. 민주주의가 처음부터 미국의 정치 체제가 될 예정은 아니었잖습니까? (미국 정치 체제의 구성에 관해 논할 때 항상 쓰이던 용어는 '공화국'이었습니다. 이는 고대 로마인들이 명

확하게 이해했던 것처럼 민주주의와는 매우 다르죠.) 게다가 빈곤층의 경우 자유와 민주주의를 얻기 위해 항상 투쟁해 왔습니다. 그런 상황을 살펴볼 때 아메리칸 드림은 애초부터 근거 없는 신화에 부분적으로나마 바탕을 둔 것 아닙니까?

네, 맞습니다. 미국의 역사를 살펴보면 더 많은 자유와 민주주의를 요구하는 빈곤층과 엘리트의 통제와 지배를 위해 노력하는 부유층 간에 줄곧 충돌이 있었습니다. 지적하신 것처럼 이 문제는 미국이라는 국가를 설립한 시점까지 거슬러 올라갑니다. 헌법 제정자들은 미국의 정치 체제가 부유층의 손에 놓여 있어야 한다고 생각했습니다. 부유한 사람들이 "보다 책임감 있는 사람들"이라고 여겼기 때문입니다. 심지어 헌법 제정에 앞장서고 그 당시에 그 어떤 선두적인 정치 인사만큼이나 민주주의를 신봉했던 제임스 매디슨(James Madison)마저도 그렇게 생각했습니다. 그래서 공식적인 헌법 체계의 구조가 상원에 더 많은 권력을 안겨주게 되었습니다. 당시에는 상원의원을 선출하던 시절이 아니었어요. 상원의원은 매디슨이 표현한 것처럼 부유한 남자 중에서 부와 사유 재산을 보유한 사람들에게 호의적인 사람이 선발되었습니다.

헌법 제정 회의의 토론 보고서를 읽어보면 이런 점이 분명하게 드러납니다. 매디슨이 말한 것처럼 정치 질서와 관련하여 신경써야 하는 중요한 부분은 "다수에게서 소수인 큰 부자들을 보호하는 것"이어야 합니다. 그는 여러 가지 논거를 제시했습니다. 만일 모두가 자유롭게 투표할 수 있다면 다수인 빈곤층이 힘을 합치고 조직화되어 부유층의 재산을 빼앗아갈 수 있다는 것이었습니다. 매디슨은 그런 현상은 당연히 부당하기 때문에 헌법 체계가 민주주의를 방지하는 방향으로 설립되어야 한다고 덧붙였습니다.

아리스토텔레스 역시 《정치학(Politics)》에서 비슷한 이야기를 했습니다. 모든 정치 체제 중에서 민주주의가 가장 낫다고 생각했지만 그는 매디슨과 마찬가지로 진정한 민주주의의 문제점을 발견했습니다. 빈곤층이 조직화되어 부유층의 재산을 빼앗아갈지도 모른다는 것이었습니다. 하지만 아리스토텔레스가 제시한 해결책은 경제적 불평등을 줄이는 데 초점을 맞춘 일종의 복지국가였습니다. 다른 대안은 미국의 헌법 제정자들처럼 민주주의를 줄이는 것입니다.

소위 아메리칸 드림은 애초에도 그 바탕에 근거 없는 신화와 현실이 뒤섞여 있었습니다. 19세기 초부터 제법 최근에 이르기까지 이민자를 비롯한 노동자 계급에겐 열심히 일하면 미국 사회에서 삶의 질이 향상될 것이라는 기대가 있었습니다. 그것은 부분적으로는 맞는 생각이었지만 아프리카계 미국인과 여성의 경우 훨씬 후에야 가능해진 일입니다. 그러나 이제는 그 누구에게도 아메리칸 드림이란 없는 것 같습니다. 임금 동결, 생활수준의 저하, 막대한 학자금 대출금, 벌이가 괜찮은 일자리를 찾기 어려운 현실 때문에 많은 미국인이 희망이 없다는 느낌을 받고 있기 때문입니다. 그러다 보니 사람들이 과거를 돌아보며 향수에 젖기 시작했습니다. 이런 배경이 도널드 트럼프와 같은 인물의 부상과 버니 샌더스와 같은 인물의 정치적인 메시지가 젊은이들에게 통한 사실을 잘 설명해줍니다.

제2차 세계대전 이후부터 사실상 1970년대 중반에 이르기까지 미국에서는 엘리트 계층과 여러 정부 기관의 큰 저항과 탄압에도 불구하고, 보다 평등한 사회와 더 큰 자유를 향한 움직임이 있었습니다. 그 이후에 어떤 일이 벌어졌기에 전후 시대의 경제적 진보에 제동이 걸린 것입니까? 그 과정에서 신자유주의라는 새로운 사회경제적 질서가 탄생한 것도 있겠지만요.

전후 시대의 산물인 평등을 향한 국민의 노력을 격퇴하기 위해서 1970년대 초부터 기업들의 집중적이고 조직화된 대규모 공격이 시작되었습니다. 이는 부분적으로는 1970년대 초에 경제 위기가 찾아와서 수익률이 낮아진 탓도 있고, 민주주의가 너무 널리 퍼지고 있다는 시각 때문이기도 했습니다. 하지만 시간이 흐를수록 평등을 주장하는 사람들의 목소리는 커져만 갔고, 경제는 금융화의 길로 돌아섰죠. 그 결과 금융 기관의 규모가 어마어마하게 커졌습니다. 2007년이 되었을 무렵, 그러니까 자신들에게 상당한 책임이 있는 경기 침체가 찾아오기 직전에 금융 기관들은 전체 기업 이윤 중 무려 40%나 차지했습니다. 자본과 정치권력의 집중이라는 악순환이 가속화되는 동안 부는 금융계에 점점 더 집중되었습니다. 선거 운동에 드는 비용이 점점 증가하자 정치인들은 부유한 은행가에게 그 어느 때보다도 많이 기댔고, 그 대가로 월스트리트와 다른 막강한 사업가들에게 호의적인 정책들을 추진했습니다. 이 시기가 계속되는 동안 우리는 기업들이 노동자 계급과 빈곤층을 상대로 도발해온 새로운 형태의 계급 전쟁을 경험할 수 있었습니다. 아울러 얻을 것이 많았던 예전으로 되돌아가기 위한 기업들의 의식적인 시도들도 있었습니다.

이제 트럼프가 대통령이 되었는데요, 그렇다면 버니 샌더스가 일으킨 정치 혁명은 끝난 것입니까?

그것은 우리를 포함한 대중들의 결정에 달린 문제입니다. 샌더스의 "정치 혁명"은 상당히 놀라운 현상이었습니다. 저는 개인적으로 놀랐고 기쁘기도 했습니다. 하지만 '혁명'이라는 용어가 다소 오해의 소지가 있다는 점을 기억해야 합니다. 샌더스는 솔직하고 헌신적인 뉴딜 정책 지지자입니다. 그가 "급진적"이라는 평가를 받는다는 사실이 신자유주의 시대에 엘리트의 정치 스펙트럼이 우측으로 얼마나 많이 이동했는지를 보여줍니다. '완전히 새로운 의회(Brand New Congress) 운동'처럼 샌더스가 동원했던 사람들이 추진하던 촉망받는 활동이 여러 개 있었습니다.

4년마다 한 번씩 나타나는 것이 아니라 대중과 함께 지속적으로 일하는 독립적인 진정한 좌파 정당이 있어야 하고, 또 그럴 수 있습니다. 그런 정당은 선거(대선뿐 아니라, 학교 이사회에서부터 주민 회의나 주 의회에 이르기까지)를 실시하는 단계뿐만 아니라 다양한 영역에서 활동해야 합니다. 활동할 수 있는 기회는 많을 것이며, 여기에 걸려 있는 지분도 많습니다. 특히 모든 것 위에 도사리고 있는 핵전쟁과 환경 재앙이라는 두 가지 먹구름에 주의를 기울인다면 말이죠. 두 가지 모두 불길한 징조이며, 긴급한 조치를 필요로 합니다.

인류세와 종말의 시계

C. J. 폴리크로니우: 과학자들뿐만 아니라 정치·사회 분석가들마저도 지구 온난화와 기후 변화가 지구에 가장 위협적인 요소라는 데 의견이 일치하는 것 같습니다. 박사님께서도 이런 시각에 동의하십니까? 만일 그렇다면 그 이유는 무엇입니까?

노엄 촘스키: 저는《핵 과학자 회보(Bulletin of Atomic Scientists)》를 위해 '지구 종말 시계(Doomsday Clock)'를 맞추고 있는 전문가들이 내린 결론에 동의합니다. 그들이 시계를 자정에 2분 더 가까워지도록 맞춰놓아서 시계는 이제 밤 11시 57분을 가리키고 있습니다. 시계가 자정에 더 가까워진 것은 바로 핵전쟁 위협의 증가와 지구 온난화 때문입니다. 개인적으로는 그것이 타당한 결정이었다고 생각합니다. 기록을 검토해보면 우리가 지금까지 핵무기 시대에서 살아남은 것이 기적에 가깝다는 사실을 알 수 있습니다. 핵전쟁이 위험할 만큼 가까이 다가온 경우가 여러 번 있었는데요, 주로 조기 경보 시스템의 오작동 또는 다른 사고가 원인이었습니다. 때로는 정치 지도자가 대단히 모험적인 행동을 한 것이 원인이기도 했습니다. 대규모의 핵전쟁이 그 타깃뿐

만 아니라 공격자도 파괴할 핵겨울로 이어질 수 있다는 점은 벌써 오랫동안 알려진 사실입니다. 이제 그런 위협이 특히 러시아 국경에서 고조되고 있습니다. 조지 케넌(George Kennan)과 다른 유명 인사들이 NATO의 확장이, 특히 확장이 이루어진 방법이 "비극적인 실수" 또는 "역사에 남을 정도의 정책 오류"가 될 것이라고 말한 예측이 맞아떨어지고 있습니다.

기후 변화에 관해 이야기하자면 과학계는 이제 우리가 새로운 지질학적 시대인 인류세에 들어섰다는 데 동의합니다. 인류세에는 지구의 기후가 인간의 활동으로 인해 근본적인 변화를 겪어 상당히 다른 행성으로 변하며, 인간의 삶이 우리가 원하는 형태로 유지되지 못할지도 모릅니다. 우리가 이미 거대한 규모로 종이 파멸하는 여섯 번째 대멸종 시기에 진입했다고 볼 만한 근거는 충분합니다. 6,500만 년 전에 일어난 다섯 번째 대멸종의 경우 커다란 소행성 때문에 지구에서 살고 있던 종의 4분의 3이 멸종되었습니다. 5,500만 년 전부터 살펴봤을 때 대기 중 이산화탄소 농도가 지질학 기록이 시작된 이래 가장 빠른 속도로 오르고 있습니다. 150명의 저명한 과학자들의 발표를 인용하자면 "극빙이 녹아 더 심해지는 지구 온난화, 영구 동토층에서 방출되는 메탄, 대규모 산불이 되돌릴 수 없는 수준일지도 모른다"는 것이 걱정입니다. 그럴 경우 그다지 멀지 않은 미래에 인간을 포함한 지구상의 모든 생명체에 치명적인 결과를 야기할 우려가 있습니다. 해수면이 상승하고 빙하가 녹아서 수자원이 파괴되는 것만으로도 인간에게는 끔찍한 재앙이 닥칠 수 있습니다.

사실상 모든 과학 연구가 1975년 이후 지구의 기온이 계속해서 상승하고 있다고 지적하고, 최근 《뉴욕타임스》에 실린 기사에 따르면 과학자들이 수십 년 동안 경고했던 지구 온난화가 더 이상 이론적인 문제가 아니라고 합니다. 실제로 얼음이 녹고 있고, 해수면이 상승하고 있으니까요.[1] 그런데도 아직도 현재의 기후 변화가 대체로 인간의 활동에 의해 일어난다는 널리 인정된 과학적인 시각에 의문을 제기하고 지구 표면 온도의 신뢰성을 의심하는 사람들이 있습니다. 이런 현상이 정치적인 목적 때문에 나타나는 것일까요? 아니면 무지와 변화에 대한 두려움 때문에 나타나는 것일까요?

이 시대에 수준 높은 교육과 특권을 누리는 세계 역사상 가장 강력한 국가에서 두 정당 중 하나가 인류에 의한 기후 변화와 같이 확실한 사실을 부인한다는 점이 놀랍기만 합니다. 2016년 대선을 앞두고 열린 공화당 경선 토론에서 존 케이식(John Kasich)을 제외한 모든 공화당 후보가 기후 변화를 부정하는 사람들이었습니다. 케이식은 "합리적인 온건파"인데요, 그조차도 기후 변화가 일어나는 것은 사실이지만 우리가 어떤 조치도 취할 필요가 없다고 주장했습니다. 언론 역시 이 문제를 오랫동안 대수롭지 않게 생각한 책임이 있습니다. 미국의 화석 연료 생산이나 에너지 의존도에 대해서는 긍정적으로 다루면서도 이런 문제 때문에 인류가 재앙을 향해 달려가는 속도가 빨라졌다는 사실은 거의 언급하지 않습니다. 다른 요인들도 있겠지만 이런 상황에서 인구의 상당수가 기후 변화 부정론자들을 따르거나 이 문제를 그렇게 심각하게 받아들이지 않는다는 것이 놀랄 일은 아니지요.

국제적인 여론 조사를 살펴보면 미국인들이 다른 국민에 비해 기후 변화에 더 회의적인 입장입니다.[2] 그 이유는 무엇일까요? 그리고 이런 점이 미국의 정치 문화에 관해 무엇을 말해주는 것일까요?

미국은 기업이 운영하는 사회입니다. 그 정도가 유달리 심한 나머지, 이윤과 시장 점유율에 관한 단기적인 우려가 합리적인 계획을 대체하는 지경입니다. 미국은 이례적으로 종교적인 근본주의의 규모가 엄청나기도 합니다. 세상을 이해하는 방식에 끼치는 영향도 상상을 초월합니다. 전국적으로 실시한 여론 조사를 살펴보면 응답자의 거의 절반에 달하는 사람이 신이 1만 년 전(이나 그것보다 늦게)에 인간을 현재의 형태로 만들었다고 생각하며 인간과 유인원이 선조가 같다는 사실을 믿지 않습니다. 예수의 재림에 관해서도 비슷한 시각이 있습니다. 환경에 관한 상원 위원회를 이끌었던 제임스 인호프(James Inhofe) 상원의원이 "신은 여전히 저 위에 계시고, 이 모든 것이 일어나는 데는 이유가 있습니다."라고 말했을 때 동의하는 사람이 많았습니다. 감히 인간 주제에 신의 일에 간섭하는 것은 신성 모독이라는 것이죠.

최근에 전 세계적으로 열처리로 인한 가스 배출에 관한 데이터를 살펴보면 배출량이 지속적으로 증가하던 시기는 지난 것 같습니다.[3] 그렇다면 환경의 미래에 관해서 낙관적으로 생각할 여지가

있다고 보십니까?

그람시(Gramsci)가 말한 것처럼 "의지로써 낙관(optimism of the will)"할 수 있는 여지는 언제나 있습니다. 아직까지는 선택사항이 많이 남아 있어 다행이지만 점점 줄어들고 있는 추세입니다. 선택사항 중에는 단열 처리가 잘 되어 있는 집을 짓는 것(일자리도 늘어날 수 있습니다.)처럼 쉽게 시행할 수 있는 간단한 방법도 있고, 완전히 새로운 형태의 에너지를 개발하는 방법도 있습니다. 어쩌면 핵융합 에너지를 이용할 수도 있고, 지구의 대기권 밖에 있는 태양열 에너지를 이용하는 새로운 방법도 가능하겠죠. (이 방법은 진지하게 제안되어 왔습니다.) 아니면 지구에 이미 가해진 커다란 피해의 일부를 되돌릴 수 있을지도 모르는 탄소 제거법도 생각해볼 만합니다. 이 외에 다른 방법도 많이 있겠죠.

인간의 행동이 천천히 달라지고 세계 경제가 더 깨끗하고 새로운 에너지로 전환하려면 몇십 년이 걸린다는 점을 감안하면 기후 변화를 위한 기술적인 해결책을 모색해야 하는 것일까요?

실현 가능하고 잠재적으로 효과가 있는 방안은 모두 검토해야 합니다. 기술의 발전이 진지한 해결책의 중요한 부분을 차지할 것이라는 점은 분명하지만 그것은 해결책의 일부에 불과합니다. 다른 큰 변화도 여러 가지 나타나야만 문제를 해결할 수 있습니다. 산업적 방식의 고기 생산 역시 지구 온난화에 일조하고 있습니다. 사회경제적인 체제 전체가 이윤추구를 위한 생산과 지속가능하지 않은 성장 명령에 기반을 두고 있습니다.

가치에 관한 근본적인 문제도 있습니다. 좋은 삶이란 무엇인가? 우리가 주-종 관계를 용인해야 하는가? 베블런(Veblen)이 말하는 "과시적 소비"처럼 우리의 목표가 물자를 최대한 늘리는 것이어야 하는가? 이것보다 더 고상하고 성취감을 주는 포부는 분명히 있습니다.

참여 과학자 모임(Union of Concerned Scientists: UCS)을 비롯하여 진보적이고 급진적인 집단에서는 여러 사람이 지구공학*을 동원한 해결책을 찾는 데 상당히 회의적이거나 그것에 반대하는 입장입니다. 이런 사람들과 기후 변화를 부정하는 사람들이 각각 같은 동전의 다른 면일까요?

저는 그렇게 생각하지 않습니다. 참여 과학자 모임이나 그들과 비슷한 생각을 하는 다른 여러 집단이 옳든 그르든 그들은 진지한 의견을 제시합니다. 과학자들의 의견이 압도적으로 일치하는 문제에 의문을 제기하는 극소수의 진지한 과학자도 마찬가지입니다. 하지만 공화당의 수뇌부나 그들이 대표하는 사람들과 같은 기후 변화 부정론자들의 움직임은 완전히 다른 현상입니다. 지구공학을 이용한 해결책은 클라이브 해밀턴(Clive Hamilton)이 지적한 것처럼 무시할 수 없는 심각한 비판도 많이 받았고, 긍정적인 평가도 많이 받고 있습니다. 이런 문제는 추측과 직감을 바탕으로 주관적으로 판단해서 될 일이 아닙니다. 그보다는 합리적인

---

* [역주] geoengineering: 지구 온난화를 우려하는 과학자들이 거대 규모의 공학 기법으로 지구 기온 상승을 해결하자고 제안함. 구름의 씨앗이 되는 이산화황을 지구 성층권에 뿌리는 인공화산 구상이 제일 많이 알려져 있음.

사전예방 원칙을 무시하지 않으면서도 가능한 한 최고 수준의 과학적인 이해에 의지해야 합니다.

기후 변화라는 위협에 맞서서 우리가 취할 수 있거나 취해야 하는 현실적이면서도 당장 시행 가능한 조치에는 어떤 것이 있습니까?

화석 연료의 사용을 얼른 그만두고, 재생 에너지를 많이 써야 합니다. 또한 대체 에너지를 위한 새로운 선택사항을 연구하고, 환경 보호를 위해 의미 있는 조치를 취해야 합니다. 특히 인력과 자원을 착취하는 자본주의 모델을 광범위하게 비판하는 것이 중요합니다. 외부효과가 무시당하는 문제를 차치하더라도 자본주의 모델은 사실상 인류의 종말을 알리는 전조나 마찬가지입니다.

만일 인간이 지구 온난화와 기후 변화 문제를 해결하거나 되돌리지 못하면 세상이 50년 후에 어떤 모습으로 변해 있을지 예측할 수 있는 방법이 있습니까?

만일 지금의 추세가 계속된다면 머지않아 처참한 결과가 나타날 것입니다. 여러 지역이 사람이 거의 살지 못하는 곳으로 변해버려 수억 명의 인구에게 영향을 미치게 되겠죠. 우리가 생각하기도 어려운 다른 여러 가지 재앙도 나타날 것입니다.

제3부

아나키즘과 공산주의

C. J. 폴리크로니우: 박사님, 19세기 후반부터 20세기 중후반까지 아나키즘과 공산주의는 서방 세계뿐만 아니라 라틴아메리카와 아시아 및 아프리카 일부 지역에서도 활기가 넘치는 중요한 운동을 상징했습니다. 하지만 1980년대에 정치적·이데올로기적 상황이 근본적으로 달라진 것 같습니다. 자본주의에 저항하는 세력은 여전히 존재하지만 이제는 대체로 국지화되어 있으며, 새로운 사회경제적인 질서를 수립하기 위한 전략에 관한 비전은 딱히 없어 보입니다. 아나키즘과 공산주의가 그 당시에 왜 성행했던 것입니까? 그리고 영향력이 막강한 이데올로기에서 소외된 믿음 체계로 변하게 된 데는 어떤 핵심 요소가 작용했다고 생각하십니까?

노엄 촘스키: 좀 더 자세히 들여다보면 대변동과 격변의 시기에는 급진적 민주주의 운동이 활발하게 전개되었다는 사실을 알 수 있습니다. 이런 운동은 아나키즘이나 공산주의의 여러 가지 요소를 담고 있는 경우가 많으며, 아나키스트나 공산주의자들이 참여하기도 합니다. 그람시(Gramsci)의 말을 좀 바꿔서 표현하자면

낡은 것은 휘청거리고 있고, 새로운 것은 아직 태어나지는 않았지만 감질나는 가능성을 제시할 때 이런 운동이 일어납니다. 바로 그런 이유로 19세기 후반 미국에서 산업 자본주의가 자작농과 장인들에게 산업 프롤레타리아가 되라고 독려하던 때에, 사람들은 격렬히 저항했고, 그 과정에서 군사적 수단을 동반한 강력한 노동운동이 일어났습니다. 이런 노동운동은 "제분소에서 일하는 사람들이 제분소를 소유해야 한다."라는 원칙에 전념했고, 은행과 상인들의 손아귀로부터 농민들을 해방하려던 급진적인 대중 농민 운동과 힘을 합쳤습니다. 탈식민지화가 일어났던 극적인 시대에도 급진적인 운동이 다양하게 전개되었고, 1960년대를 비롯하여 다른 사례가 많습니다. 1980년대부터 시작된 신자유주의 시대는 세계 인구의 대부분에게 퇴보와 소외를 불러왔습니다. 하지만 칼 마르크스의 노련한 두더지*는 결코 멀리 있지 않으며 예상하지 못했던 곳에서 나타납니다. 미국에서 노동자들이 소유한 기업과 협동조합(말 그대로 따지면 아나키즘적이거나 공산주의적이지는 않지만)이 널리 퍼지면서 사회에 지대한 영향을 미칠 급진적인 변화의 씨앗도 함께 퍼지고 있고, 두더지가 한 마리만 있는 것도 아닙니다.

아나키즘과 공산주의는 밀접한 관련이 있습니다. 하지만 마르크스주의가 성행하던 시대와 러시아 아나키스트 미하일 바쿠닌(Mikhail Bakunin)의 시대 이후에는 철천지원수처럼 지내게 되

---

* [역주] 셰익스피어의 《햄릿》에 나오는 'old mole'을 인용하여 마르크스가 유럽 혁명의 완성을 앞두고 "잘 팠다, 노련한 두더지여."라고 말한 것을 일컬음.

었습니다. 두 이데올로기의 차이가 그저 자본주의에서 사회주의로의 이행에 관한 전략적인 차이일 뿐입니까? 아니면 둘의 차이가 인간의 본성과 경제적·사회적인 관계에 관한 다양한 시각도 반영하는 것입니까?

제 생각에는 상황이 그것보다 더 미묘한 것 같습니다. 그러니까 좌파 성향의 반볼셰비키 마르크스주의는 아나키즘적 노동조합운동(anarchosyndicalism)에 상당히 가까운 경우가 많았습니다. 칼 코르쉬(Karl Korsch)와 같은 유명한 좌파 마르크스주의자들은 스페인의 아나키즘 혁명에 상당히 동조하는 모습이었습니다. 다니엘 게랭(Daniel Guérin)의 저서 《아나키즘(Anarchism)》에 담긴 내용은 좌파 마르크스주의에 가깝습니다. 1917년 중반에 좌파의 성향을 보였던 레닌(Lenin)은 아나키즘이 묻어나는 글을 많이 썼는데요, 특히 《국가와 혁명(State and Revolution)》이 그렇습니다. 아나키즘과 공산주의는 전술뿐만 아니라 훨씬 더 근본적인 문제를 두고도 갈등을 빚었습니다. 엥겔스(Engels)가 아나키즘을 비판한 것이 유명한 예죠. 마르크스 자신은 후-자본주의(postcapitalist) 사회에 대해서는 별 말이 없었습니다. 하지만 장기적인 목표에 관한 그의 생각의 기본적인 요지는 아나키즘적인 사상과 실천의 주된 목소리와 일맥상통하는 것처럼 보입니다.

바쿠닌의 영향을 받은 일부 아나키스트 전통은 사회적인 변화를 불러오는 데 필요한 수단으로 폭력의 사용을 옹호합니다. 하지만 러시아 아나키스트인 피터 크로포트킨(Peter Kropotkin)의 영향

을 받은 다른 아나키스트 전통은 폭력이 정의로운 사회 질서를 수립하는 데 정치적으로 효과가 없을 뿐만 아니라 도덕적으로도 문제가 있다는 입장입니다. 공산주의 전통 역시 폭력의 사용을 두고 의견이 엇갈리는데요, 심지어 혁명을 시도할 기회가 무르익은 상황에서도 의견이 일치하지 않았습니다. 사회적인 혁명이 폭력 없이도 일어날 수 있다고 생각하십니까?

이 질문에 관한 포괄적인 대답은 있을 수 없을 것 같습니다. 계급 권력과 특권을 물리치려는 투쟁을 벌이면 당연히 저항이 있을 수밖에 없고, 때로는 그것이 폭력적인 형태로 나타납니다. 어쩌면 권력을 유지하기 위한 강력한 시도에 대항하여 방어적 수단으로 폭력이 정당화되는 경우도 있는지 모르겠습니다. 물론 그것은 최후의 수단이겠죠.

박사님의 글을 보면 구소련이 사회주의 국가였던 적이 한 번도 없었다는 시각을 유지하고 계십니다. 그렇다면 구소련이 "변형된 노동자 국가"였다는 시각을 수용하십니까? 아니면 구소련이 일종의 국가 자본주의 체제를 도입했었다고 생각하십니까?

정치 담론에 사용되는 여러 가지 용어는 그다지 정확하지 않습니다. 소비에트 평의회와 공장 평의회가 제법 이른 시기에 없어지고 나서 '노동자 국가'의 흔적은 거의 남지 않았습니다. (공장 평의회는 노동자가 집단적으로 작업장을 통제하던 일종의 정치적·경제적인 조직이었습니다.) 구소련이 임금 노동뿐만 아니라 자본주의의 다른 특성들도 갖췄던 만큼 어떤 면에서는 일종의 압제적인 국가 자본주의라고 볼 수도 있을 것 같습니다.

일부 공산주의 집단에서는 레닌주의와 스탈린주의를 구분합니다. 하지만 보다 정통적인 공산주의자들은 니키타 흐루시초프(Nikita Khrushchev)가 정권을 잡으면서 구소련이 사회주의를 점차 단념하기 시작했다고 주장합니다. 이 두 가지 주장에 대해서 어떻게 생각하십니까? 특히 레닌주의와 스탈린주의에 차이가 있다면 그 차이점에 중점을 두고 설명해주시겠습니까?

저는 구소련이 사회주의를 단념한 시기를 훨씬 이른 시점으로 잡을 것 같습니다. 레닌과 트로츠키(Trotsky)가 집권했던 시기 정도로요. 적어도 사회주의 체제를 노동자들이 생산을 통제한다는 의미로 이해한다면 말입니다. 스탈린주의의 씨앗은 볼셰비키 초기에도 존재했습니다. 내전과 외세의 침략에 의한 긴박한 상황과 레닌주의 때문이었습니다. 하지만 스탈린(Stalin)이 정권을 잡았을 때 스탈린주의는 아주 기이한 것으로 변해버리고 말았습니다.

볼셰비키는 권력을 탈취하면서 어려운 일도 많았고 (대내외적인) 위협도 많이 받았습니다. 그렇다면 그들이 권력을 중앙집권화하고, 군대를 조직하고, 어떤 수단을 동원해서든 '10월 혁명'을 방어하는 것 외에 다른 선택사항이 있었다고 생각하십니까?

볼셰비키가 자신들의 권력을 방어하기 위해 다른 선택사항이 있었는지 묻는 편이 더 적합하다고 생각합니다. 자신들이 선택한 수단을 도입함으로써 그들은 대중적인 혁명이 성취해낸 것을 파괴하고 말았습니다. 과연 다른 대안이 있었을까요? 저는 그렇다고 생각합니다. 하지만 이 질문은 어렵고 논쟁의 여지가 많은 문제입니다. 예를 들면 러시아의 소작농들이 갖춘 혁명 잠재력에 관한 마르크스의 의견을 무시하는 대신 그 의견을 수용하여 소작농들이 조직을 형성하고 활동할 수 있도록 지원해주는 방법이 있었을 것입니다. (하지만 실제로는 소작농들을 소외시켰고 그보다 더한 짓도 했습니다.) 아니면 소비에트와 공장 평의회 같은 조직들을 약화시킬 것이 아니라 힘을 더 실어줄 수도 있었을 것입니다. 하지만 이 모든 이야기에 여러 가지 의문을 제기할 수 있습니다. 사실에 관해서도 그렇고, 우리가 추측하는 가능성에 관해서도 그렇습니다. 예를 들면 통솔이 잘 되는 효과적인 적군(Red Army)*을 조직하는 것, 게릴라전과 전통적인 군사 전략 사이의 선택 문제, 정치전과 군사전을 두고 선택하는 것 등 여러 가지가 있을 수 있습니다.

스탈린 정권 아래에서 볼 수 있었던 강제 노동 수용소와 다른 여러 가지 끔찍한 범죄를 레닌이나 트로츠키 정권 아래에서는 보지 못했을 가능성이 크다는 시각에 동의하십니까?

저는 레닌이나 트로츠키가 그런 범죄를 저지르지는 않았을 것이라는 생각이 강하게 듭니다.

그렇다면 마오쩌둥의 혁명에 대해서는 어떻게 생각하십니까? 중

* [역주] 赤軍: 구소련 군의 공식적인 명칭

국이 그 언제라도 사회주의 국가였던 시기가 있습니까?

'마오쩌둥의 혁명'은 복잡한 문제입니다. 중국식 마르크스주의의 초기에는 대중적인 요소가 강하게 자리 잡고 있었는데요, 모리스 마이스너(Maurice Meisner)가 자신의 책에서 이런 부분을 자세하게 다루고 있습니다. 또한 윌리엄 힌튼(William Hinton)의 괄목할 만한 연구를 담은 《번신(Fanshen)》은 심오한 혁명적인 변화의 순간을 생생하게 포착합니다. 사회적인 관습뿐만 아니라 소작농들의 사고방식과 의식에서도 그런 변화가 나타났습니다. 힌튼의 설명에 따르면 정당의 간부들이 대중의 통제를 묵묵히 따르는 경우도 많았다고 합니다. 하지만 그 이후에는 전체주의적인 체제가 끔찍한 범죄를 자행했습니다. 그중에서도 특히 '대약진 정책'이 눈에 띄죠. 문제의 정책은 무려 수천만 명의 목숨을 앗아가고 말았습니다. 이런 범죄에도 불구하고 경제학자 아마르티아 센(Amartya Sen)과 장 드레즈(Jean Dreze)가 보여주듯이 독립 이후부터 덩샤오핑 개혁이 시작되었던 1979년까지 중국의 농촌 보건·개발 프로그램은 1억 명의 목숨을 살렸습니다. 같은 기간에 인도가 보여준 성과와는 차이가 많이 납니다. 이런 이야기가 사회주의와 무슨 상관이 있는지는 '사회주의'라는 용어를 어떻게 해석하느냐에 달려 있습니다.

카스트로(Castro) 정권 아래에 있던 쿠바에 대해서는 어떻게 생각하십니까?

쿠바는 1959년 1월에 카스트로 정권 아래에서 독립을 쟁취했는데요, 그 후에 쿠바에서 일어난 일을 평가할 때는 거의 독립하자마자 쿠바가 미국의 맹렬한 공격을 받았다는 사실을 잊어서는 안 됩니다. 1959년 말이 되었을 무렵 플로리다 주에 대기하고 있던 미군 전투기들이 쿠바에 폭탄을 투하했습니다. 3월에는 쿠바 정부를 전복하기 위한 비밀스러운 결정이 내려졌고, 새로 선출된 케네디 행정부는 피그스 만 침공을 감행했습니다. 하지만 침공이 실패로 돌아가자 워싱턴은 히스테리에 시달리다시피 했고, 케네디는 결국 쿠바에 "땅을 뒤흔들 만큼의 공포"를 불어넣기 위해 전쟁을 선포했습니다. 이 말은 케네디의 측근이었던 역사학자 아서 슐레진저(Arthur Schlesinger)가 로버트 케네디(Robert Kennedy)의 반(semi)공식적인 자서전에서 쓴 표현입니다. 로버트 케네디는 작전을 총괄하는 임무를 맡았고, 그 작전이 그의 여러 가지 임무 중에서 최우선 순위를 차지했습니다. 작전은 결코 작은 문제가 아니었고, 미사일 위기로 이어진 여러 요인 중 한 가지였습니다. 슐레진저는 그 순간이 역사상 가장 위험한 순간이었다고 올바르게 표현했습니다. 미사일 위기가 끝나고 나자 전쟁이 재개되었고, 강력한 금수 조치가 가해지는 바람에 쿠바는 큰 타격을 받았습니다. 금수 조치는 오늘날까지도 이어지고 있으며, 사실상 전 세계의 모든 국가가 이에 반대하는 실정입니다.

러시아의 원조가 끝나자 클린턴에 의해 금수 조치는 더 가혹해졌고, 몇 년 뒤에 헬름스 버튼법(Helms-Burton Act)으로 인해 조치는 한층 더 가혹해졌습니다. 당연한 말이지만 금수 조치의 영향은 대단히 심각했습니다. 살림 람라니(Salim Lamrani)는 이에 관해 포괄적인 연구를 실시했습니다. 쿠바에게 특히 아주 부담스러웠던 점은 금수 조치가 의료 체계에 미친 영향이었습니다. 필수적인 의약 용품을 박탈당했기 때문입니다. 그런데도 쿠바는 놀라울 만큼 훌륭한 의료 체계를 발전시켰고, 의료 국제주의(medical internationalism)에 관한 한 타의 추종을 불허하는 기록을 보유하고 있습니다. 게다가 쿠바는 '블랙 아프리카'의 해방을 위해 남아프리카 공화국의 아파르트헤이트 정권을 무너뜨리는 데 결정적인 역할을 수행하기도 했습니다. 그 이면에는 인권을 심각하게 위반한 사례들도 있지만 그 지역에서 미국이 지배한 국가나 남미에서 미국의 지원을 받은 안보 국가에서 일상적으로 벌어지던 수준보다는 훨씬 약했습니다. 물론 최근에 쿠바에서 최악의 인권 유린이 일어난 곳은 관타나모입니다. 미국은 관타나모를 20세기 초에 쿠바에게서 빼앗고는 돌려주기를 거부하고 있죠. 전반적으로 봤을 때 카스트로 정권 아래에 있던 쿠바에는 명암이 엇갈렸으며, 상황이 복잡하다 보니 평가를 내리기도 쉽지 않습니다.

박사님께서는 이른바 현존 사회주의가 붕괴된 것이 긍정적인 결과라고 평가하십니까? 만일 그렇다면 그 이유는 무엇입니까? 그리고 이런 현상이 사회주의의 비전에 어떤 방식으로 도움이 되었습니까?

구소련이 무너졌을 때 저는 그것이 사회주의에게 작은 승리를 안겨준 것이나 마찬가지라는 내용을 논문으로 발표했습니다. 왜냐

하면 세상에서 가장 반사회주의적인 국가(구소련의 노동자는 서방 세계의 노동자보다 권리가 적었습니다.)가 무너진 것이고, '사회주의'라는 용어가 더 이상 동서양의 선전(propaganda) 체제에서 구소련의 압제와 연관되지 않아도 되었기 때문입니다. 동양에서는 실재하는 사회주의가 풍기는 험악한 분위기로부터 정치적 이득을 얻기 위해 쓰였고, 서양에서는 사회주의라는 개념을 악마처럼 만드는 데 사용했습니다.

'실재하는 사회주의'라고 알려지게 된 체제에 관한 제 주장은 구소련이 시초부터 자국 국민의 행동에 재갈을 물리고 다른 국가의 국민을 억압하려고 했다는 것입니다. 1917년 러시아에서 국가 권력을 장악하기 위해서 대중의 동요를 이용해먹은 자들에게 유리했기 때문이지요.

사회주의는 노동자들을 착취로부터 해방시키자는 이념에서 출발했습니다. 마르크스주의 이론가인 안톤 판네쾨크(Anton Pannekoek)는 "부르주아 계급을 스스로 대체한 새로운 총괄·지배 계급은 이런 목표를 달성하지도 못했고 달성할 수도 없었다."라고 언급했습니다. 사회주의의 목표는 오로지 "노동자들이 생산 과정의 주인이 되어 직접 나설 때만 달성될 수 있다"는 것이었습니다. 생산자가 생산 과정의 주인이 되는 것이 바로 사회주의의 핵심입니다. 혁명을 위한 투쟁이 일어나던 시기에 대중은 이런 목표를 달성하는 데 필요한 수단을 꾸준히 강구했습니다. 물론 전통적인 지배 계급과 "혁명적인 지식인들"은 이에 격렬하게 반대했지만요. 그들은 변화무쌍한 환경에 맞게 적용한 레닌주의와

서양의 관리 통제주의의 공통적인 원칙을 신념으로 삼았습니다. 하지만 사회주의적인 이상의 핵심 요소는 여전히 그대로입니다. 생산 수단에 대한 소유권을 자유롭게 연합한 생산자들에게 넘겨주는 것입니다. 인간이 누리는 자유의 범위를 넓히기 위한 핵심적인 조치로서 주인의 착취로부터 스스로를 해방한 사람들에게 사회적인 재산을 안겨주는 것입니다.

레닌주의를 주창했던 지식 계급, 인텔리겐치아는 다른 계획을 품고 있었습니다. 그들은 마르크스가 말한 "공모자(conspirators)"에 해당하는데요, "혁명적인 과정의 발전을 저지하고, 자신들이 국가를 지배하고자 하는 목적에 맞도록 그것을 왜곡"했습니다. 그러다 보니 그들은 "노동자들이 자신들의 계급적인 이익에 보다 이론적으로 눈을 뜨는 것을 극도로 경멸"했습니다. 계급적 이익에는 바쿠닌이 경고했던 것처럼 '붉은 관료(Red Bureaucracy)'들을 전복하고, 생산과 사회생활을 민주적으로 통제할 수 있는 방법을 찾는 일도 포함된 것이었습니다. 레닌주의자들은 대중이 엄격한 규율 아래 통제되어야 한다고 생각했습니다. 하지만 사회주의자들이라면 자유롭게 연합한 생산자들이 "노동을 자발적으로 하기"(마르크스) 때문에 규율이 "불필요해질" 사회 질서를 수립하기 위해서 투쟁할 것입니다. 뿐만 아니라 자유주의적 사회주의(libertarian socialism)는 생산자가 생산 과정을 민주적으로 통제하는 것을 이념의 목표로 한정하지 않습니다. 그 대신 사회적·개인적인 삶의 모든 측면에서 모든 형태의 지배와 계급을 없애는 것을 목표로 삼고 있습니다. 이를 위해서는 끝없는 투쟁이 계속되어야 합니다. 보다 정의로운 사회를 구현하는 데 진전이 생기면 전통적인 관습과 의식에 가려져 있던 여러 가지 억압의 형태를 새롭게 이해하게 되고, 그것에 관한 새로운 통찰력이 생길 것이기 때문입니다.

레닌주의자들이 사회주의의 가장 핵심적인 특징들에 적대감을 느낀다는 사실은 맨 처음부터 자명했습니다. 혁명적인 러시아에서 소비에트와 공장 평의회는 투쟁과 해방을 위한 도구로서 발전했습니다. 비록 결점은 많았지만 잠재력이 풍부하다는 장점이 있었습니다. 레닌과 트로츠키는 정권을 잡고 나서 이런 도구가 지닌 해방의 잠재력을 즉시 파괴하는 데 전념했습니다. 그러고는 트로츠키가 수년 전에 예측하고, 로자 룩셈부르크(Rosa Luxemburg)와 다른 여러 좌파 마르크스주의자가 당시에 경고하고, 아나키스트들이 늘 이해했던 것처럼 공산당이 지배하는 체제(실제로는 '중앙 위원회와 최고 수뇌부(Central Committee and its Maximal Leaders)')를 수립했습니다. 대중뿐만 아니라 당원들마저도 "수뇌부의 빈틈없는 통제"를 받아야 했습니다. 그것이 바로 트로츠키가 혁명적인 지식인에서 국가의 성직자로 변모하면서 관철한 생각입니다. 공권력을 장악하기 전에 볼셰비키 수뇌부는 아래에서부터 혁명을 위한 투쟁을 전개한 사람들이 사용하던 수사법을 대부분 도입했습니다. 하지만 그들의 실제 계획은 완전히 달랐습니다. 이는 그들이 1917년 10월에 국가권력을 장악하기 전에도 명백했고, 그 이후에는 더욱더 극명하게 드러났습니다.

볼셰비키에 동조적인 역사학자인 E. H. 카(E. H. Carr)는 이렇게 적었습니다. "공장 평의회를 조직하고 공장 관리에 개입하려는 노동자들의 자연스러운 의향은 국가의 생산 시스템에 대한 소유권이 자신들에게 있다고 '노동자들이 믿도록 만든*' 혁명의 영향을 받은 것이 분명하다. 그들은 생산 시스템을 자발적으로, 그리고 자신들의 이익을 위해 운영할 수 있다고 믿고 있다." 반면, 노동자들의 입장을 옹호하던 한 아나키스트 대표는 "공장 평의회는 미래를 위한 조직입니다. 이제는 국가가 아닌 평의회가 국가를 운영해야 합니다."라고 의견을 밝혔습니다.

하지만 국가 소속 성직자들은 그 정도로 어리석지 않았고, 공장 평의회를 파괴하고 소비에트를 자신들의 지배를 받는 기관으로 격하하기 위해 즉시 행동에 나섰습니다. 11월 3일에 레닌은 '노동자 통제에 관한 법령의 초안(Draft Decree on Workers' Control)'을 발표하기도 했습니다. 이 법령은 노동자들을 통제하기 위해 선출된 대표들은 "엄격한 질서와 규율을 유지하고 재산을 보호할 책임을 져야" 한다는 내용을 담고 있었습니다. 그해가 끝나갈 때쯤 레닌은 "우리는 노동자 평의회에서 '국가 경제 최고회의(Supreme Council of National Economy)'로 통제권을 이관한다."라고 선언했습니다. 이 기구는 "노동자 평의회를 흡수하고 대체하기 위해서"(E. H. Carr) 탄생했습니다. 하지만 한 멘셰비키 노동조합원은 "사회주의가 추구하는 이상 그 자체가 노동자 평의회와 같은 개념으로써 구현돼야 마땅할진데…."라고 한탄했습니다. 볼셰비키 수뇌부 역시 탄식을 표했으나 행동으로는 사회주의

* [원문에서가 아닌 촘스키의 강조]

라는 이상 자체를 매장해 버렸습니다.

미국에서 사회주의?

C. J. 폴리크로니우: 박사님, 도널드 트럼프나 버니 샌더스와 같은 인물들이 부상하는 것을 보면 미국 사회가 현재로서는 이데올로기적인 대격변의 시기를 겪고 있는 것 같습니다. 이는 생활수준의 악화, 임금 불평등의 심화, 그리고 미국이 신도금 시대(New Gilded Age)에 마주하고 있는 다른 수많은 경제적·사회적인 병폐에 따른 결과라고 생각합니다. 미국의 정치 문화의 독특한 특성을 감안했을 때 2016년의 대통령 선거가 얼마나 의미가 있다고 보십니까?

노엄 촘스키: 결과와 무관하게 대선은 상당한 의미가 있었다고 생각합니다. 지난 세대가 도입했던 신자유주의적인 프로그램의 영향에 대한 국민의 불만과 분노가 커지고 있다는 사실을 보여주었기 때문입니다. 신자유주의 프로그램은 다른 국가에서와 마찬가지로 미국에서도 대중에게 큰 타격을 입혔습니다. 뿐만 아니라 민주주의의 본래 기능을 약화하고, 인구의 극소수에게만 부와 권력을 안겨주는 문제도 있었습니다. 특히 국가 경제에 부정적인 영향을 미치거나 해를 끼치는 금융업계에 부와 권력이 집중되었

습니다. 유럽에서도 이와 비슷한 현상이 비슷한 이유로 일어나고 있습니다. 미국에서 이런 추세는 한동안 분명하게 나타났지만 정당의 기득권층이 통제력을 상실한 것은 이번 선거가 처음입니다.

공화당의 경우 이전에 열린 예비 선거에서는 정당의 기득권층이 대중적인 기반을 통해 올라온 후보들을 끌어내리고 자신들이 원하는 후보를 지명할 수 있었습니다. 하지만 이번에는 그런 노력이 실패로 돌아갔고, 그들은 절망에 빠지고 말았습니다. 반면 민주당의 경우 샌더스의 도전과 선거 운동의 성공이 트럼프의 승리만큼이나 예측하지 못한 일이었을 것입니다. 유권자들의 환멸과 우려는 샌더스와 트럼프의 선전을 통해 매우 다른 방식으로 표현되었지만 공통적인 요소도 있습니다. 백인 노동자 계급의 대부분이 트럼프를 지지합니다. 그들이 화가 나고 절망을 느끼는 상황과 트럼프의 말이 그들에게 왜 매력적으로 들렸는지 이해할 수 있습니다. 하지만 그들은 잘못된 후보를 선택했습니다. 트럼프의 정책은(그나마 일관성이 있는 것들을 살펴보면) 백인 노동자 계급의 관심사를 진지하게 다루지 않을 뿐만 아니라 그들에게 큰 해가 되기도 합니다. 안타깝게도 타격을 입는 것은 백인 노동자 계급에 국한되지 않습니다.

버니 샌더스는 '월가 시위(Occupy Wall Street)'의 발자취를 어느 정도 뒤따라가면서 경제적 불평등과 사회적 권리를 선거 운동의 주요 테마로 삼았습니다. 이런 추세가 선거 이후에도 계속될 가능성이 크다고 보십니까? 아니면 개혁을 위한 힘이 점차 사그라

질 것이라고 생각하십니까?

그것은 우리에게 달려 있습니다. 구체적으로 말하자면 샌더스의 선거 운동에 동원되었던 사람들, 그리고 샌더스 본인에게 달려 있습니다. '무지개 연합(Rainbow Coalition)*'처럼 개혁의 에너지와 열의가 사그라질 수도 있습니다. 아니면 요란한 선거에 초점을 맞추지 않은 지속적이고 성장해가는 세력이 될 가능성도 있습니다. 물론 선거와 같은 요란 법석한 이벤트를 이용하여 관심사를 진척시킬 수도 있겠고요. 이는 앞으로 다가올 시기에 아주 중요한 선택이 될 것입니다.

버니 샌더스가 그저 뉴딜 정책 지지자에 불과하다고 보십니까? 아니면 유럽식 사회민주주의자 또는 정치 성향상 좌측으로 더 이동한 상태라고 생각하십니까?

저는 샌더스가 점잖고 정직한 뉴딜 정책 지지자라고 생각합니다. 사실 뉴딜 정책과 유럽식 사회민주주의는 크게 다르지 않습니다. (사실 두 용어 모두 상당히 넓은 범위를 다루고 있습니다.)

박사님께서 보시기에 케인스주의와 사회민주주의가 여전히 의미가 있으며 오늘날의 국제적인 경제 환경에 적용 가능하다고 보십니까? 아니면 둘 다 이미 한물갔다고 평가하십니까?

둘 다 의미가 있기는 하지만 (사회적·경제적인 삶에 분별력과 품위를 조금이라도 되살리기 위해서) 충분하지 않다고 생각합니다.

* [역주] 미국의 정치 조직, PUSH와 National Rainbow Coalition의 조직이 결합한 정치조직이다.

우리는 목표를 그것보다 한참 너머로 잡아야 합니다.

미국에서 좌파가 버니 샌더스의 주장과 비슷한 맥락으로 개혁을 위해 싸워야 한다고 생각하십니까? 아니면 사회적·경제적인 변화의 보다 급진적인 버전을 촉진하는 데 전념해야 할까요?

둘 중 한 가지를 반드시 선택할 필요는 없다고 생각합니다. 물론 둘 중 어떤 것을 더 강조할지는 선택할 문제겠지만요. 두 가지 선택사항을 동시에 추구하여 서로를 강화하는 방향으로 나아갈 수 있습니다. 러시아의 운동가이자 철학가인 피터 크로포트킨(Peter Kropotkin)이 창간한 《프리덤(Freedom)》과 같이 유서 깊은 아나키즘적인 신문에 대해 한번 생각해봅시다. 이 신문은 주로 개혁을 목표로 삼고 현재진행중인 사회적 투쟁에 지면을 할애합니다. 사람들의 삶을 향상하고 앞으로 나아갈 수 있는 기반을 다지는 운동에 관한 기사가 많이 실리는 것입니다. 이런 관심사는 훨씬 더 급진적이고 장기적인 목표에서 비롯됩니다.

가치 있는 개혁과 노동자들의 권리를 보호하고 확대하기 위한 노력을 지지할 때 러시아의 아나키스트였던 미하일 바쿠닌의 조언을 따르지 말아야 할 이유가 없습니다. 현재의 사회 안에 미래 사회를 위한 씨앗을 동시에 싹틔우는 것입니다. 예를 들면 자본주의적인 작업장에서 건강과 안전 기준을 지지하는 동시에 노동자들이 소유하고 관리하는 기업도 설립하는 식입니다. 개혁가의 조치를 옹호할 때도 기존의 기관이 안고 있는 문제의 근본적인 원인을 강조하는 방식을 이용할 수 있으며, 반드시 그래야 합니다. 인간의 권리를 옹호하고 확장하는 것은 결국 그런 근본적인 문제의 뿌리들을 제거해나가는 한 걸음, 또 한 걸음이라는 인식을 장려해나가야 합니다.

역사적으로 봤을 때 미국에서 노동운동이 직면했던 가장 큰 도전과제 중 한 가지는 계급에 바탕을 둔 전국적인 규모의 정치 조직이 없다는 것이었습니다. 혹시 이런 문제가 머지않은 미래에 달라질 것이라고 생각하십니까? 사회주의 사상이 미국 인구의 특정 집단, 특히 젊은이들 사이에서 뿌리를 내리기 시작했으니까요.

미국의 정치사는 다른 선진 국가 자본주의 사회와는 제법 다른 면이 있습니다. 정당이 다른 국가만큼 계급에 바탕을 두고 있지 않기 때문입니다. 사실상 아직까지도 끝나지 않은 남북 전쟁의 영향으로 미국의 정당은 대체로 지역적인 색채가 강합니다. 예를 들면 지난 선거에서 공화당이 우세한 주를 모아서 살펴보면 놀랍도록 남부 연합과 비슷해 보입니다. 민권 운동이 닉슨의 인종차별주의적인 '남부 전략*'에 길을 내어 준 이후 남부를 아우르는 정당의 이름이 바뀌고 말았습니다. 미국의 정당은 일종의 특수 연합을 기반으로 삼고 있어서 계급 구분이 더 희미합니다. 결국 두 정당 모두 기업이 지배하는 한 정당의 두 당파나 마찬가지가 되어버렸습니다.

이런 상황이 달라질 조짐은 보이지 않으며, "각 선거구의 최다

* [역주] 아프리카계 미국인들에 대한 인종차별에 기댐으로써 남부의 백인 유권자들의 정치적 지지를 증대해 나가는 공화당의 선거 전략.

득표자를 당선시키는" 미국의 선거 제도와 막대한 선거 운동 비용을 생각해보면 두 정당이 장악하고 있는 정치 판도에 변화를 주기는 대단히 어려울 전망입니다. 두 정당은 회원제나 사람들의 참여로 운영되는 정당이 아니라 후보를 생산하고 선거 자금을 마련하는 기구에 더 가깝습니다. 공화당과 민주당은 다소 다른 정책 성향을 보이기는 하지만 그 차별성은 매우 미세합니다. 예를 들면 민주당이 백인 노동자 계급을 얼마나 쉽게, 거의 드러내놓고 포기했는지 보고 있자면 아주 놀랍습니다. 결국 백인 노동자 계급은 자신들의 가장 강력한 적인 공화당의 수뇌부와 세력 기반의 손으로 넘어가고 말았습니다.

사회주의가 젊은이들 사이에서 뿌리를 내리는 것에 관해서는 신중할 필요가 있습니다. '사회주의'의 현 맥락이 뉴딜 정책 스타일의 복지국가적인 자본주의와 다른 그 어떤 것을 의미하는지 분명하지 않기 때문입니다. 오늘날의 정치지형의 맥락에서 봤을 때 그나마도 매우 유익한 현상이라고 봐야 하겠죠.

21세기에 사회주의를 어떻게 정의해야 할까요?

정치적 담론에 쓰이는 다른 용어들과 마찬가지로 '사회주의'는 꽤나 애매하고 적용 범위가 넓습니다. 우리가 '사회주의'를 어떻게 정의해야 할지는 우리의 가치와 목표에 달려 있겠죠. 미국의 상황을 고려한다면 미국의 선두적인 20세기 사회 철학자인 존 듀이의 권고가 좋은 출발점이 될 것입니다. 그는 정치적, 경제적, 사회적인 삶의 모든 측면에서 민주화를 요구했습니다. 듀이는 노동자들 스스로가 "산업적 운명의 주인"이 되어야 한다고 주장했습니다. 그리고 "생산, 교환, 홍보, 이동, 통신 수단"이 대중의 통제 아래 놓여야 한다는 의견도 덧붙였습니다. 그렇지 않으면 정치는 "대기업이 사회에 드리우는 그림자"로 남을 것이며, 사회 정책 역시 대기업의 이익에 맞춰질 것이라는 주장입니다. 아주 좋은 출발점이죠. 그의 의견은 또한 사회의 의미 있는 맥락과 복잡한 역사에 깊이 뿌리내리고 있습니다.

오늘날의 좌파가 직면하는 한 가지 문제는 집권할 때마다 자본주의 세력에 순식간에 굴복하고 부패를 일삼을 뿐만 아니라 권력과 물질적인 이익을 얻기 위해서 권력을 추구한다는 것입니다. 우리는 이런 현상을 브라질, 그리스, 베네수엘라를 비롯한 여러 국가에서 봤습니다. 박사님께서는 이런 현상을 어떻게 설명하시겠습니까?

이런 현상이 벌어지는 것은 대단히 슬픈 일입니다. 이유는 다양하더라도 결과는 대단히 파괴적이죠. 브라질의 경우 PT(노동자당)에게 엄청난 기회가 있었고, 그들이 브라질에 대변혁을 일으키는 원동력이 될 수도 있었습니다. 브라질의 특수한 위치를 감안하면 남미 대륙 전체에 변화의 바람을 불러올 수도 있었을 것입니다. 그들이 성취한 것도 있기는 했지만 정당의 수뇌부가 다른 엘리트들을 따라 부패의 심연으로 가라앉는 바람에 기회는 물거품이 되고 말았습니다.

버니 샌더스가 민주당의 대통령 후보로 지명될 수 없다는 것이 자명했는데도 그는 전당 대회가 열릴 때까지 대통령 후보로 남아 있었습니다. 샌더스가 어떤 목적으로 그런 행동을 했다고 생각하십니까?

아마도 샌더스의 의도는 자신이 그동안 이야기한 내용과 같았을 것이라고 생각합니다. 그는 전당 대회에서 민주당의 공약을 형성하는 데 중요한 역할을 하기를 바랐습니다. 저는 그런 점은 별로 중요하게 생각하지 않습니다. 정당이 내세우는 공약은 어차피 대체로 미사여구에 불과하기 때문입니다. 하지만 후보가 다른 행동을 보인다면 그것은 제법 의미 있는 일이 될 수도 있습니다. 선거에 쏟아지는 사람들의 관심을 활용하여 지속적이고 성장해 나아가는 민중 운동을 조직할 수 있습니다. 4년에 한 번씩 선거 때마다 등장하는 것이 아니라 우리 사회가 절박하게 필요로 하는 변화를 불러오는 데 꾸준히 전념하는 운동이 전개되어야 합니다. 직접적인 행동과 다른 여러 가지 적절한 수단을 이용하여 그런 변화를 유도해야 하겠죠.

만일 도널드 트럼프가 언급한 것처럼 아메리칸 드림이 사라졌다면 왜 설문 조사에서 응답자의 다수가 여전히 아메리칸 드림을 믿으며 그런 삶을 살고 있다고 말하는 것일까요? 아메리칸 드림이 한 번이라도 현실이었던 경우가 있었습니까? 아니면 그저 근거 없는 믿음에 불과합니까?

'아메리칸 드림'은 명암이 상당히 엇갈리는 이야기였습니다. 그 역사는 19세기까지 거슬러 올라갑니다. 당시에는 사람들이 토지를 얻고 확장일로의 경제 상황에서 다양한 기회를 찾아 나설 수 있었습니다. 물론 그곳에 거주하던 원주민들을 말살하고 역사상 가장 악랄한 형태의 노예 제도가 경제에 큰 도움이 되었기 때문에 가능했던 일이었습니다.

그 후에는 '아메리칸 드림'이 사람들마다 그리고 때에 따라 다른 형태를 취했습니다. 1924년에 달갑지 않은 사람들(대체로 이탈리아인과 유대인)의 유입을 막기 위해 유럽 출신 이민자들을 급격하게 줄일 때까지 이민자들은 열심히 일해서 다른 국가와는 비교할 수 없는 이익을 누리는 미국의 부유한 사회에 편입될 수 있기를 바랐습니다. 국가 자본주의가 융성했던 1950년대와 1960년대에는 노동자들이 벌이가 괜찮고, 수당도 나오고, 노동조합에서 지원도 해주는 일자리를 얻고, 집과 자동차를 사고, 자녀들을 대학에 보낼 수 있을 것이라는 꿈을 꿀 수 있었습니다. (여기에는 지난 500년 동안 맹렬한 탄압에 시달렸던 아프리카계 미국인들도 포함되었습니다.) 하지만 그런 꿈은 경제가 금융화와 신자유주의를 향해 나아가면서 사실상 끝나고 말았습니다. 이런 추세는 1970년대부터 시작되어 레이건이 집권하던 시절에 더 빠른 속도로 전개되었고, 그 이후로도 같은 속도로 지속되고 있습니다. 하지만 제가 보건데 변변치 못했던 예전의 '드림(dream)'이 완전히 끝났다고 생각할 이유는 없습니다. 마찬가지로, 예전의 그 꿈보다도 훨씬 인간적이고 정당하고 더 나은 그 어떤 새로운 꿈 또한 우리가 손을 뻗어도 닿을 수 없을 만큼 접근불가한 곳에 있다고 생각할 이유도 없지 않겠습니까?

절망에 대해 낙관하다

C. J. 폴리크로니우: 박사님의 저서 《촘스키, 인간이란 어떤 존재인가(What Kind of Creatures Are We?)》에는 박사님께서 시행하신 언어에 관한 연구와 사회 및 정치에 관해 오랫동안 유지하신 시각이 잘 담겨 있습니다. 지난 50년에 걸쳐 박사님께서 발전시키신 언어의 생물언어학적인 접근법에 관해 여전히 탐구할 영역이 남아 있다고 생각하십니까? 만일 그렇다면 언어의 습득에 관해 아직 해결되지 못한 채 남아 있는 질문에는 어떤 것이 있습니까?

노엄 촘스키: 말씀하신 언어의 생물언어학적인 접근법은 결코 저 혼자 발전시킨 것이 아니며, 여러 전문가와 함께 한 일입니다. 이 분야의 진정한 선구자 중 한 명은 이제는 고인이 된 에릭 레너버그(Eric Lenneberg)입니다. 그분은 1950년대 초에 이런 아이디어가 막 싹을 틔우기 시작했을 때 저와 가깝게 지낸 친구입니다. 그의 명저 《언어의 생물학적인 기반(Biological Foundations of Language)*》은 영원한 고전이죠.

---

* [역주] 국내에 아직 출간되지 않아 역자 임의로 지은 제목

언어의 생물언어학적인 접근법에 관해서는 여전히 탐구할 거리가 아주 많이 남아 있습니다. 탐구된 영역에서 조금만 벗어나도 아직 해결되지 않은 문제들이 있습니다. 그런 문제들은 토머스 쿤(Tomas Kuhn)이 "정상 과학(normal science)"이라고 부른 학문을 발전시키는 데 중요한 역할을 합니다. 우리가 이미 탐구한 영역 너머에 있는 문제들은 전문가들을 오랫동안 괴롭힌 문제들이고 우리를 아주 감질나게 하는 것들입니다.

진지한 연구가 시작되고 있는 한 가지 주제는 바로 인간 뇌 속에서의 언어 능력 형성과 언어의 사용에 관한 것입니다. 이런 주제는 연구하기가 대단히 어렵습니다. 곤충의 경우에도 이와 비슷한 주제를 연구하기가 극도로 어려울 텐데요, 사람의 경우에는 그것과는 비교할 수 없을 만큼 어려울 것입니다. 사람의 뇌가 훨씬 복잡하기 때문이기도 하지만 다른 여러 가지 이유가 더 있습니다. 우리는 인간의 시각계에 관해서는 상당히 많이 알고 있는데요, 그것은 순전히 인간의 시각계가 고양이와 원숭이의 시각계와 거의 동일하기 때문입니다. (이런 행위가 옳든 그르든) 우리는 이 동물들에 대한 침투성 실험을 허용하고 있습니다. 하지만 인간의 언어 능력은 다른 동물을 이용하여 실험하는 것이 불가능합니다. 생물학적으로 봤을 때 인간의 사례가 유일무이하기 때문이죠. 그 어떤 생물도 인간과 비슷한 언어 능력을 갖추지 못했습니다. 그것 자체만으로도 아주 흥미로운 연구 주제입니다.

그럼에도 불구하고 새로운 비침투성 기술을 이용한 여러 연구가 인간의 언어 능력에 관한 중요한 증거를 제공하기 시작했습니다. 때로는 언어의 본질에 관한 미결 문제와 관련이 있는 근거가 흥미로운 방식으로 나타나기도 합니다. 이미 탐구된 영역에서 조금만 벗어나면 이런 문제뿐만 아니라 언어의 특성과 그런 특성을 설명하는 원칙에 관한 어렵고 커다란 문제가 쌓여 있습니다. 그것보다 더 멀리 나아가면, 어쩌면 인간의 손이 닿지도 않는 곳에는 언어의 본질에 관한 전통적인 생각(과 경탄)에 활기를 불어넣는 문제들이 있습니다. 갈릴레오, 데카르트, 폰 훔볼트와 같은 위대한 인물들 역시 이런 문제에 관심이 있었습니다. 그들의 주요 관심사는 "언어 사용의 창의적인 측면"이었습니다. 이는 모든 인간이 생각을 나타내는 새로운 표현을 셀 수 없이 많이 만들어내고 이해할 수 있는 능력, 그리고 그런 표현을 상황에 따라 적절한 방식으로 사용하는 능력을 말합니다. 이때 인간이 적절한 표현을 (상황이 원인이 되고 그 결과로) 기계적으로 사용하는 것이 아니라 스스로 적절한 표현을 찾아 사용한다는 점을 구분하는 것이 중요합니다.

데카르트의 말을 빌려 설명하자면 우리는 "강요당하는" 것이 아니라 "자극을 받고 그렇게 하고 싶어서" 하는 것입니다. 이런 문제는 결코 언어에 국한된 것이 아닙니다. 이 문제는 자발적인 동작을 연구하는 두 명의 선두적인 신경과학자인 에밀리오 비지(Emilio Bizzi)와 로버트 아제미안(Robert Ajemian)이 아주 자세하게 묘사하기도 했습니다. 그들은 최첨단 기술을 검토하면서 우리가 꼭두각시와 꼭두각시를 조종하는 실에 관해서 무엇인가를 이해하기 시작했다고 밝혔습니다. 하지만 꼭두각시 조종자에 관해서는 아는 것이 전혀 없는 실정입니다. 언어의 정상적인 사용은 우리의 삶에서 매우 중심적인 역할을 하며 우리의 생각을 형성하고 표현하고 해석하는 데 중요한 역할을 합니다. 그래서 이런 불가사의한 능력은 유달리 극적이고 흥미로는 방식으로 나타납니다. 그것이 바로 데카르트가 정상적인 언어 사용을 인간과 동물 또는 인간과 기계를 구분하는 주요 기준으로 삼았던 이유입니다. 그는 이를 자신이 주장하던 심신이원론의 기반으로 사용하기도 했습니다. 요즘 사람들의 생각과 달리 심신이원론은 그 당시에 진지하고 분별 있는 과학적인 가설로 인정받았습니다. 그 가설은 결국 흥미로운 운명을 맞이했죠.

박사님께서 보시기에 언어와 철학의 연관성은 무엇입니까?

방금 말씀드린 내용이 그 질문에 대한 답의 출발점이 될 수 있을 것 같습니다. 전문가들은 인간의 언어를 전통적으로 인간이라는 종 특유의 특성으로 인정하고 있습니다. 인간의 언어가 심각한 질병에 걸린 사람을 제외하고는 인간에게서 공통적으로 나타나며, 본질적으로 인간만이 갖춘 특성이라는 것입니다. 레너버그의 여러 가지 업적 중 한 가지는 지극히 당연시되어 온 이러한 인간의 특성조차도 현대 생물학의 기초 위에서 다시 쌓기 시작했다는 것입니다. 그의 연구 결과는 그 이후에 실시된 다른 여러 연구를 통해 입지가 더 강화되었습니다. (이 문제에 관한 논쟁이 활발하지만 개인적으로는 연구 결과가 이미 기정사실화된 것으로 알고 있습니다.) 레너버그가 시작한 다른 연구를 통해서도 인간의 인어 능력이 다른 인지 능력과 확실하게 분리되어 있는 것으로 밝혀졌습니다. 인간의 언어 능력은 생각을 전달하는 매개체일 뿐만 아니라 사고의 중요한 부분을 생성하는 근원일 가능성도 큽니다. 언어를 정밀하게 연구하면 개념의 본질, 그리고 개념이 정신의 외부에 있는 실체와 맺고 있는 관계를 다루는 고전적인 철학 문제에 관한 통찰력도 얻을 수 있습니다. 그것은 사람들이 흔히 생각하는 것보다 훨씬 복잡한 문제입니다. 보다 일반적으로 살펴보면 언어의 정밀한 연구는 인간의 지식과 판단의 본질을 탐구할 수 있는 방법을 제시하기도 합니다. 또 다른 영역에서는 최근에 존 미하일(John Mikhail)이 추진한 중요한 연구가 그동안 무시당했던 존 롤스(John Rawls)의 연구 일부를 상당 부분 지지하게 된 일도 있었습니다. 롤스는 우리의 직관적인 도덕적 이론과 언어 구조의 관계를 연구했습니다. 이밖에도 언어 연구와 철학이 밀접한 관계를 보이는 사례는 대단히 많습니다. 그것이 바로 언어 연구가 항상 철학적인 담론과 분석의 중심에 있는 이유입니다. 저는 그렇게 얻은 새로운 관찰 결과와 통찰력이 여러 전통적인 관심사와 직접적인 관련이 있다고 생각합니다.

잘 알려진 유니버시티 칼리지 런던(University College London)의 언어학자인 닐 스미스(Neil Smith)는 자신의 저서 《촘스키: 사상과 이상(Chomsky: Ideas and Ideals)*》에서 박사님께서 심신이원론을 잠재웠다고 주장하면서, 하지만 그 과정에서 우리가

---

* [역주] 국내에 아직 출간되지 않아 역자 임의로 지은 제목

정신을 이해하는 데 한계가 있기 때문이 아니라 신체가 무엇인지 정의하지 못하기 때문이라는 점을 보여주셨다고 말했습니다. 스미스가 어떤 의미로 이런 말을 했을까요?

심신이원론을 잠재운 것은 제가 아닙니다. 전혀 아니죠. 그것은 아이작 뉴턴이 한 일입니다. 갈릴레오와 그의 동시대인들이 주름잡았던 초기의 현대 과학은 세상이 하나의 기계라는 원칙에 바탕을 두고 있었습니다. (이때의 기계란 솜씨가 뛰어난 장인들이 만드는 놀라운 자동 장치보다 훨씬 더 복잡한 버전을 의미합니다.) 이런 생각은 오늘날의 컴퓨터 정보 처리와 마찬가지로 당시에 활동했던 과학자들의 상상력을 자극했습니다. 뉴턴을 비롯하여 당대의 위대한 과학자들은 이런 "기계론적 철학"(기계학에 관계된 과학을 의미)을 자신들의 진취적인 정신의 기반으로 수용했습니다. 데카르트는 자신이 기계론적 철학을 거의 확립했다고 생각하기도 했습니다. 데카르트가 말하는 기계론에는 인간의 모든 신체 현상도 포함되었지만 그는 일부 현상은 기계론의 영역을 넘어선다고 인정했습니다. 기계론의 영역을 넘어서는 현상 중에는 중요하게도 위에서 언급한 "언어 사용의 창의적인 측면"도 있었습니다. 그래서 데카르트는 당시의 형이상학에 바탕을 두고 새로운 원칙을 상정했습니다. 새로운 실체인 '사유 실체', 즉 "사유하는 것(정신)"이라는 개념을 만들어낸 것입니다. 데카르트 추종자들은 인간 외에 다른 생물에게도 이런 특성이 있는지 알아보기 위해서 여러 가지 실험적인 기술을 고안했습니다. 그리고 데카르트와 마찬가지로 두 실체가 어떻게 상호 작용을 하는지 알아내길 바랐습니다.

하지만 뉴턴은 그런 사고방식을 뒤집어엎었습니다. 그는 신체에 관한 데카르트의 설명이 정확하지 않으며 물질계를 기계적으로 설명할 수 없다는 사실을 입증했습니다. 세상은 기계가 아니라는 것입니다. 뉴턴은 기계론은 너무나도 "터무니없는" 것이기 때문에 실력 있는 과학자라면 그 누구도 이런 가설을 진지하게 받아들이지 않을 것이라고 생각했습니다. 그 말이 맞기는 합니다. 뉴턴은 당시에 사람들이 이해하던 방식으로 신체의 개념(물질적인 개념, 신체적인 개념 등)을 무너뜨렸습니다. "우리가 어느 정도 이해하는 것"을 넘어서서 그것을 대체할 만한 개념도 딱히 없는 상황이고요. 데카르트가 말한 정신의 개념은 그대로 유지되었습니다. 우리는 이제 "기계 속의 영혼"이 간직했던 신비주의가 없어졌다는 말을 심심치 않게 합니다. 하지만 뉴턴은 영혼은 그대로 두고 기계를 없애버렸습니다. 존 로크(John Locke)와 같은 당대의 위대한 철학자들은 이런 업적의 성과를 잘 이해했습니다. 로크는 (당대에 수용되었던 성서에 입각한 표현 양식에 맞춰) 신이 인간을 만드시면서 우리가 상상할 수도 없는 방식으로 ("현명한 뉴턴"이 증명해보인 것처럼) 재료에 매력과 혐오감이라는 특성을 더한 것처럼 사고 능력 역시 "더하셨을" 수도 있다고 추측했습니다. 이런 제안(철학의 역사에서 이는 실제로 '로크의 제안'으로 알려져 있습니다.)은 18세기에 크게 각광을 받았습니다. 특히 철학자이자 화학자인 조지프 프리스틀리(Joseph Priestley)가 이런 가설을 열심히 연구했고, 다윈 역시 이런 시각을 도입했습니다.

'로크의 제안'은 현대에 들어와서는 신경 과학과 철학 부문에서 (기원이 따로 있다는 사실을 잊은 채) 재발견되기도 했습니다.

이런 문제에 관해서는 할 이야기가 훨씬 많습니다. 하지만 본질적으로 이런 내용은 스미스가 언급한 것입니다. 뉴턴은 신체를 제거하고 정신은 온전히 둔 채로 심신이원론의 전통적인 데카르트 버전(어느 정도의 논리를 갖춘 다른 버전이 있었는지는 명확하지 않습니다.)을 무너뜨렸습니다. 그 과정에 관해서 데이비드 흄은 이런 결론을 내렸습니다. "뉴턴은 자연의 미스터리를 가리고 있던 장막을 걷어내는 동시에 기계론의 결함을 보여주었다. 그 결과 [자연의] 궁극적인 비밀이 인간이 이해하기 어려운 경지로 되돌아갔으며, 이는 과거에도 그랬고 미래에도 그럴 것이다."

언어학 분야에서 이름을 알리게 되셨을 때 B. F. 스키너(B. F. Skinner)의 행동주의에 기반한 접근법이 언어학에서 큰 인기를 끌고 있었고, 마케팅과 홍보에도 널리 적용되었습니다. 그런데 박사님께서 스키너의 접근법을 비판하셔서 당시의 패러다임을 뒤집으셨을 뿐만 아니라 언어학의 새로운 접근법을 창시하기도 하셨습니다. 하지만 마케팅과 소비자의 행동에 관한 한 행동주의가 여전히 공적 영역을 장악하고 있는 모양새입니다. 이런 이율배반적인 상황이 벌어지고 있는 것을 어떻게 설명할 수 있을까요?

행동주의를 활용하는 방법(정확히 말하면 스키너가 제시한 것은 아니기는 합니다.)은 사람들의 생각과 태도, 그러니까 그들의 행동을 형성하고 통제하는 데 상당한 효과를 보일 수 있습니다. 적어도 마케팅과 소비주의를 유도하는 표면적인 수준에서는 가능한 일입니다. 사람들의 생각을 통제하는 것은 대규모 산업인 PR 산업에서 대단히 중시하는 원칙입니다. 이 산업은 아이러니하게도 세상에서 가장 자유로운 국가인 영국과 미국에서 발전했습니다. 이제는 사람들을 무력으로 통제하기에는 그들이 너무 많은 권리를 누리게 되었기 때문에 다른 수단을 강구할 필요성이 생긴 것입니다. PR 산업의 설립자 중 한 명인 에드워드 버네이스(Edward Bernays)는 이를 "합의의 조작*"이라고 부릅니다.

PR 산업의 설립 문서나 마찬가지인 자신의 저서 《프로파간다(Propaganda)》에서 버네이스는 민주주의 사회에서 사람들의 동의를 교묘하게 조작하는 행동과 "통제"가 필요하다고 설명합니다. 그래야만 "지적인 소수"가 짜증나게 구는 대중의 간섭 없이 행동할 수 있다는 것입니다. (그들의 행동은 물론 '모든' 사람의 이익을 위한 것이겠죠.) 버네이스는 대중이 수동적이고 순종적이어야 하며, 그들의 관심을 다른 데로 돌려야 한다고 생각했습니다. 그러기 위해서는 다양한 수단을 동원하여 "욕구를 만들어내는 일"에 기반을 둔 열정적인 소비주의가 적당하다고 여겼습니다.

버네이스와 동시대에 살았고 그와 마찬가지로 자유주의적인 지식인이었던 월터 립만(Walter Lippmann)은 당시의 선두적인 지식인이기도 했습니다. 그는 "무지하고 간섭하길 좋아하는 외부

* [역주] engineering of consent: '동의의 책략'이라고도 한다.

인들”(일반 대중)은 “참가자”가 아닌 “관람자”로서 “자신들의 분수를 알게 해줘야 한다.”라고 주장했습니다. 반면 “책임감 있는 사람들”은 “당황한 대중이 그들을 짓밟거나 윽박지르지 않도록” 보호받아야 한다고 말했습니다. 이는 현대에 지배적인 민주주의 이론의 핵심 원칙입니다. 사람들의 생각, 태도, 행동을 통제하여 그들의 동의를 교묘하게 조작하는 마케팅은 그런 목적을 달성하는 데 필요한 수단이며, (부수적으로) 이윤을 창출하게 해준다는 장점도 있습니다.

여러 전문가가 인간에게는 본질적으로 공격성과 폭력성이 있다고 주장합니다. 이런 주장은 전 세계적으로 사람들을 억압하고 탄압하는 제도들이 부상하여 인류의 문명을 상당 부분 규정해온 양상을 잘 설명해줍니다. 인간의 본성에 관한 이런 어두운 시각에 관해서 어떻게 생각하십니까?

억압과 탄압이 존재한다는 것은 인간의 본성이 그런 행동에 반영되기 때문입니다. 연민, 결속, 친절함, 다른 사람에 대한 염려 역시 마찬가지입니다. 아담 스미스와 같은 대단한 명사들은 이런 것들을 인간이 갖춘 핵심적인 특성으로 여겼습니다. 사회 정책의 과제는 우리가 살아가는 방식과 삶의 제도적이고 문화적인 구조를 고안하는 것입니다. 우리가 갖춘 근본적인 본성의 온화한 측면은 촉진하고, 냉혹하고 파괴적인 측면은 억제하는 방향으로 고안해야 합니다.

인간은 사회적 동물이기 때문에 우리의 행동이 사회적·정치적인 제도에 따라 달라지는 것은 사실입니다. 하지만 모든 인간에게 식량, 주거지, 외부적인 위협으로부터의 보호와 같은 기본적인 욕구를 넘어서는 공공의 이익을 추구하는 마음이라는 것이 있습니까?

방금 말씀하신 욕구들은 마르크스가 한때 인간의 "동물적인 욕구"라고 불렀던 것입니다. 그는 공산주의의 실현으로 그런 욕구가 충족되기를 바랐습니다. 그리하면 인간이 기본적 욕구에서 해방되어 생산적으로 "인간적인 욕구"로 전환할 것이라고 생각했던 거죠. 의미의 측면에서 살펴본다면 "인간적인 욕구"는 "동물적인 욕구"를 한참 넘어섭니다. 하지만 브레히트(Brecht)의 경고를 잊어서는 안 되겠습니다. "우선 사람을 먹여라.*"

전반적으로 살펴볼 때 인간의 본성을 어떻게 정의하시겠습니까? 인간이 어떤 유형의 생물이라고 보십니까?

저는 그 책의 맨 앞부분에 이 문제에 관해 "내가 만족스러운 대답을 제공할 수 있으리라고 생각할 만큼 망상에 사로잡혀 있지 않다."라고 적었습니다. 그러고는 이렇게 덧붙였습니다. "적어도 일부 영역에서는, 특히 우리의 인지적 본성과 관련해서는 흥미롭고 의미 있는 새로운 통찰력이 존재한다고 믿을 이유는 충분하다. 그리고 사람들이 생각하는 것보다 기반이 훨씬 약함에도 불구하

* [역주] First feed the face, then talk right and wrong. Bertolt Brecht의 〈서푼짜리 오페라(Dreigroschenoper)〉에 나오는 유명한 구절 "Erst kommt das Fressen, dann kommt die Moral"의 영어 번역.

고 널리 인정받는 일부 교리를 비롯하여 집중적인 탐구를 방해하는 여러 가지 장애물을 제거하는 것도 가능하다고 생각한다."

저는 이 문제에 관해 여전히 만족스러운 대답을 제공할 수 있을 만큼 미몽에서 벗어났다고 생각하지 않습니다.

박사님께서는 개인적인 정치 철학을 자유지상주의적인 사회주의/아나키즘으로 정의하셨습니다. 하지만 아나키즘을 사회 질서를 위한 한 가지 비전으로 보는 것이 언어에 관한 박사님의 견해에서 자연스럽게 파생되었다는 시각에는 반대하시는 입장입니다. 그렇다면 둘 간의 연관성은 순전히 우연에 불과할 뿐입니까?

둘 사이에 연관성이 우연은 아니지만 그렇다고 해서 둘이 밀접한 상관관계가 있는 것도 아닙니다. 적당히 추상적인 수준에서 살펴보면 공통적인 요소가 있기는 합니다. 그런 요소는 계몽주의 시대와 낭만주의 시대에 사람들이 가끔 인정하거나 적어도 언뜻 살펴보기는 한 것입니다. 두 분야 모두에서 우리는 인간의 본성의 중심에는 바쿠닌이 "자유를 향한 본능"이라고 부르던 것이 있다는 점을 인지할 수 있습니다. (적어도 그럴 것이라고 바랄 수는 있습니다.) "자유를 향한 본능"은 우리가 정상적인 언어 사용의 창의적인 측면과 그 어떤 형태의 지배, 권위, 계층 제도도 저절로 정당화될 수는 없다는 점을 인정할 때 모습이 드러납니다. 각각의 통치 제도는 존재 이유를 분명하게 밝혀야 하며, 그러지 못할 경우(대개의 경우, 그러지 못하고 있죠.) 더 큰 자유와 정의를 위해 해체되어야 합니다. 제가 보기에는 이것이 아나키즘의 핵심적인 생각입니다. 이는 전통적인 자유주의에 기원을 두고 있으며, 핵심적인 인간의 본성에 관한 보다 깊은 인식에서 비롯됩니다. 한편 자유주의적 사회주의(libertarian socialism)는 연민, 결속, 상호 협력에 관한 생각을 이끌어내기 위해 한 발 더 나아갑니다. 이는 계몽주의에 기원을 두고 있으며, 인간의 본성에 대한 이해에서 비롯됩니다.

아나키즘적인 비전과 마르크스주의의 비전 모두 우리가 살고 있는 현 시대에는 인기를 얻는 데 실패했습니다. 사실 자본주의를 넘어서기 위한 역사적인 투쟁은 오늘날보다는 과거에 전망이 더 밝았다고 주장할 수도 있을 것 같습니다. 만일 이런 평가에 동의하신다면 어떤 요인으로 인해서 자본주의와 착취를 넘어서는 새로운 사회 질서를 구현하는 일이 이토록 어려운 것인지 설명해주시겠습니까?

현 시대를 지배하는 여러 체제는 국가 자본주의의 특정한 형태를 나타냅니다. 지난 세대에는 이런 체제가 신자유주의적인 교리에 의해 왜곡되어 인간의 존엄성과 일상적인 삶의 "동물적인 욕구" 마저도 공격하고 말았습니다. 더 걱정스러운 점은 이런 추세를 되돌리지 않는 이상 이런 교리의 시행은 인류의 존재 가능성을 파괴할 것이고, 그러기까지는 시간이 오래 걸리지 않을 것이라는 점입니다. 하지만 그렇다고 해서 이런 위험한 추세를 바꿀 수 없다고 생각할 이유는 없습니다. 이는 특정한 환경과 인간이 내린 구체적인 결정이 만나 발생한 산물일 뿐입니다. 다른 국가에서 이런 현상에 대한 연구가 활발히 진행되었지만 그 내용을 여기에서 다룰 수는 없습니다. 다만 이런 추세는 되돌릴 수 있으며, 이에 저항하는 세력의 존재는 여러 가지 증거로 증명할 수 있습니다. 인류와 인류가 지배하는 세상에 희망이 있기 위해서는 저항 세력이 반드시 힘을 더 키워야 합니다.

경제적인 불평등, 성장과 새 일자리의 부재, 생활수준의 하락은 현대 선진 사회의 핵심적인 특징으로 자리 잡고 말았습니다. 하지만 기후 변화는 지구 전체에 실질적인 위협이 되고 있는데요, 우리가 환경 재앙을 방지하면서도 경제적인 문제를 해결할 올바른 방안을 찾을 수 있을 것이라고 생각하십니까?

우리가 논의하는 모든 주제 위에 도사리고 있는 암울한 그림자가 두 개 있습니다. 바로 환경 재앙과 핵전쟁입니다. 저는 개인적으로 핵전쟁에 대한 위협이 지나치게 과소평가되고 있다고 생각합니다. 하지만 핵무기의 경우 우리는 적어도 해결책을 알고 있습니다. 천연두처럼 적절한 조치를 취해서 없애버리면 되는 것이죠. 이런 방법은 기술적으로 실현 가능하며, 그래야만 이런 저주가 다시는 우리를 괴롭히지 않도록 할 수 있습니다. 환경 재앙의 경우 최악의 상황을 모면할 수 있는 시간이 여전히 남아 있는 것 같습니다. 하지만 우리가 현재 취하고 있는 것보다는 훨씬 강력한 조치가 필요하며, 넘어야 할 심각한 장애물이 많습니다. 특히 세상에서 가장 강력한 국가이자 헤게모니를 장악한 유일한 국가인 미국이라는 산을 넘어야 합니다.

최근에 파리에서 열린 기후 회담에 관한 광범위한 보도를 살펴보면 가장 중요한 내용은 협상국들이 희망했던 구속력 있는 협약은 물 건너갔다는 사실을 지적한 것이었습니다. 협약이 공화당이 장악하고 있는 미 의회의 손에 들어가면 "도착 시 이미 사망" 상태가 될 것이기 때문입니다. 공화당 출신의 모든 대통령 후보들이 노골적인 기후 변화 부정론자이거나 정부의 조치에 반대하는 회의론자였다는 사실은 가히 충격적입니다. 미 의회는 파리 협정을 기념이라도 하듯 오바마 대통령이 재앙을 피하기 위해서 취한 제한적인 조치마저도 축소했습니다.

공화당의 다수(일반 유권자들의 투표에서는 소수의 표만 받음)에 해당하는 의원들은 환경보호청에 들어가는 예산을 삭감할 것이라고 자랑스럽게 선언했습니다. 하원 세출 위원회(House Appropriations Committee)의 회장인 할 로저스(Hal Rogers)가 "일자리를 없애는 불필요한 규제 안건"이라고 폄하한 법안이 추진되지 못하도록 막기 위한 결정이었죠. 이는 쉽고 분명한 말로 설명하면 환경 파괴를 방지하는 몇 안 되는 브레이크 중 하나를 망가뜨리는 꼴입니다. '일자리'라는 단어는 현대판 뉴스피크*이며, 함부로 발설해서는 안 되는 7글자 단어인 '이윤(pr---ts)†'을 의미하는 완곡한 표현이라는 사실을 염두에 두어야 합니다.

인류가 어떤 유형의 생물인지 잘 아시는데도 인류의 미래에 관해

* [역주] newspeak: (특히 정치 선전용의) 모호하고 기만적인 표현. 조지 오웰의 소설 《1984》에 나오는 언어. 독재자가 피통치자의 생각의 범위를 축소하기 위해 사용함

† [역주] profits을 의미함

서 전반적으로 낙관적으로 생각하시는 편입니까?

우리에게는 두 가지 선택이 있습니다. 첫 번째로는 비관적으로 생각하고, 포기하고, 최악의 상황이 기어이 닥치도록 일조하는 것입니다. 아니면 낙관적으로 생각하고, 분명히 남아 있는 기회를 포착하고, 세상이 더 나은 곳이 될 수 있도록 돕는 방법도 있습니다. 선택은 불 보듯 뻔합니다.

참고문헌

아비규환: “테러와의 전쟁”

1. Katie Pisa and Time Hume, “Boko Haram Overtakes ISIS as World's Deadliest Terror Group, Report Says,” *CNN*, November 19, 2015, www.cnn.com/2015/11/17/world/global-terror-report.
2. William Polk, “Falling into the ISIS Trap,” *Consortium News*, November 17, 2015, https://consortiumnews.com/2015/11/17/falling-into-the-isis-trap.

혼돈의 제국

1. Nick Turse, “Tomgram: Nick Turse, Success, Failure, and the ‘Finest Warriors Who Ever Went into Combat,’” *TomDispatch*, October25, 2015, www.tomdispatch.com/blog/176060.

“영구적 평화”를 향한 비전

1. Noam Chomsky, *Who Rules the World* (Hamish Hamilton Ltd, 2016).

흔들리는 정체성: 미국의 정당정치, 민주주의

1. Andrew Cockburn, “Down the Tube,” *Harper's*, April 2016, https://harpers.org/archive/2016/04/down-the-tube.

백악관 주인 트럼프

1. Dean Baker, Rigged: *How Globalization and the Rules of the Modern Economy Were Structured to Make the Rich Richer* (Center for Economic

and Policy Research, 2016), deanbaker.net/book/rigged.htm.

2. Kristian Haug, "A Divided US: Sociologist Arlie Hochschild on the 2016 Presidential Election," *Truthout*, November 2, 2016, www.truth-out-org/opinion/item/38217-a-divided-us-sociologist-arlie-hochschild-on-the-2016-presidential-election.

오바마의 유산

1. On the latter matter, see Mary Ellen O'Connell, "Game of Drones," *American Journal of International Law* 109, no. 4 (2015): 889f.

메디케어 스캔들

1. Daniel Schraad-Tischler, *Social Justice in the OECD—How Do the Member States Compare? Sustainable Governance Indicators 2011* (Gütersloh, Germany: Bertelsmann, 2011), news.sgi-network.org/uploads/tx_amsgistudies/SGI11_Sockal_Justice_OECD.pdf.

2. Walter L. Hixson, *American Settler Colonialism: A History* (Palgrave Macmillan, 2013), 2.

인류세와 종말의 시계

1. Justin Gillis, "Flooding of Coast, Caused by Global Warming, Has Already Begun," *New York Times*, September 3, 2016, www.nytimes.com/2016/09/04/science/flooding-of-coast-caused-by-global-warming-has-already-begun.html.

2. Joby Warrick, "Why Are So Many Americans Skeptical About Climate Change? A Study Offers a Surprising Answer," *Washington Post*, November 23, 2015, www.washingtonpost.com/news/energy-environment/wp/2015/111/23/why-are-so-many-americans-skeptical-about-climate-change-a-study-offers-a-surprising-answer/?utm_term=.b9bd6860dfe2;

Michael Roppolo, "Americans More Skeptical of Climate Change Than Others in Global Survey," *CBS News*, July 23, 2014, www.cbsnews.com/news/americans-more-skeptical-of-climate-change-than-others-in-global-survey.

3. Justin Gillis and Chris Buckley, "Period of soaring Emissions May Be Ending, New Data Suggest," *New York Times*, December, 7, 2017, https://mobile.nytimes.com/2015/12/08/science/carbon-emissions-decline-peak-climate-change.html.

글의 소재와 키워드